Herb Goldberg ist praktizierender Psychologe in Los Angeles und seit 1965 Mitglied der entsprechenden Fakultät der California State University. Dr. Goldberg hat an unzähligen Fachpublikationen mitgearbeitet und ist Autor von drei Büchern über die psychische Gesundheit von Männern.

Dieses Buch wurde auf chlor- und säurefreiem Papier gedruckt.

Vollständige Taschenbuchausgabe April 1992
Droemersche Verlagsanstalt Th. Knaur Nachf., München
© 1989 für die deutschsprachige Ausgabe
Ernst Kabel Verlag GmbH, Hamburg
© 1987 Herb Goldberg
Originalverlag NAL PENGUIN INC., New York
Titel der amerikanischen Originalausgabe »The Inner Male. Overcoming
Roadblocks to Intimacy«
Aus dem Amerikanischen von Beate Gorman
Umschlaggestaltung Manfred Waller, Reinbek
Umschlagfoto Günther Kipphan
Druck und Bindung brodard & taupin
Printed in France 5 4 3 2 1
ISBN 3-426-04041-7

Herb Goldberg
Der blockierte Mann

Hindernisse
auf dem Weg zur Nähe

Danksagung

Ich möchte Kevin Mulroy, dem Herausgeber bei NAL, für seine unschätzbare Leistung und seine sorgfältige Aufmerksamkeit für dieses Buch meinen aufrichtigen Dank ausdrücken. Anita Rosenfeld tippte und ordnete das Manuskript mit viel Gründlichkeit, Intelligenz und unendlicher Geduld. Schließlich geht meine Wertschätzung an Francis Greenburger, der seit zehn Jahren mein Literatur-Agent ist, und der dieses Buch und meine drei vorhergehenden mit viel Feingefühl und Klugheit plaziert hat.

Inhalt

Teil vier: Der Mann und sein eigenes Ich

Teil fünf: Die Zukunft

Einleitung

Mein erstes Buch, *Man(n) bleibt Mann*, war ein Kind der siebziger Jahre, einer relativ harmlosen Zeit für diejenigen unter uns, die glaubten, daß das Eröffnen der inneren Erfahrungen von Männern und Frauen die Beziehungen zwischen Mann und Frau und die getrennten Erfahrungen beider wesentlich verbessern und verändern könnte.

Einiges wurde zweifellos erreicht. Für Männer hat die Möglichkeit, weniger traditionell zu sein, zugenommen. Gleichzeitig stößt neuer Druck die Männer jedoch zurück in ihr traditionelles Rollenverhalten, und der Preis, den sie zahlen müssen, wenn sie zu weit über die Erwartungen der Gesellschaft hinausgehen, ist für Männer immer noch groß. Trotzdem werden die Männer, die das Selbstbewußtsein, das Engagement und die Fähigkeit haben, sich stärker auszudrücken, heute akzeptiert und unterstützt.

Intensität und Qualität des Lebens vieler Männer wurden ebenfalls verbessert. Männer können heute ihrer Vaterrolle den Vorrang geben und eine Beziehung zu einer Frau aufbauen, in der sie erwarten können, daß die Frau einen großen Teil der Verantwortung, die traditionell dem Mann zugeordnet wurde, teilt. Auch die Männer haben gelernt, Arbeiten in den traditionellen Verantwortungsbereichen der Frau zu übernehmen. Das Verlangen der Männer und ihr Hunger nach Freundschaft, nach Nähe zueinander kann jetzt stärker ausgespielt werden, ohne die automatische Annahme, daß Wärme und Fürsorge unter Männern mit Homosexualität gleichzusetzen ist. Auch das sexuelle Verhalten von Männern kann heute glaubwürdiger und zwangloser sein. Es ist weniger Druck und Rechtfertigung vorhanden, obwohl die Angst in bezug auf sexuelle Leistung für die meisten Männer immer noch sehr groß ist. Heute unterstützt unsere Kultur den Ausdruck von Gefühlen bei Männern stärker. Die Möglichkeiten, daß Männer sich sanfteren Sportarten und körperlichen Aktivitäten zuwenden und mehr auf ihren Körper achten (indem sie zum Beispiel Diät halten oder Alkohol und Zigaretten ablehnen), sind ebenfalls vorhanden. Insgesamt gesehen gibt es eine neue soziale Atmosphäre, die es Männern eher ermöglicht, rituelle, extrem männliche Verhaltensmuster, die selbstzerstörerisch sind, aufzugeben.

Obwohl sich die äußeren Gegebenheiten verändert haben, scheinen viele andere Aspekte der männlichen Erfahrungswelt verwirrender, bedrückender und riskanter als je zuvor geworden zu sein. Viele Männer (und viele Frauen) fühlen sich in den völlig neuen Bahnen verloren, da die Grenzen und Regeln von Beziehungen weniger stark definiert sind und der Kampf um Bindungen zwischen Männern und Frauen größer geworden ist. Die Erwartungen von Erfüllung und Intensität, die Teil der befreiten Beziehungen zwischen Männern und Frauen werden sollten, wurden im großen und ganzen nicht erfüllt, und die »Freude« über die nicht-sexistische Gleichberechtigung klingt unglaubwürdig. Dies ist besonders frustrierend für die vielen, die hart daran gearbeitet haben, dieses Ideal zu erreichen. Die Realität zeigt, daß die Beziehungserfahrungen heute sich oft als zerbrechlicher, unsicherer und defensiver erweisen als die traditionellen Verbindungen, die sie ersetzt haben. Viele, die eine Veränderung der Haltung und von Reaktionen mit Wachstum und wirklicher Erneuerung verwechselt haben, fanden sich in einem Labyrinth von Desillusionierung wider, was die Verlogenheit betraf, die sie bei allen anderen, aber nicht bei sich selbst sahen.

Viele Männer, die nach persönlicher Emanzipation strebten und sich in die neuen Definitionen und Erwartungen einkauften, mußten entdecken, daß dies fehlschlug. Die bewundernden Worte, die sie von vielen Frauen und Männern hörten, erwiesen sich schließlich nur als Lippenbekenntnis. Am Ende fühlten sie sich noch isolierter, desillusionierter und ausgestoßener als je zuvor.

Die sexuelle Befreiung hat der Angst vor Krankheit und dem Auftreten eines neuen sexuellen Konservatismus Platz gemacht.

Viele Gurus oder »weise Männer« aus dem Osten, die eine neue Erleuchtung bringen sollten, erwiesen sich statt dessen als geschickte Handhaber und Ausbeuter der Menschen im

Westen, ihrer Angst und Verwirrung, der Sehnsucht nach Erlösung von Schmerz und Isolierung und dem Verlangen nach einem höheren Bewußtsein, das inneren Frieden bringen sollte. Die idealistischen Religionen, Kommunen und Kulte, die Modell eines neuen Weges sein sollten, entwickelten sich in den meisten Fällen zu einer paranoiden, machtorientierten, totalitären Umwelt, die die Welt des Big Business geradezu freundlich, unschuldig und humanistisch erscheinen ließ.

Das Versagen, eine Veränderung zu bewirken, hat viele schmerzhafte, neue Fragen und schwierige Situationen geschaffen. Es ist für die vielen Menschen, die geglaubt hatten, daß sie das Beste aus alt und neu mischen konnten, zu einer schwer faßbaren Aufgabe geworden, die mittlere Zone zwischen traditioneller Unbeweglichkeit und einem neuen Bewußtsein zu finden.

Rückblickend betrachtet war es früher einfacher, die Art von Beziehungsproblemen zu definieren. Die Probleme und »Feinde« waren klarer festgelegt. Die Lösungen und die Richtung schienen eindeutiger. Die Frauen mußten sich im wirtschaftlichen, sexuellen und persönlichen Bereich emanzipieren, während die Männer einfach ihr sexistisches Verhalten überwinden und ihre persönlichere, sensiblere Seite entwickeln mußten. Dann, so glaubten wir, würde alles funktionieren, und eine neue Welt könnte entstehen.

Wir leben weiter mit den vielen Illusionen vom Fortschritt. Der *Inhalt* unserer Gesellschaft legt in vielen Bereichen, zumindest an der Oberfläche, größere Freiheit und eine Lockerung des Rollenverhaltens nahe. Aber der Sog polarisierte sich in vielen Fällen stärker als je zuvor, wie die fortwährenden Spannungen zwischen den Geschlechtern und die Verzweiflung bei Bindungen und bei der Entwicklung guter Beziehungen zeigt. Schlecht verstandene Grundtatsachen führen zu mehr Selbstmorden bei der Jugend, zu starker Drogenabhängigkeit und zu einem allgemeinen Gefühl von Zusammenhanglosigkeit und Verwirrung im Leben.

Unglücklicherweise gibt es bei dem Versuch, gegen die Spannungen anzukämpfen, viele Zeichen von Rückentwicklung. Trends zurück sind überall erkennbar. Es gibt subtilen, aber auch direkten Druck auf Männer und Frauen, zum traditionellen Rollenverhalten zurückzukehren. Eine Nostalgie für etwas, das nie existierte, zerrt jetzt an uns.

Meiner Meinung nach ist der Geschlechterprozeß unbewußt die fehlende wichtige Zutat für das Verständnis und die Umwandlung der Lebenserfahrung, er ist das Hauptanliegen dieses Buches. In den vergangenen Jahrzehnten wurden die Probleme, die das Geschlecht betrafen, unglücklicherweise mißverstanden, bagatellisiert und politisiert. Die einfache Veränderung von Haltungen und äußeren Bedingungen, ohne dabei auf den psychologischen Sog und auf tieferliegende Elemente zu achten, hat uns fast dazu gebracht, ein wichtiges Werkzeug für das Verständnis und die Veränderung der menschlichen Erfahrung zu übersehen.

Mit größerer psychologischer Betonung wird dieses Buch versuchen, die Manifestationen dessen, was ich als »Geschlechtsbewußtsein« bezeichne, zu erkennen und zu untersuchen, sowie die bewußten Aspekte der Geschlechterkonditionierung, die auch weiterhin unsere Erfahrung formen.

Dort, wo Emanzipationsbewegungen scheiterten, geschah dies, weil viele ihrer Antworten (zuerst der Feminismus und danach die schwächere Emanzipationsbewegung der Männer) sich in erster Linie aus defensiven Reaktionen zusammensetzten, die Nebenprodukte der Geschlechterkonditionierung waren. Ein großer Teil der Emanzipationspolemik war ein Grollen an der Oberfläche, unbewußter Ausdruck und Symptom einer tieferliegenden Geschlechterpolarisierung und des »unbewußten Geschlechts«.

Ich glaube, daß die Verästelungen dieses »unbewußten Geschlechts« enorm sind. Die unbewußten Abwehrmechanismen der Männlichkeit und Weiblichkeit erzeugen das Bewußtsein von uns selbst, polarisieren die Lebenserfahrung der Geschlechter und treiben uns unbarmherzig im Namen unserer Geschlechtsidentität in ein selbstzerstörerisches Verhalten, das außerhalb unserer Kontrolle liegt. Daraus ergibt sich, daß wir immer noch von einer Vielfalt von Illusionen verführt und geblendet werden, denen wir ein Leben lang nachjagen und die wir nie erreichen. Diese Trugbilder übertragen wir dann auf unsere Kinder und lassen sie in dem Glauben, daß *sie* etwas erreichen können, wozu wir nie in der Lage waren.

Ich hoffe, daß dieses Buch ein Schritt ist zu erkennen, daß der Geschlechtersog, der in uns wirkt, stark, komplex und enorm ist. Große Anstrengungen sind nötig, um ihn zu erkennen, zu analysieren und zu verändern. Wenn man den Sog der Geschlechter versteht, begreifen wir die starke, defensive Natur unserer Konditionierung. Diese zu nutzen ist in gewissem Sinn eine ähnliche Aufgabe und Möglichkeit wie die Nutzbarmachung der Atomenergie. Der Sog des Geschlechts ist die enorme Macht unserer Psyche, die unsichtbar und wirkungsvoll operiert. Sie basiert auf der Geschlechterkonditionierung und ist zum großen Teil dafür verantwortlich, wie wir uns als Männer und Frauen sehen.

Es ist weiter die Absicht dieses Buches, sich mit den Dingen zu befassen, die weniger offensichtlich sind als die, die in vergangenen Jahrzehnten existierten, zu versuchen, die tieferen und subtileren Zwangslagen, Widersprüche und »Schwächen«, die unsere Konditionierung hervorbringt, zu entwirren. Dieses Buch will versuchen, den Abstand zu verkleinern zwischen dem, was zu sein scheint, dem, was wir zu erwarten lernen, dem, was sein sollte und dem, was meiner Meinung nach, psychologisch darunter wirklich vorgeht.

Herb Goldberg
Los Angeles

Anmerkung des Autors

Die Namen in allen zitierten Fallbeispielen sind frei erfunden, es wurden Charakterzüge beschrieben, die sich nicht als die einer bestimmten Person oder bestimmter Personen identifizieren lassen.

Teil eins:
Den Frauen gegenüber

1.

»Wenn Sie die magische Frau treffen ...«: Die Geschichte vom verwundeten Vogel

Die Phantasievorstellung von der »Magischen Frau«

Sie fixierte den Mann mit einem vertraulichen Blick, der genau den Hunger in seinem tiefsten Innern traf und dem Bedürfnis und der Sehnsucht, die hinter einer Fassade von Unabhängigkeit und Selbstschutz versteckt lagen, Tür und Tor öffnete. Der Hoffnungsstrahl, den er erblickte, war direkt und stark und ließ ihn erstarren. Da stand er also – das Adrenalin raste – und das Wesen und die Vision seines Lebens änderten sich dramatisch. Er fühlte sich gefühlvoller und offener. Die Welt schien zum ersten Mal seit langem wieder ein warmer und hoffnungsvoller Ort.

Für sie, so dachte er, wäre es wert, wieder in die Welt der Menschen zurückzukehren, die er auf emotionale Armlänge entfernt gehalten hatte. Er konnte sich sogar vorstellen, einen Teil seiner begehrten Freiheit aufzugeben. Er hatte seine »magische Frau« gefunden und war bereit, das Wettrennen mit den Menschen wiederaufzunehmen. Es war ein gutes Gefühl, wieder ein Mensch und »lebendig« zu sein, und *ihre* Magie hatte dies ermöglicht.

Später an diesem Abend kam er ihr näher und berührte zitternd ihren Körper. Ohne jeden Widerstand hieß sie ihn willkommen, voll und ganz, immer wieder. Und während sie sich liebten, sagte sie zu ihm: »Es ist wunderbar, dich ganz in mir zu fühlen. Bitte bleib für immer dort.«

Die körperliche Liebe zwischen ihnen war wie eine geistige Erfahrung. Sie war der Altar, und er betete sie an. Was bisweilen mit anderen Frauen schwierig war, schien so leicht mit ihr. All sein Widerstand schmolz dahin. Er hatte das Gefühl, für immer bei ihr bleiben zu können. Ihr Geschmack und ihr Geruch waren wunderbar. Sex war noch nie so gut gewesen und die Worte »Ich liebe dich« – Worte, die ihm vorher immer im Hals steckengeblieben waren – stieß er hervor, immer und immer wieder. »Mein Gott, ich bin wirklich glücklich, daß ich dich gefunden habe«, hörte er sich sagen.

Als sie sich am nächsten Morgen in den Armen lagen, stellte sie sich vor, wie es wäre, ein Baby von ihm zu haben. »Es wäre das perfekte Kind«, sagte sie. In der Vergangenheit wäre ihm bei diesen Worten ein Verdacht gekommen, er hätte sich manipuliert gefühlt und sich zurückgezogen. Aber aus ihrem Mund klang es aufregend, denn er hatte das Gefühl, daß sie keiner Hintergedanken fähig sei. Sie ließ nur ihre Phantasie spielen, sie stellte *keine* Forderungen, baute *keine* Erwartungen auf, und das gefiel ihm.

Es war, als ob beide die großen Liebesgedichte lebten. Die Musik, die er in ihrer Stimme hörte, die Intensität, Ehrlichkeit und Sensibilität, die er in ihren Empfindungen zu sehen glaubte, und ihre »untypischen« Eigenschaften erregten ihn. Sie sagte zu ihm: »Du bist wunderbar und einer der vollkommensten und sensibelsten Männer, die ich je getroffen habe. Bleib du selbst – so wie du bist. Ich möchte nichts an dir ändern, weil alles an dir perfekt ist.«

Sie sagte, daß es wahrscheinlich in seinem Leben andere Frauen gäbe, aber das mache nichts. Sie beneide sie um ihr Glück, mit ihm eine Beziehung zu haben, aber sie fühle keine Eifersucht. »Du mußt mir nichts von ihnen erzählen, wenn du nicht willst.« Diese Worte belebten ihn und gaben ihm gleichzeitig ein Gefühl von Sicherheit. Er spürte aber, daß er eigentlich kein Interesse mehr an diesen anderen Frauen hatte.

Ohne Mühe hatte sie Abwehrmechanismen und Mauern durchbrochen, die er sich über die Jahre aufgebaut hatte und über die sich all die anderen Frauen beklagt und ihn belehrt hatten. Bei ihr stürzten die Mauern ein, sie mußte sich nicht einmal große Mühe geben. Ihm schien es, daß sie sein »wahres Ich« erkannt und zum ersten Mal zum Vorschein gebracht hatte. Sein zynisches Wesen schmolz dahin und der verletzliche Mann, der in vorsichtiger Hoffnung auf eine solch perfekte Frau – die »magische Frau« – gewartet hatte, schien hervorzutreten, voll und ganz und ohne Furcht.

Damit er es wagen konnte, »menschlich« zu werden, mußte etwas so Magisches geschehen. Andere hatten ihm immer wieder gesagt, daß er einer Phantasie nachjage, als er auf die »magische Frau« wartete. Sein rationaler Verstand hörte sie, aber sein tieferes, emotionales Ich ließ nie den Glauben los, daß sie tatsächlich existierte. Und jetzt wurde seine Erwartung schließlich bestätigt.

Er wollte für sie da sein, stark und beschützend, ihr alles geben, obwohl sie nie um etwas bat. Es machte ihn sogar etwas verrückt, weil er ihr unbedingt etwas geben wollte, während sie nichts zu erwarten schien. Keine Versprechungen, keine Forderungen, keine Eifersucht. Sie wolle nur, daß er und sie sich aneinander erfreuten, wenn sie zusammen waren, sagte sie.

Sie hatte sein Bewußtsein ganz in Anspruch genommen. Die Verständigung zwischen beiden schien unglaublich, es war, als ob sie gegenseitig ihre Gedanken lesen und ihre jeweiligen Worte und Gefühle vorwegnehmen konnten. Sie schien sich an alles, was ihn betraf, zu erinnern und bombardierte ihn mit ihrer Liebe und positiven Lebensgefühlen.

Er konnte nur an sie denken, wenn sie nicht bei ihm war. Er lebte sein übliches Leben nur mit der größten Anstrengung weiter. Sie erfüllte seine Gedanken, suchte sie heim und verdrängte alles andere. Er, der es nie zuließ, verletzlich zu sein und einen anderen Menschen wirklich zu »brauchen«, war süchtig und »hungrig« nach ihr.

Ein gefährlicher Zustand! Das erste klare Anzeichen. Er begann, sie »zu sehr« zu brauchen. Als sie sich kennenlernten, sprachen sie beide über Liebe und Loslassen. Er hatte zugestimmt, daß es keine Besitzansprüche, keine Unterdrückung oder Eifersucht geben solle. Sie hatten eine ähnliche Philosophie über Beziehungen und darüber, was dazu führte, daß sie keinen Bestand hatten.

Plötzlich wurde er von einer Kombination seltsamer und unbequemer Empfindungen und einem Gefühl von Unwirklichkeit heimgesucht. »Es ist zu gut, um wahr zu sein, entweder es ist alles nur ein Spuk oder es ist nicht von Dauer.« Er kämpfte mit sich wegen seiner Gefühle. Er spürte, daß er sich *jede Minute* nach ihrer Gegenwart sehnte. Er versuchte, dieses wachsende, unsichere Bedürfnis zu kontrollieren. Aber er konnte sich wegen des Schmerzes, den er im Innern spürte, nichts vormachen. Er fragte sich ständig, wo sie war und was sie gerade tat, wenn sie nicht zusammmen waren.

Er wollte von anderen Männern wissen, ein Verhalten, das ganz untypisch für ihn war, aber er hoffte, sie würde antworten, daß es keine anderen gäbe – zumindest niemanden von Bedeutung. Aber das sagte sie nicht. Das erste Mal fragte er sie in ängstlichem, unsicherem und eifersüchtigem Ton nach dem vorangegangenen Abend, als sie nicht bei ihm gewesen war, aber die Stimmung zwischen beiden wurde getrübt. Er wich aus und tat so, als ob er es nicht so gemeint hätte. Innerlich schimpfte er mit sich, daß er eine wunderbare Erfahrung verdarb.

Obwohl sie ihm gesagt hatte, daß sie ihn liebe, raste sein Herz jedesmal vor Angst, wenn er mit ihr telefonierte und sie nicht antwortete. Wo war sie? Hatte sie einen anderen gefunden? Vielleicht liebte sie ihn nicht mehr. Er wählte ihre Nummer alle zehn Minuten. Jede Stunde, die verging, bis er sie erreichte, schien wie eine Woche.

Vielleicht hatte sie ihm am Anfang erzählt, daß es da noch einen anderen oder andere gab, und er hatte gesagt, daß sei in Ordnung. Jetzt tauchten altmodische Vorstellungen wie Bindung und Treue in seinem Kopf auf, aber nicht in ihrem. Er spürte, daß sie seinen »Druck« spürte, den Hunger des kleinen Jungen, der zum Vorschein kam, sein Drängen, bei ihr zu sein, und die Furcht, daß sie sich mit einem anderen amüsierte, und zweifellos störte sie das. Ihre Antworten auf seine Fragen waren vage, es gab unbequeme Pausen und Zeichen einer Ungeduld und Verärgerung, die er noch nie an ihr gesehen hatte.

Er war völlig aus dem Gleichgewicht, entwickelte Strategien, was er wann sagen oder tun sollte. Schließlich verlor er seine geliebte »Spontaneität«. In Augenblicken großer Unsicherheit bat er sie, mehr Zeit mit ihm zu verbringen, und fragte, ob sie einen anderen so sehr liebe wie ihn. Sie antwortete kalt: »Niemand besitzt mich. Du zerstörst alles, wenn du mich so unter Druck setzt.«

Sie erinnerte ihn daran, wie sie gesagt hatte, daß es in der Liebe keine Erwartungen geben solle und daß sie nicht voraussagen könne, was geschehen würde. Er versuchte, auszuweichen und sich zu lösen, aber es schien unmöglich. Bald arbeitete er sich wieder heran, schmollte und wollte sie an sich binden, obwohl er wußte, daß es das Schlimmste war, was er tun konnte. Aber er konnte nichts dafür. Er schien nicht genug Abstand gewinnen zu können, um die Perspektive zu wahren, weil es zu schmerzhaft und unheimlich war auszuweichen. Und gleichzeitig konnte er ihr nicht so nah bleiben, weil das die Beziehung tötete.

Seine Unsicherheit wuchs. Er rechnete damit, daß sie die Beziehung jederzeit beenden würde. Er rief sie an und spürte, daß ihre Stimme ihn nicht mehr so willkommen hieß wie früher. Sie verneinte dies, wenn er sie fragte, und sagte ihm, daß *er* es war, der sich veränderte, nicht sie.

Immerzu wollte er sagen: »Ich liebe dich«. Er sehnte sich nach der Versicherung, die sie ihm vorher so bereitwillig gegeben hatte, als er sie nicht zu brauchen schien. Jetzte hungerte er danach, aber es kam nichts von ihr. Wenn er sie direkt fragte »Liebst du mich?«, schien ihre Antwort ausweichend und leidenschaftslos. Sie sprach von Freundschaft.

Wenn andere Männer anwesend waren, merkte er, daß sie ihnen manchmal denselben vertraulichen Blick zuwarf, mit dem sie ihn beim ersten Zusammentreffen fixiert hatte. Er sah, wie andere Männer von ihr angezogen wurden, so wie er von ihr gefesselt worden war. Es machte ihn verrückt vor Eifersucht und Angst, obwohl sie behauptete, nicht zu flirten, sondern nur ganz sie selbst zu sein.

Er fragte sie: »Findest du ihn sexuell attraktiv?« Sie antwortete ausweichend: »Ich finde ihn interessant, das ist alles.« Er bohrte weiter: »Würdest du mit ihm schlafen?« Ihre Antwort lautete: »Denkst du nur immer an das eine?« Damit war die Unterhaltung beendet.

Davon besessen zu verstehen und klarzustellen, war »unsere Beziehung« das einzige, worüber er mit ihr sprechen wollte, etwas, das er in vergangenen Beziehungen gehaßt hatte. Während seine Bedürfnisse und sein Hunger zum Vorschein kamen und sie immer weiter wegtrieben, wurde er verzweifelt und depressiv und geriet in Panik. Wenn sie auswich, rannte er mit immer größerer Geschwindigkeit auf sie zu.

Da sie das Gefühl hatte, daß er sie unter Druck setzte, war sie bisweilen kalt, voller Haß und wurde bei ihrem Versuch, sich zu schützen, sogar bösartig. Ihre Beziehung hatte sich für immer verändert und verschlechtert. Die perfekte Liebe und Kommunikation, die sie hervorgebracht hatte, wurde durch eine Atmosphäre ersetzt, in der Verständigung jetzt unmöglich schien.

Als die Beziehung schließlich zu Ende war, war sie völlig distanziert von ihm. Ein Gefühl der Hoffnungslosigkeit, jemals wieder Liebe zu finden, durchdrang ihn. Am Ende erfüllte ihn so viel quälender Schmerz, wie am Anfang wunderbare Gefühle.

Am Anfang der Beziehung hatte er sich stark, vollkommen und geliebt gefühlt. Am Ende war er nur noch ein winselnder, bemitleidenswerter Hund. Er war all das geworden, was er haßte. Er spionierte ihr hinterher und fragte alle, die sie kannten, nach ihrer Meinung, um sich darüber klar zu werden, wo er stand.

Er versuchte zu verstehen, aber es schien unmöglich, sie zu durchschauen. Sie war nicht wie die anderen Frauen, die er gekannt hatte. Sie hatte keine Schuldgefühle, keine Komplexe, keine Bedürfnisse und keine Angst vor der Zukunft. So schien es zumindest. Er konnte sie auf keine Weise bewegen – oder manipulieren. Sie hatte wie ein zerbrechlicher Vogel gewirkt, den er hatte beschützen wollen, aber in Wirklichkeit war sie viel stärker als er.

Jetzt hatte sich das Machtgleichgewicht verschoben, es blieben keine »richtigen oder falschen« Dinge mehr zu sagen oder zu tun. Ihre große Sensibilität ihm gegenüber hatte sich in Gleichgültigkeit verwandelt, in ein scheinbar ständiges falsches Interpretieren seiner Motive und in eine Unfähigkeit, seinen Schmerz zu erkennen und darauf einzugehen. Sie fühlte sich durch ihn einfach nur eingeengt und nahm ihm dies übel.

Wenn er wütend auf sie wurde, zeigte sie keine Wut auf ihn. Sie schien sich so sehr unter Kontrolle zu haben, daß er das Gefühl hatte, sie überhaupt nicht beeinflussen zu können. Die Kommunikation, die einst so leicht und positiv gewesen war, war verwirrend und häßlich geworden. Die Beziehung zu der »Magischen Frau« endete so plötzlich und total, wie sie begonnen hatte.

In demselben Maß, wie Beziehungen zwischen Männern und Frauen immer zerbrechlicher werden, besteht die zunehmende Tendenz, sich der romantischen Phantasie eines »magischen Partners« hinzugeben. Der bewußte, aber auch der unbewußte Widerstand zwischen den Geschlechtern wächst, obwohl das Bedürfnis, sich zu binden, immer noch stark ist.

Durch eine romantische Liebesaffäre nehmen sich Männer und Frauen Urlaub von ihrem unbewußten Widerstand einander gegenüber – lang genug, um einen Phantasiezustand zu schaffen, der ein intensives Verschmelzen zuläßt. Das Bedürfnis nach einer Romanze und die Verlockung einer solchen Affäre besteht in dem Maß, wie dieser zugrunde liegende Widerstand dem anderen Geschlecht gegenüber vorhanden ist. Die Erfahrung »magischer« Gefühle ist der extreme Ausdruck einer Gegenreaktion auf diesen Widerstand. Präzise ausgedrückt: Je größer dieser Widerstand und die unterdrückte Angst, der Zorn und der Konflikt mit dem anderen Geschlecht sind, desto größer ist das Bedürfnis nach einer magischen Romanze, die eine Sicherheitszone für Bindungen erzeugt.

Der Romantiker sucht eine Intensität des Gefühls, die in der Welt der realen Beziehungen nicht möglich ist. Er oder sie ist auf defensive Weise »süchtig« – und die Droge, die den Verstand verändert und die es zuläßt, daß eine Verbindung entsteht, ist das romantische Gefühl. Da das Bedürfnis nach diesem Gefühl in dem Maß besteht, wie gegensätzliche tiefere und unbewußte Gefühle vorhanden sind, sind romantische Beziehungen vom Charakter her flüchtig. Sie enden mit Enttäuschung und Zorn, Empfindungen, die den »magischen« Gefühlen von Liebeseuphorie, die am Anfang vorhanden sind, in nichts nachstehen.

Die Dynamik

Oft fürchten und hassen extreme Romantiker das andere Geschlecht. Diese Gefühle manifestieren sich in dem Bedürfnis, das Objekt ihrer Liebe mit »magischen« Attributen zu versehen, wie zum Beispiel: »Sie ist ganz anders als andere Frauen« (»und darum kann ich es mir erlauben, sie zu lieben«). Ein Mensch des anderen Geschlechts »ohne magische Eigenschaften« wäre zu gefährlich und fehlerbeladen.

In Augenblicken zwangloser, spontaner Diskussion verraten Romantiker oft ihre tieferen Gefühle – zum Beispiel: »Frauen sind manipulierend«, »Frauen kann man nicht vertrauen« oder sogar »Frauen sind Parasiten«. Die Romantikerin verrät ihre unbewußte Angst und ihren Widerstand gegenüber dem anderen Geschlecht, indem sie nie eine Unterhaltung mit einem Mann anfängt, den sie nicht kennt. Sie fürchtet die Männer insgesamt. Sie wahrt Distanz und ist zurückhaltend, selbst bei sozialen Anlässen. Obwohl sie sich danach sehnt, den »Märchenprinzen« zu treffen, macht ihr die Realität der Männer insgesamt Angst und versetzt sie in Wut. Früh hat sie gelernt: »Männer wollen Frauen nur benutzen«, »Männer sind Lügner«, »Männer sind selbstsüchtig« und natürlich »Männern kann man nicht trauen«.

Der starke unbewußte Zorn auf Männer und der Widerstand ihnen gegenüber, der in der femininen Frau vorhanden ist, zeigte sich in den Anfängen des Feminismus in voller Stärke. Männer wurden mit den häßlichsten Attributen, die man sich vorstellen kann, bedacht: »Männer sind Vergewaltiger«, »Männer sind Schweine« und »Männer sind die Unterdrücker der Frauen, sie wollen sie beherrschen und erniedrigen«.

Ironischerweise sind es gerade diejenigen, die das andere Geschlecht unbewußt verabscheuen, es manipulieren und benutzen, die sich als große Liebhaber verkleiden und am leichtesten ihren Willen durchsetzen und das andere Geschlecht verführen können. Das »Don Juan«-Syndrom des männlichen Verführers, der Frauen unbewußt haßt, ist ein Beispiel dafür.

Das weibliche Gegenstück des »Don Juans« ist die »magische Frau«. In der heutigen Zeit, in der Bindungen zwischen Männern und Frauen zusammenbrechen, in der Beziehungen scheitern und plötzlich enden und in der »wirkliche Frauen« für viele Männer eine genauso große Bedrohung zu sein scheinen, wie es »wirkliche Männer« früher für Frauen waren, ist die »magische Frau« eine starke und verführerische Phantasievorstellung für viele Männer geworden. Tatsächlich kann eine »magische Frau« im Leben unzähliger Männer Verwüstung anrichten, bei Männern, die diese Phantasie brauchen, um sich weniger einsam zu fühlen, und die den Trost und die Beruhigung suchen, die die »besondere Perfektion« dieser Frau zeitweise zu bieten scheint.

Der »Don Juan« kann eine Frau dazu bringen, ihren Ehemann zu verlassen und sich so zu verhalten, wie sie es sich nie träumen ließe. Genauso entführt die »magische Frau« Männer von ihren Ehefrauen, holt Junggesellen hinter ihren Schutzmauern hervor und bringt sie dazu, Dinge zu tun, die sie normalerweise nicht tun würden. Männer und Frauen gleichermaßen können völlig unmoralisch werden, bereit, ihre hochgehaltenen Werte, Glaubensgrundsätze und ethischen Vorstellungen aufzugeben, wenn sie es mit einem »magischen Mann« oder einer »magischen Frau« zu tun haben. Die »magische Frau« bringt die destruktivsten, härtesten und konkurrierendsten Seiten des Mannes hervor, genau wie der »Don Juan« ein Extrem an Selbstverneinung, Masochismus und verzweifeltem Verlangen in Frauen hervorbringt.

Für kurze Zeit scheint die »magische Frau« die höchste Phantasievorstellung des Mannes zu sein: eine wunderschöne Frau, die ihn anbetet, nichts von ihm will, so daß er sich ganz sicher und als Herr der Lage fühlen kann. Ihre Gegenwart versichert ihm, daß *er wirklich* ein unglaublicher Mann ist und endlich *seine* »sagenhafte Frau« gefunden hat, die wirklich weiß, wie sie ihn lieben muß. Die »magische Frau« erreicht dies, indem sie sich ihm scheinbar hingibt und dabei keine der üblichen weiblichen Druckmittel einsetzt und nicht auf Bindung oder auf den Beweis für irgend etwas drängt. Sie ist eine magische Frau: bewundernd, aber bedürfnislos; liebend, aber unabhängig; sexuell, aber ohne ihn dabei zu gängeln oder Druck auf ihn auszuüben. In seinen Augen ist sie perfekt. Und um das ganze noch zu krönen, scheint sie außerdem »nur für den Mann dazusein«, so daß ein Mann in ihrer Gegenwart ganz er selbst sein kann: Er kann aussprechen, was er will und fühlt, ohne seine Sprache und Gedanken zu durchleuchten, weil sie ihn »wirklich« versteht und ihn *genau so* liebt, wie er ist. Es scheint zu schön, um wahr zu sein – und genau das ist der Fall.

Als Therapeut habe ich jahrelang mit Männern gearbeitet, die sich in den Fängen einer magischen Phantasievorstellung befanden; die Zeichen und Symptome sind im allgemeinen dieselben. Männer, die besonders defensiv, verschlossen, beherrschend, mit Erfolg manipulierend und selbstschützend sind, unterliegen dieser Phantasie in ihren Beziehungen zu Frauen besonders. Diese verschlossenen Männer hatten stark bedrohliche, frühe Erfahrungen mit Frauen – mit unterdrückenden, schuldeingebenden, unbewußt feindlichen und manipulierenden Müttern. Diese Männer haben riesige Mauern errichtet, um sich selbst zu schützen, und neigen dazu bei den Frauen, die sie kennenlernen, gleich über deren Fehler zu klagen, um sie auf Distanz zu halten.

Sie haben ein starkes maskulines Ichgefühl, weil ihre Mütter sie an sich gebunden haben, und sie nicht in der Lage waren, sich zu lösen. Als Reaktion und Verweigerung entstand der Zwang, ihre Männlichkeit beweisen zu müssen und ihren Zorn abzubauen, indem sie Frauen verführen und beherrschen.

Statt eine Verbindung aufzubauen, lernten sie, Frauen zu manipulieren, um das zu bekommen, was sie wollten, und gleichzeitig sichere Distanz zu wahren. Unbewußt »schossen« sie Frauen regelmäßig und mit Erfolg »ab«, um dann gleichgültig zur nächsten überzugehen, bis sie ihrer »magischen Frau« begegneten. In ihr fanden sie ihren Meister, ihr emotionales Gegenstück.

Die »magische Frau« ist ein verwundeter Vogel

Veronica war eine solche »magische Frau«. Im Alter von drei Jahren war sie von ihrem Vater verlassen worden. Bis sie siebzehn Jahre alt war, hatte sie drei weitere Väter, von denen einer ihre Mutter körperlich mißhandelte. In dieser Zeit war Veronica auch von einem der Männer, mit denen ihre Mutter ausging, brutal geschlagen worden. Kurz nachdem sie allein aus ihrer Heimat Ohio nach Los Angeles gezogen war, wurde sie vergewaltigt.

Als Ron schließlich Veronica traf, hatte sie sich zu einer äußerst geschickten Handhaberin von Männern entwickelt und zwar in so starker Form, daß Ron davon überzeugt war, Veronica sei ein sehr geistiger Mensch, der sich für ihn nicht wegen materieller Dinge interessiere. Dies machte eine extreme Aufhebung seiner Realität erforderlich, da er ein Vermögen für sie ausgab, um sie glücklich zu machen, während sie die ganze Zeit behauptete, daß dies nicht nötig sei.

Er betrachtete sie als schwach und zerbrechlich, und doch beherrschte sie ihn und den Rhythmus ihrer Beziehung völlig. Von seinen Phantasien von Veronica gefangengenommen, war Ron nicht in der Lage, selbst ihre offensichtlichsten Manipulationen zu durchschauen. An einem Wochenende fuhr sie mit einem alten Freund nach Palm Springs, schlief mit ihm in einem Bett und behauptete Ron gegenüber, daß die Beziehung völlig platonisch sei. Er glaubte ihr.

Er sprach von ihr auf euphorische Weise. Er beschrieb ihre wunderschönen Mandelaugen, ihr feminines Verhalten, ihren großen Sinn für Humor und ihre Fähigkeit, jeden Mann dazu zu bringen, alles für sie zu tun, weil sie so »wundervoll« war. Er sah sie nie als die manipulierende, zornige, berechnende und kalte Person, die sie wirklich war, bis sie ihn verließ, gleich nachdem er seine Arbeit verloren hatte, weil er nach einem Autounfall nicht mehr Auto fahren konnte. Zuerst ließ sie sich Zeit, wenn es darum ging, ihn zurückzurufen, aber kurz darauf hörte er nie wieder von ihr. Trotzdem war er weiterhin der Meinung, daß er die beste Frau verloren hatte, mit der er je zusammen war, und er betrauerte den Verlust über ein Jahr lang.

Angela war ebenfalls eine »magische Frau«. Obwohl sie die Schule nicht zu Ende geführt hatte, konnte sie selbst die gebildetsten Männer erregen. Wenn es sich um einen Arzt handelte, betrachtete sie medizinische Texte voller Faszination. Bei einem Rechtsanwalt lauschte sie den Berichten von seinen juristischen Leistungen mit gespannter Aufmerksamkeit. Sie bat darum, im Gerichtssaal sitzen zu dürfen, um ihn bei der Arbeit zu beobachten und ihn mit den Augen zu verschlingen. Sie führte sich wie ein verspieltes Kind auf. Sie neckte Männer, die normalerweise zwanghaft, ehrgeizig, ernsthaft und von Berufs wegen »steif« waren, und brachte sie dazu, sich ebenfalls kindisch und ungehemmt zu benehmen. Sie konnte die aufregende Femme fatale sein, die weise, verständnisvolle Frau oder die bemitleidende, heilende Mutter.

Wenn sie sich für einen Mann interessierte, war sie voller Energie: aufmerksam, ganz wach und konzentriert. Später jedoch, wenn die Jagd erfolgreich abgeschlossen war, zog sie sich zurück, wurde desinteressiert und müde.

Immer frage ich bei meiner praktischen Arbeit einen Mann, von dem ich vermute, daß er es mit einer »magischen Frau« zu tun hat, ob er irgend etwas über ihre frühen Erfahrungen mit Männern im Kindesalter weiß. Übereinstimmend erzählen sie, daß sie von den Männern im Leben ihrer Mutter und in ihrem frühen Leben mißbraucht, abgelehnt oder vernachlässigt wurde. Sie ist entweder aus einem traumatisch zerbrochenen Heim hervorgegangen oder wurde offenkundig mißbraucht, psychisch und/oder sexuell. Wie ihre Mutter braucht sie Männer, um zu überleben, aber haßt und fürchtet sie gleichzeitig. Dies traf auch auf Angela zu, deren alkoholabhängiger Vater die Familie verließ, als sie drei Jahre alt war. Sie konnte sich nicht an ihn erinnern. Sie hatte jedoch schon sehr früh gelernt, die perfekte, geschickte Handhaberin von Männern zu sein, die genau so war, wie die Männer sie wollten, damit sie sich sicher fühlen konnte.

Die »magische Frau« überlebt immer, sie ist eine Dschungelkämpferin. Sie lernt, »das Biest zu zähmen«, indem sie die Bedürfnisse des grenzenlosen Egos des Machos sofort und total erfüllt, so daß sie völlig unwiderstehlich und mächtig wird, eine süchtig machende Droge, die eine »Ego-Euphorie« erzeugt. Zu Anfang gibt sie ihm alles, was er will, wobei sie scheinbar keinen Druck auf ihn ausübt, indem sie nicht auf

Bindung oder Heirat drängt. Er glaubt, daß er alles in dieser Frau gefunden hat. Seine maskuline Ichbezogenheit und seine Abwehrmechanismen hindern ihn daran zu erkennen, daß daß dies unmöglich ist.

Das große Feingefühl der »magischen Frau« für die Bedürfnisse des Mannes entstand unbewußt, um den gefürchteten und gehaßten Mann zu besänftigen, zu entwaffnen und zu beherrschen, und geht einher mit ihrer eigenen Suche nach dem »perfekten Vater«, der ihr frühes Trauma kompensieren soll. Sie kann ihre »Liebe« nur so lange ausschütten, wie der Mann das Macho-Image von Perfektion, das er ursprünglich projizierte, aufrechterhält; er kann seinen Hunger, seine Bedürfnisse oder seine Abhängigkeit nicht zeigen, da dies Druck auf sie ausüben würde und ihn zu wirklich erscheinen ließe.

Für die »magische Frau«, genau wie für ihr männliches Gegenstück, ist ein sicherer Partner ein Mensch, den man nur aus äußerster Entfernung lieben kann. Der zurückhaltende, isolierte Mann, den die »magische Frau« braucht und der sich hinter den charmanten, wirkungsvollen und glatten sozialen Fähigkeiten des Machos versteckt, scheint auch für sie am Anfang »perfekt« zu sein. In ihren Augen wird er zum langersehnten »perfekten Vater«. Sie gewinnt ihn durch völlige Bewunderung und bombardiert ihn mit Liebe, was ihn dazu verführt zu glauben, daß er sein tieferes Ich offenbaren kann. Wenn es dazu kommt und er sie ebenfalls besitzen und beherrschen will, werden ihre Mechanismen des Selbstschutzes in Betrieb gesetzt. Sie will nicht, daß ein »wirklicher Mann« ihr nah ist, und beginnt, ihn wegzustoßen. Ihr tiefliegender Zorn auf Männer kommt an die Oberfläche, und sie versucht, ihn zu verletzen und zu zerstören, aus Rache für ihren früherfahrenen Schmerz.

Die »magische Frau« ist ein verwundeter Vogel, der alle Seiten der Liebe ohne die dazugehörenden Gefühle erlernt hat und es den Männern für all ihre Schmerzen in der Vergangenheit heimzahlt. So wie die »magische Frau« ein verwundeter Vogel ist, wurde auch der Mann, der anfällig für sie ist, durch das andere Geschlecht verletzt oder geschädigt und hat dieselbe Angst vor einer wirklichen Frau, eine Angst, die ebenfalls auf seinen frühen Erfahrungen basiert. Es gibt heute viele »verwundete Männer«; aus diesem Grund sind viele Männer für die Phantasievorstellung von der »magischen Frau« empfänglich. Es sind Männer, die »wirkliche« Frauen nicht tolerieren können.

»Magische Frauen« sind auch oft scheinbar perfekte »Erdmütter«, ein Extrem der traditionellen Frau, die lernt, Männer aus einer unbewußten Angst, aus einem Bedürfnis oder aus Zorn heraus zu manipulieren. Um dies zu erreichen, unterdrückt sie ihre eigene Identität und nimmt den Stil, den Rhythmus, die Vorlieben und Abneigungen des Mannes an. Weiblichkeit lehrt Frauen, sich selbst nach der Identität des Mannes zu formen. Die »magische Frau« ist ein extremes Beispiel für derartiges Verhalten.

Die Phantasievorstellung von der »magischen Frau« lehnt die harte Arbeit, die in wirklichen Beziehungen zwischen Mann und Frau nötig ist, ab. Sie ist ein Symbol für die Angst des Machos vor persönlicher Bindung. Die »magische Frau« ist die höchste, aufregende, isolierte Phantasievorstellung – eine »Beziehung« ohne Beziehung und Mühe. Sie ist die perfekte Kombination für den »geschädigten Mann«, der ebenfalls nur die Bilder oder Phantasievorstellungen von Nähe ertragen kann und nicht deren Realität.

Aus diesem Grund kann die »magische Frau« Männer viel über sich selbst lehren. Sie tut ihnen das an, was sie schon so oft anderen Frauen angetan haben. Sie benutzt und beherrscht Männer auf die Art und Weise, wie Männer oft Frauen beherrschen. In der »magischen Frau« kann ein Mann das Spiegelbild seines tieferen Ichs finden, weil sie sich als Reflektion dessen entpuppt, wie er sich Frauen gegenüber wirklich verhält.

Die Phantasievorstellung von der »magischen Frau«: Verlauf und Warnsignale

1. Die Beziehung beginnt mit einem seelenvollen, durchdringenden Blick, und der Mann ist sofort elektrisiert. Er hat das Gefühl, von einer »magischen Kraft« eingefangen worden zu sein.

2. Er will sie mitnehmen und von anderen isolieren. Er spricht stundenlang mit ihr und schüttet ihr sein Herz aus, wie er es noch nie getan hat.

3. Beide scheinen gegenseitig ihre Gedanken lesen zu können. Sie gibt ihm das Gefühl, als ob er noch nie mit einer Frau geschlafen hat. Er fühlt sich wiederbelebt und wie neugeboren.

4. Die Vertrautheit schlägt ein wie ein Blitz, ohne Widerstand oder Konflikt. Trotzdem versucht er verzweifelt, sie zufriedenzustellen. Entgegen seinem normalen Verhalten will er sich ihr übertrieben anpassen und vor ihr angeben.

5. Er fühlte sich leer, bevor er sie traf, und er fühlt sich noch leerer, wenn sie einmal nicht um ihn herum ist, nachdem er sie gefunden hat.

6. Sie beschreibt ihre Vergangenheit als junges Mädchen. Was Männer betrifft, ist diese Zeit für sie traumatisch. Vielleicht stammt sie aus einer geschiedenen Ehe, wurde sehr früh von ihrem Vater verlassen oder ihre Mutter hatte eine Reihe von Liebhabern oder Ehemännern.

7. Entgegen seiner üblichen Art ist er ihr gegenüber sehr eifersüchtig und beschützend. Er verliert seinen normalen zynischen Sinn für Humor, Frauen, dem Leben und Beziehungen gegenüber. Er wird »nachdenklich«, »ernst« und »sensibel«.

8. Sie scheint außergewöhnlich unabhängig und ohne Bedürfnisse. Sie bittet um nichts und übt keinen Druck auf ihn aus.

9. Sie bestätigt seine liebsten Phantasievorstellungen, die er von sich selbst hat – daß er vollkommen und brillant ist. Trotzdem ist sie nicht besitzergreifend. Er kann sogar von anderen Frauen in seinem Leben sprechen, und sie zeigt kein Zeichen von Eifersucht. Sie gibt ihm das Gefühl, daß er mit anderen Frauen schlafen könne und daß es ihr überhaupt nichts ausmache.

10. Sie scheint überhaupt keine »Komplexe« zu haben – sie ist spontan und lebt völlig in der Gegenwart, ist frei von den üblichen Hemmungen, gibt ihm keine Schuldgefühle und hat nicht das übliche Bedürfnis nach Bestätigung, das er sonst mit Frauen in Verbindung bringt.

11. Sex mit ihr ist »phantastisch«, das beste, das er je erlebt hat. Sie scheint sich in ihrer Sexualität völlig wohl zu fühlen und geht spielerisch mit ihr um, es gibt nichts, was sie nicht tun würde.

12. Vielleicht sagt sie ihm, daß es noch einen anderen Mann oder andere Männer in ihrem Leben gibt, und insgeheim ist er sehr eifersüchtig, verneint dieses Gefühl aber.

13. Er versucht ständig, sich zu beweisen und vor ihr Theater zu spielen, um ihr zu gefallen.

14. Obwohl ihre Vergangenheit und die Realitäten ihres Lebens nahelegen, daß beide nichts gemeinsam haben und daß es ein ungleiches Paar ist, glaubt er »wie durch Magie«, daß alles im Leben beider, was vorher war, völlig unwichtig ist.

15. Die »magische Frau« verschmilzt geradezu mit seiner Welt. Sie »liebt« seine Freunde und Familie. Sie scheint perfekt mit seinen Eltern auszukommen. Ist er verheiratet, wenn sie sich kennenlernen, erwartet sie nicht, daß er seine Frau verläßt, und übt keinerlei Druck aus.

16. Er rationalisiert das Negative und bemüht sich sehr, ihr zu glauben, selbst wenn das, was sie sagt, völlig unmöglich ist.

17. Sie bringt ihn zum Wahnsinn mit ihrem Freiheitsdrang. Sie ist oft vage, wenn es darum geht, wo sie gewesen ist und mit wem sie zusammen war. In zunehmendem Maße erkennt er, daß er sich auf nichts verlassen kann. Sie ist völlig gegenwartsorientiert und drückt ihre Einfälle und ihr Verlangen nach Vergnügen spontan aus. Zu Anfang ist dies sehr aufregend, aber langsam macht es ihn wütend. Sie erscheint ihm unverantwortlich.

18. Die Beziehung ist eine emotionale Fahrt auf der Achterbahn, und seine Gefühle reichen innerhalb kürzester Zeit von »Sie liebt mich so sehr und wird mich nie verlassen« bis zu »Es ist alles vorbei, und ich werde sie nie wiedersehen«.

19. Normalerweise ist er ein Mann, der Distanz braucht, dennoch will er mit ihr die ganze Zeit zusammensein. Es ist ein unstillbares Verlangen, eine Sehnsucht, die nie erfüllt wird.

20. Andere Frauen scheinen sie nicht sehr zu mögen. Wenn er fragt, warum sie keine Freundinnen hat, behauptet sie, daß sie die meisten Frauen langweilig findet.

21. Während er normalerweise Frauen gegenüber kritisch eingestellt ist, ist es ihm unmöglich, irgendwelche negativen Empfindungen ihr gegenüber zu haben. Es scheint unmöglich, ihr böse zu sein, selbst wenn sie Dinge tut, die wirklich schmerzlich und unverantwortlich sind. Allzu bereitwillig glaubt er ihren Erklärungen, warum sie seine Telefonanrufe nicht beantwortet hat oder Stunden zu spät gekommen ist. Tatsächlich gelingt es ihr immer, die Tatsachen zu verdrehen und *ihm* Schuldgefühle einzugeben, weil er ihr etwas entgegengehalten hat und daher »verklemmt« ist.

22. Andere Männer werden oft von ihr angezogen. Sie scheint sie dazu zu ermutigen, obwohl sie dies verneint. Er spürt, daß etwas nicht in Ordnung ist, aber er kann nicht genau sagen, was. Er glaubt ihr, wenn sie sagt, daß die Blicke, mit denen sie andere Männern fesselt, nicht verführerisch sind, aber sein Instinkt sagt ihm, daß sie genau weiß, was sie tut.

23. Er sucht immer wieder die Bestätigung ihrer Liebe. Ständig will er mit ihr über die Beziehung reden. Im Gegensatz zu ihm scheint sie sehr gelöst zu sein. Sie kann längere Zeit ohne ihn sein, ohne daß es sie stört. Während er ständig das Gefühl hat, daß er Kontakt zu ihr haben muß, geht es ihr nicht so. Sie hat die Kontrolle ganz übernommen. Sie führt das Kommando, und er ist zum unsicheren, »machtlosen« Anhängsel geworden.

2.

Warum Männer und Frauen nicht miteinander reden können: Die versteckten, unbewußten Botschaften des Geschlechts

Ein polarisierter Dialog

Sie: Du bist so verschlossen.

Er: Du kannst einfach nicht damit aufhören. Nie ist dir etwas genug.

Sie: Ich habe das Gefühl, daß du mich eigentlich nie um dich haben willst.

Er: Du bist *immer* da.

Sie: Aber wir sind uns nicht nahe. Du bist so kalt.

Er: Ich weiß nicht, was du meinst.

Sie: Mit dir kann man einfach nicht reden.

Er: Weil du eben nicht rational bist.

Sie: Du verstehst eben nichts *richtig*, obwohl du meinst, es zu verstehen.

Er: Gib mir mal ein Beispiel.

Sie: Wenn du nicht weißt, was ich meine, kann ich es dir auch nicht sagen.

Er: Wenn es dir nicht paßt, so wie es läuft, solltest du etwas daran ändern.

Sie: Ich kann unsere Beziehung nicht alleine ändern.

Er: Mir gefällt mein Leben so, wie es ist.

Sie: Du glaubst, daß dein Leben dir gefällt, aber du hast keine Freunde. Nie ruft dich jemand an.

Er: Du kriegst nie genug von Leuten. *Dauernd* hängst du am Telefon.

Sie: Lenk nicht vom Thema ab. Du vertraust einfach niemandem.

Er: Du bist naiv. Du lebst in einer Phantasiewelt.

Sie: Du bist immer auf der Hut; du lebst immer nur in der Zukunft.

Er: Und darum kannst *du* die Realität ignorieren.

Sie: Du bist paranoid, was dein Leben und Geld betrifft.

Er: Du verstehst nichts von Geld.

Sie: Geld ist nicht alles. Was hast du denn davon, wenn du nicht einmal mit deinen eigenen Kindern zurechtkommst.

Er: Du läßt die Kinder ja nie los. Du bist wie eine Glucke, die nicht merkt, daß die Küken geschlüpft sind.

Sie: Wie kannst du das sagen? Du weißt nicht einmal, wer ich bin.

Er: Und du verstehst mich nicht.

Sie: Ich brauche dich nur anzusehen und merke, daß du nie glücklich bist. Nichts macht dich glücklich.

Er: Was ist Glück?

Sie: Warum wirst du immer gleich zynisch?

Er: Das ist deine Auffassung, aber es stimmt nicht.

Sie: Nie gibt es irgendein Lob von dir – nur Kritik.

Er: Ich habe auch das Gefühl, daß du mich überhaupt nicht anerkennst.

Sie: Wenn du mit anderen zusammen bist, lachst du und machst Witze. Mir gegenüber bist du immer negativ.

Er: Weil ich dann nicht ich selbst sein kann.

Sie: Du bist ja nie zu Hause; immer arbeitest du nur.

Er: *Ich* arbeite so viel, weil *du* beim Einkaufen immer das ganze Geld ausgibst.

Sie: Du hast immer eine Antwort parat.

Er: Ich tue nur mein bestes. Ich kann es nicht allen immer recht machen.

Sie: Ich bin frustriert.

Er: Geh und such dir einen Liebhaber!

Sie: Das ist deine Klischeeantwort. Reißaus nehmen!

Er: *Du* fängst also schon wieder an – immer verallgemeinerst du nur.

Sie: Mein Gott, du bist wie ein Computer.

Er: Was ist verkehrt daran, wenn man vernünftig und kompetent ist?

Sie: Ich bin genauso kompetent wie du, aber ich bin keine Maschine.

Er: Wann wirst du endlich damit aufhören, mich ändern zu wollen?

Sie: Wenn du aufhörst, mich schlechtzumachen.

Er: Glaubst du denn, daß es für mich leicht war? Mein Leben war die Hölle!

Sie: Du weißt gar nicht, wie gut du es hast. Du wirst die eine gute Beziehung, die du hast, wegwerfen. Keine andere Frau wird mit dir zurechtkommen.

Er: Was ist das überhaupt, eine gute Beziehung? Das klingt für mich wie Psychologengeschwätz. Wenn wir uns trennen, will ich keine andere Frau.

Sie: Klar, das würdest du etwa zwei Wochen lang aushalten.

Der Mythos der Verständigung

Eine der beliebtesten Illusionen der Psychologen, die in den letzten zwanzig Jahren auftauchte, ist der Glaube, daß Männer und Frauen, die miteinander über ihre Gefühle reden und ihre innere Erfahrung miteinander »teilen«, die Antwort auf die Probleme sind, die in der Beziehung zwischen und Mann und Frau hinderlich sind. Sich Zeit zu nehmen und sich gegenseitig zuzuhören, sollte angeblich die Spaltung zwischen den Geschlechtern heilen.

Die polarisierte Abwehrhaltung, die durch das Unbewußte der Geschlechter geschaffen wurde, macht die Fähigkeit, genau zuzuhören und, ohne defensiv zu sein, das zu erfahren, was das andere Geschlecht sagt, buchstäblich zunichte. Der Grad und die Intensität dieser Unmöglichkeit und das unausweichliche Zusammenbrechen der Verständigung zwischen Mann und Frau besteht in dem Maß, wie die Polarisierung von Mann und Frau vorhanden ist. Daher ist es oft das scheinbar perfekte Paar, das am meisten von seiner Frustration und durch das wiederholte Versagen bei der Verständigung geplagt wird.

Was dieses Phänomen so schmerzlich macht, ist die Tatsache, daß die Kommunikation zwischen dem jungen, romantischen

Paar am Anfang der Beziehung total zu sein scheint. »Wir müssen nicht reden; wir verstehen uns auch so perfekt«, denken und sagen sie oft.

Die Probleme, die durch den Sog der Geschlechter geschaffen werden, treten zutage, wenn diese beiden Menschen »einhaken« und sich ihre tieferen Abwehrhaltungen verflechten. Unwichtige Kabbeleien werden zu großen Streitfragen. Wieder miteinander ins Reine zu kommen, wird immer schwieriger und schließlich *unmöglich*. Am Ende bleiben in dieser vegifteten Interaktion nur noch Mißverständnisse, die ständig neu belebt werden. Wenn die Beziehung nicht wieder ins Gleichgewicht kommt, indem die männlichen und weiblichen Abwehrmechanismen aufgebrochen werden, schlagen die hoffnungslosen Versuche, einen Weg zu finden, fehl. Es bleibt ihnen nur noch die Möglichkeit, es woanders von neuem zu versuchen.

Was ist das für ein Sog der Geschlechter, der das vergiftet, was zu Anfang eine idyllische Wechselbeziehung schien? Die unbewußten Botschaften der weiblichen Abwehrhaltung sehen so aus:

1. *Sprich mit mir – öffne dich, denn ich will dir nah sein:* Aber zeige nicht deine schwachen oder bedürftigen Seiten, damit mein Sicherheitsgefühl nicht beeinträchtigt wird.
2. *Teile deine Gefühle mit mir:* Aber sag mir nichts, das ich nicht hören will, beispielsweise, daß du wütend bist oder dich langweilst, mit einem anderen Menschen zusammen sein möchtest oder mit irgend etwas nicht einverstanden bist. In dem Fall würde ich Angst bekommen und mich angegriffen fühlen.
3. *Sei stark und dominierend, damit ich von deiner Perfektion und Stärke träumen kann und von dem Mann, an dessen Existenz ich glauben will:* Aber ich bin frustriert, distanziert und unsicher, wenn du dich nicht emotional öffnest und verletzlich zeigst.
4. *Gib mir deine Unterstützung und Bestätigung:* Aber nur, wenn und wie ich es will. Sonst fühle ich mich von dir kontrolliert und habe das Gefühl, wie ein Kind behandelt zu werden.

5. *Ich will dich glücklich machen und tue was du willst:* Aber ich werde es dir verübeln, wenn du »selbstsüchtig« bist und dich nicht darum kümmerst, wer ich bin und was ich will, wenn ich mich dir anpasse.
6. *Ich muß unabhängig von dir sein und selbstbewußt:* Aber dann werde ich Angst bekommen, daß dir das nicht gefällt und daß du mich zurückweist. Deshalb werde ich mich in mein weibliches, manipulierendes Verhalten zurückziehen.

Die unbewußten Botschaften der männlichen Abwehrhaltung sehen so aus:

1. *Laß mich in Ruhe. Sonst habe ich das Gefühl, bedrängt und verschlungen zu werden:* Aber geh nicht weg. Ich habe Angst, allein zu sein. Ich brauche den Kontakt, auch wenn ich keine Wechselbeziehung will.
2. *Lerne, auf dich selbst zu achten, damit ich mich nicht verantwortlich und schuldig fühlen muß:* Aber brauche mich, denn das gibt mir Sicherheit, bestätigt mir, daß du mich nicht verlassen wirst und gibt mir das Gefühl, »ein Mann zu sein«.
3. *Sei wirklich. Wenn du heuchelst (und ich glaube, das ist fast immer der Fall), kann ich dich durchschauen und mißtraue dir. Du bist dann einfach noch ein Mensch, dem ich nicht richtig vertraue:* Aber zeige nicht wirklich, was du fühlst und denkst, denn das würde die Art und Weise bedrohen, wie ich mich selbst und diese Beziehung sehen muß.
4. *Sprich nicht mit mir, denn ich habe das alles schon mal gehört. Ich weiß schon, was du sagen wirst, weil du dich laufend wiederholst:* Aber ich will wissen, was du willst und was du denkst, selbst wenn ich durch deine »irrationale« Botschaften irritiert werde.

Oberflächlich betrachtet, *scheinen* ihre Botschaften insgesamt *positiv zu sein* (»öffne dich und sei mir nahe«), während seine Botschaften *negativ aussehen* (»laß mich in Ruhe«). Unter dem, was offensichtlich ist, senden jedoch beide gleichermaßen entfremdete Botschaften aus, die »verrückt machen«, weil sie gleichzeitig auf verführerische Weise einladend und doch abweisend sind.

Jeder hat das Gefühl, daß der andere ihn wahnsinnig macht und es keine Möglichkeit gibt zu gewinnen. Er sagt: »Wenn ich mich öffne, reagiert sie verwundet und fühlt sich angegriffen; aber wenn ich ruhig und taktvoll bin, sagt sie, ich sei verschlossen, immer auf der Hut und nicht rücksichtsvoll.« Sie antwortet darauf: »Wenn ich ihn in Ruhe lasse, weggehe und etwas ohne ihn unternehme, wird er eifersüchtig oder launisch; aber wenn ich bei ihm bleibe, ignoriert er mich einfach.«

Wenn er wütend wird, führt ihre weibliche Angst vor Zorn dazu, daß sie Angst bekommt, so als ob der Anfang vom Ende der Beziehung bevorstehe. Sie eilt herbei, um »die Wunden zu heilen« und alles wieder »gut« zu machen. Dann bekommt sie jedoch das Gefühl, daß sie ein Mensch zweiter Klasse sei und völlig machtlos, glaubt, daß sie nicht liebenswert sei, weil er nicht *wirklich* eine Frau lieben kann, die ängstlich ist und sich beherrschen läßt. Ein Teil von ihr *will* tatsächlich, daß er sie verläßt, so daß sie ihre verlorengegangene Macht wiedergewinnen kann, und doch hat sie bei dieser Aussicht auch Angst.

Wenn sie zu unabhängig und selbstsicher wird, verliert sein defensiv isoliertes Ich den Halt, so daß völlige Isolierung droht. Er rückt näher an sie heran, lockt sie wieder in die Abhängigkeit, damit er sich wieder zurückziehen kann.

Die ernsthaften und engagierten Versuche vieler Paare in den letzten Jahren, sich miteinander zu verständigen, zeigen, daß es nicht ausreicht, miteinander zu sprechen und dem anderen zuzuhören, es sei denn, daß die Beziehung relativ frei von Polarisierung ist. Bis dahin hatte man geglaubt, daß Männer und Frauen sich schließlich nahekommen würden, wenn sie miteinander offen und ehrlich wären, sich gegenseitig zuhörten und hörten, was der andere sagte, ohne dabei defensiv zu sein.

»Ohne defensiv zu sein« ist oft eine naive Vorstellung. Für viele bedeutet sie, daß »ich zuhöre, ohne anzugreifen oder wütend zu werden, ohne dich zu demütigen oder zu kritisieren.« Das ändert jedoch nichts an der Tatsache, daß der Grund dafür, daß Männer und Frauen miteinander zuerst einmal »in Schwierigkeiten geraten«, der ist, daß sie sich durch ihre polarisierte Konditionierung buchstäblich in zwei verschiedenen Welten befinden. Sie haben polarisierte Bezugssysteme und erfahren dieselben Phänomene auf unterschiedliche Weise.

Daher erfahren sie auch ihre Beziehung jeweils anders. Jeder Partner gibt der eigenen inneren Erfahrung, den Wahrnehmungen und den Ereignissen in der Welt draußen eine andere Bedeutung. Sie interpretieren sogar die Worte, die sie hin- und herschmeißen, unterschiedlich. Wenn sie zum Beispiel einen Streit haben und er versucht, rational zu sein, hat sie das Gefühl, daß er kalt und abweisend ist. Wenn sie ihre Gefühle ausdrückt, beschuldigt er sie, irrational zu sein und ihn zu manipulieren.

Wenn sie von »Intimität« reden, bedeutet das für ihn etwas ganz anderes als für sie. Eine gute Beziehung bedeutet die Freiheit, in Ruhe gelassen zu werden, wenn man zusammen ist, ohne deshalb Schuldgefühle haben zu müssen. Für sie bedeutet es, einen Traum von tiefer, verbundener Nähe zu verwirklichen, ein Verschmelzen, dessen er überhaupt nicht fähig ist.

Das Ergebnis ist, daß sie sehr leidet, weil sie durch ihn auf Distanz gehalten wird; er ist angespannt und grob, weil er sich verfolgt und unter Druck gesetzt fühlt für eine Nähe, die er nicht geben kann. In seiner Psyche ist die Frau *überall* (selbst wenn sie nicht da ist) und droht, ihn zu verschlingen. In ihrer Psyche ist er *nie wirklich da*.

Sie neigt dazu, die Welt in Begriffen wie Beziehung, Mitleid und Fürsorge zu sehen. Sie scheint die Welt in ihren Worten und in ihrem Denken positiver zu erfahren als er; und wenn sie sie auch nicht immer als schön empfindet, so weiß sie doch, daß sie so sein *könnte* oder sein *sollte*, wenn bestimmte Dinge (in erster Linie von ihm) anders gemacht würden oder Vorrang hätten.

Er sieht die Welt von ihrer gefährlichen Seite, als einen Ort, an dem man auf sich aufpassen muß, um zu überleben, und nicht so dumm sein darf zu denken, daß ein anderer diese Aufgabe übernimmt oder sich darum sorgt, ob es einem gutgeht.

Ich erinnere mich an ein Paar, das vor einer Therapiesitzung in meinem Wartezimmer saß. Als ich sie in das Behandlungszimmer bat, sah ich, daß er ein Buch las mit dem Titel *Durch*

Einschüchterung gewinnen, während sie ein Buch ihres geistigen Gurus las, das *Mit Lachen durchs Leben* hieß. Obwohl sie beide starke und karriereorientierte Menschen waren, war ihr Bewußtsein polarisiert.

Besonders in Zeiten von Streß, wenn das tiefere Ich am klarsten hervortritt, neigt die Frau sehr dazu, Nähe zu suchen, während der Mann sich zurückzieht. Sie sagt ihm, daß sie sich beim Sex zu verletzlich fühlt. Er versteht das nicht, denn er fühlt sich beim Sex überhaupt nicht verletzlich. Dagegen geben ihm Bindung und Nähe dieses Gefühl, und das kann sie wiederum nicht verstehen. Für sie ist die Vorstellung von Bindung tröstend und notwendig, genau wie guter Sex für ihn.

Wenn diese tiefere, innere Erfahrungswelt von Männern und Frauen nicht irgendwie zusammenfindet, so daß beide das Leben ähnlich erfahren können, sind sie nicht wirklich in der Lage, sich zu hören, egal wie klar sie sich ausdrücken oder wie geduldig sie einander zuhören. Aufgrund des Unbewußten der Geschlechter leben Männer und Frauen, psychologisch gesehen, in zwei völlig verschiedenen Welten. Der Beziehungsprozeß erzeugt das Problem, und derselbe Beziehungsprozeß steht der Lösung von Problemen, wenn sie auftreten, im Weg.

Milton ist ein sehr traditioneller Mann. Er hatte ein Rückenleiden und mußte passiv im Bett liegen. Er wurde zornig und begann, seine Frau Victoria anzugreifen, weil er sich in seiner hilflosen Lage unmännlich fühlte. Er wurde frustriert und gab ihr die Schuld, sah Mängel in ihr und beschuldigte sie, von seinem Geld zu leben. Er sagte, daß sie zu ihren Eltern nach Hause gehen und dort leben könne, wenn sich keine Lösung finden ließe.

Victoria bekam die ganze Zeit widersprüchliche Botschaften von ihm. Er war sehr abhängig von ihr, wollte aber nicht wirklich Kontakt zu ihr haben oder ihr so nah sein, wie sie es wünschte. Er war im Grunde ein Einzelgänger und zog es vor, allein zu sein, trotzdem wollte er sie immer um sich haben. Die unausgesprochene Botschaft an sie lautete: »Komm, bleib die ganze Zeit bei mir, aber sei nicht von mir abhängig. Bleib hier, aber laß mich in Ruhe – und laß dich von mir beherrschen.«

Er mißtraute ihr, was sein Geschäft und seinen Erfolg betraf. Er sah sie als hilfloses und unfähiges Wesen und traute ihr daher nicht zu, daß sie ihm helfen könne. Trotzdem glaubte er, daß sie bei einer Scheidung oder bei seinem Tod, wenn sie alles erbte, durchaus in der Lage wäre, sich um das Geschäft zu kümmern. Das könnte sie jedoch nur vollbringen, wenn er nicht da wäre.

Er hatte das Gefühl, daß sie nur vorgab, hilflos zu sein, und tatsächlich mag er recht gehabt haben. Aber ihre »Vortäuschung« war unbewußt. Sie »erstarrte«, wenn er da war: teils aus Furcht vor seiner Kritik, teils aus Zorn darüber, von ihm beherrscht zu werden, teils, weil sie wußte, daß er nicht wirklich wollte, daß sie produktiv und unabhängig war, weil dies ihr Bedürfnis und ihre Bindung an ihn bedrohen würden, und teils aufgrund ihrer eigenen unbewußten Angst davor, unabhängig und stark zu sein und dadurch ihre Weiblichkeit und liebenswerte Art zu verlieren. Er wollte sie loslassen, hatte aber Angst, es zu tun, und warf *ihr* vor, nicht die Macht zu übernehmen und stärker zu sein, obwohl er die Kontrolle nie aufgeben würde.

Victoria war erschöpft, weil sie sein Verhalten als niederdrückend empfand. Die Botschaft, die sie hörte, lautete: »Du machst es nicht richtig – du machst überhaupt nichts richtig.«

Sie hatte das Gefühl, daß es ihr am besten ging, wenn sie getrennt von ihm arbeitete, aber dann wurde sie wieder ängstlich und fürchtete sich davor, verlassen zu werden. Sie fragte immer nach, um sicherzugehen, daß er sie nicht abweisen würde, wenn sie sich zu sehr um ihre eigenen Aktivitäten kümmerte. »Dauernd wende ich mich an meinen Mann, um zu sehen, ob das, was ich tue, seine Zustimmung findet,« sagte sie.

Sie reagierte auf ihn, statt selbst etwas zu tun. Unausweichlich wurde sie zornig, fühlte sich beherrscht und manipuliert, was sie ihm teilweise aus ihrer eigenen Angst heraus *gestattete* und ihm dann die Schuld gab. Ihr *eigener* Prozeß erzeugte ihren Zorn.

Sie erklärte rational: »Ich kann keine Entscheidungen treffen, weil ich nicht das Geld verdiene. Ich glaube nicht, daß ich das Recht habe, Geld ohne seine Zustimmung auszugeben.«

Zeitweise wurde sie jedoch zornig auf ihn, weil sie das Gefühl hatte, daß er sie mit dem Geld kontrollierte. Sie fuhr fort: »Ich habe meine Gefühle noch nicht so stark im Griff, daß ich sagen könnte 'Das ist meins. Ich bin frei, das zu tun, was ich will.' Ich fühle mich nicht frei, so zu handeln. In meinem Innern fühle ich noch immer, daß ich nichts tun könnte, was ihm mißfällt.« Sie hatte Angst davor, überhaupt *irgend etwas* zu tun, dem er nicht zustimmen könnte, aber dasselbe Verlangen nach Bestätigung führte dazu, daß sie zornig auf ihn wurde, weil sie nicht das Gefühl hatte, daß sie sich in seiner Gegenwart so ausdrücken konnte, wie sie wirklich war. Sie hatte Depressionen und war erschöpft durch den ständigen Konflikt in ihr – ein Wechselbad zwischen Festhalten an ihm und Haß auf ihn.

Ihr Mann übertrieb ihre Unproduktivität. Sein maskuliner Sog war schuld, daß er sie als viel weniger produktiv sah, als sie es tatsächlich war, weil er so zwanghaft handlungs- und zielorientiert war. In seinen Augen ließ ihr sich widersetzender Stil sie faul und unrealistisch erscheinen, was seine Zwanghaftigkeit weiter verstärkte; er hatte das Gefühl, ihr »kindisches«, »unrealistisches« Verhalten kompensieren zu müssen. Er gab ihr die Schuld an seinen Zwangsvorstellungen, was zu Zorn auf seiner Seite führte. Wiederholt sagte er ihr: »Ich bin für alles verantwortlich und will es nicht sein, aber ich kann einfach nicht darauf vertrauen, daß du irgend etwas richtig machst, wenn es hart auf hart geht.« Sie antwortete dann: »Du hast Unrecht, laß es mich doch versuchen!« Aber er riskierte es nicht. Statt dessen wurde er wütend, weil er »sich bei ihr einfach auf nichts verlassen konnte.«

Victoria übertrieb das Ausmaß der Macht, die ihr Mann über sie hatte. Oft sagte sie: »Ich habe aus diesem und jenem Grund Angst vor ihm.« Aber in Wirklichkeit schien es so, daß er fast keine Macht über sie hatte, tatsächlich von ihr *sehr* abhängig war und furchtbare Angst hatte, sie zu verlieren. Ihre Wahrnehmung, daß er mächtig und potentiell gefährlich war, war weitgehend eine Verzerrung. Er verhielt sich ihr gegenüber eher wie ein kleiner Junge. Ständig suchte er ihre Zustimmung, aber sie »lehnte ab«, dies zu erkennen. Unbewußt war es zweckmäßig für sie, ihn als übermächtig zu sehen, weil sie ihm so die Schuld geben und sich als Opfer und kritisiert fühlen konnte, was ihrer Aussage nach »der Grund« dafür war, daß sie nicht zum Zuge kam.

Jeder nahm die Botschaften des anderen verzerrt wahr, und doch hatten beide Angst vor Veränderung. Sie war diejenige, die ihre Macht untergrub, nicht er. Sie hatte Angst, die Macht zu übernehmen, weil ihre tiefere Konditionierung dies für sie bedrohlich scheinen ließ, genau wie seine Konditionierung ihm Furcht einjagte, machtlos zu sein. Aber sie konnte dies nicht zugeben und gab statt dessen ihm die Schuld. Indem sie ihn für mächtiger hielt, als er wirklich war, konnte sie ihm die Schuld für ihre Ängste geben und für ihren Widerstand, die Macht selbst zu übernehmen.

Indem er sie für unverantwortlich hielt, konnte er es vermeiden, die Macht aufzugeben, die Sache, vor der er wirklich Angst hatte. Er konnte ihr die Schuld dafür zuschieben, »schwach und dumm und unfähig« zu sein, was nicht stimmte, wie er nach ihrer Trennung erkannte.

Es ist der unbewußte Sog der Geschlechter, der die Unfähigkeit erzeugt, sich wirklich zu verständigen, dieselbe Polarisierung, die zwei Menschen zu Anfang auf so mächtige und explosive Weise in einer romantischen Bindung zusammenbrachte. Je stärker diese Polarisierung vorhanden ist, desto unfähiger sind sie, sich zu hören, egal wie sehr sie es versuchen. Der Prozeß der Polarisierung beginnt, den »wunderbaren« Inhalt ihrer Beziehung zu zerstören, während sie in einem Morast gegenseitiger Schuldzuweisung und Gegenbeschuldigung, die so extrem wie ihre »perfekte Kommunikation« am Anfang ist, versinken.

Wie Verständigung die Dinge verschlimmern kann

Männer und Frauen versuchen möglicherweise, diese Kluft durch Kommunikationstechniken und große Bemühungen zu überbrücken, indem sie sich »zuhören« und »kommunizieren«. Sie können großartige Diskussionen führen, und beide sagen am Ende: »Jetzt verstehe ich dich wirklich.« Aber wenn sie wieder zur spontanen Wechselbeziehung von einem Moment zum nächsten zurückkehren, auf unüberlegte, unkontrollierte, tiefere Reaktionen, geraten sie wieder in Schwierigkeiten. Beide fühlen sich immer stärker mißverstanden, enttäuscht und hoffnungslos und glauben nicht daran, sich jemals *wirklich* verständigen zu können. Sie geben sich gegenseitig die Schuld für böse Absichten, Unehrlichkeit und Unaufrichtigkeit und fühlen sich vom anderen betrogen, wenn das, was vor sich ging, unbeabsichtigt war. Der Prozeß, der diesen Schmerz erzeugte, war während ihrer Diskussion zeitweilig unterbrochen – nicht umgewandelt, sondern nur unterbrochen. Wenn sie wieder beginnen, spontan zu interagieren, treten die Probleme in voller Stärke wieder auf.

Ein Mann sagt möglicherweise etwas, was seine Partnerin als Kritik auffaßt; obwohl er der Meinung ist, daß er versuchte, hilfreich und konstruktiv zu sein, sind beide wieder da, wo sie angefangen haben. Oder er war vielleicht in seine Arbeit vertieft, als sie kam und zärtlich sein wollte. Sie war der Meinung, liebevoll zu sein und Verantwortung zu übernehmen, während er es als aufdringlich empfand, als Druckmittel. Sie war nicht einmal in der Lage, ihn für fünf Minuten in Ruhe zu lassen.

Das Paar ist möglicherweise in einer noch schlimmeren Lage, weil es der Meinung war, »es geschafft« und »einen Fortschritt erzielt« zu haben. Es hatte falsche Erwartungen, die die Enttäuschungen noch größer scheinen ließen. Das Problem wurde sogar noch schwerer, als man darüber sprach, denn das erzeugte wiederum Vorstellungen von Veränderung. In der Vergangenheit, als Paare ihre tieferen Gefühle einander einfach nicht mitteilten, erwarteten sie kein Verständnis. In der heutigen Zeit, in der beide oder einer gelernt hat und daran glaubt, daß das Reden über Probleme die Antwort ist, sind die Diskussionen offen, bewußt und rücksichtsvoll und geben beiden die große Hoffnung, daß sich die Dinge wesentlich verbessern lassen. Da jedoch der tiefere, unbewußte Prozeß davon nicht berührt wird, werden sie immer wieder ernüchtert. Sie fühlen sich von ständiger Frustration gequält und sagen schließlich oft: »Es ist hoffnungslos; wir haben uns schon hundertmal darüber unterhalten. Ich habe geglaubt, daß du mich verstehst und nun muß ich erkennen, daß du überhaupt nicht begreifst, was ich will. All unsere Gespräche haben überhaupt nichts bewirkt.«

Sie haben recht. So lange ihre tiefere Erfahrung desselben Ereignisses polarisiert ist, hat ein Gespräch darüber keinen Sinn. Unglücklicherweise fühlen sie sich jedoch wie Versager und schieben sich gegenseitig die Schuld zu, statt zu erkennen, daß sie die Opfer eines »unsichtbaren« defensiven Prozesses sind – desselben Prozesses, der sie ursprünglich in einer romantischen Explosion zusammengebracht hat.

In polarisierten Beziehungen ist es am Ende zwecklos, ja sogar schädlich, über die Probleme zu sprechen und »Gefühle miteinander zu teilen«. Darüber zu reden, wird bestenfalls ein tröstendes Ritual, das besagt: »Wir versuchen es wenigstens.« Das Ausmaß, in dem Wut und Zorn sich entzünden werden, ist direkt damit verbunden, wie Männer und Frauen polarisiert sind.

Das »Warum« der defensiven Überreaktion

Harold und Rebecca sind ein religiöses Paar, Mitte bzw. Ende dreißig. Er kam zu mir in die Therapie, weil er immer wieder Selbstmordphantasien hatte und während der ganzen Ehe mit ihr teilweise impotent war. Schließlich kam sie mit ihm zur Therapie, und es war offensichtlich, daß die Wechselbeziehung zwischen beiden völlig polarisiert war. Rebecca fühlte sich von Harold ständig gequält, sie beschuldigte ihn, egozentrisch, selbstsüchtig, feindlich, kritisch, unempfindlich und nicht liebevoll zu sein, obwohl sie behauptete, ihn sehr zu lieben.

Er hatte Schuldgefühle und litt unter Selbsthaß. Er versuchte immer, perfekt zu sein und hatte eine Reihe von Hobbys und Beschäftigungen, die beiden seine Klugheit und Brillianz bestätigen sollten. Er hatte Pläne, Geld oder große Erfindungen zu machen. Er versuchte ständig, Antworten auf die großen Kernfragen der Welt zu finden, auf Umweltverschmutzung, Überbevölkerung, nukleare Abrüstung.

Rebecca war das klassische liebe Mädchen – sie war »nett« oder wollte, daß alles »nett« ist. Bei den Therapiesitzungen dauerte es jedoch knapp zwei Minuten, bis sie sich an die Gurgel gingen. Sie beschuldigte ihn, er erklärte. Die Wut steigerte sich bis zu dem Punkt, an dem sie dazwischen schwankte, sich die Haare auszureißen oder ihn mit den Fäusten zu bearbeiten. Er wich indessen vor Körperkontakt zurück oder versuchte ständig, sie zu besänftigen und zu beruhigen.

Es war egal, worüber sie sprachen, ob es ihr Gefühl war, daß er zuviel Geld für seine Hobbys ausgab, daß er nicht genug Zeit bei gemeinsamen Mahlzeiten mit der Familie verbrachte und sich nicht genug um die Kinder kümmerte, oder daß er sich beim Geschlechtsverkehr nicht so verhielt, wie er es ihrer Meinung nach tun sollte. Sie versuchten immer wieder, über den *Inhalt* dieser Streitpunkte zu sprechen, aber weil ihr Prozeß polarisiert war, gab es für beide keine Möglichkeit, wirklich zu hören, was der andere sagte, ohne daß sich ihr Zorn schnell steigerte und er sich schuldbewußt entschuldigte.

Ein zusätzlicher Faktor in diesem Fall war, daß er eine kurze Affäre gehabt hatte, von der Rebecca erfahren hatte. Sie konnte sich von dem Treuebruch und ihrem Gefühl, Opfer zu sein, nicht freimachen, obwohl es schon zwölf Jahre zurücklag und, grob gesehen, ein Auswuchs seiner Unsicherheit über seine Sexualität war, denn er war nicht in der Lage, bei ihr sexuell aktiv zu sein. Sie benutzte diese Affäre jedoch als Waffe, um ihre ständigen Gefühlsergüsse wie Zorn und Aggression zu rechtfertigen, während er dauernd versuchte, alles wiedergutzumachen. Er hatte Angst, sie zu verlassen, weil er wußte, daß sie die Kinder beherrschte und sie dazu bringen würde, sich gegen ihn zu wenden. Er fühlte sich hilflos und außerstande, dies zu ändern.

Ständig war sie von ihm enttäuscht. Wenn sie gemeinsam die Kirche besuchten, umarmte er manchmal einen Mann. Dann beschimpfte sie ihn als Homosexuellen. Sie kritisierte ihn dafür, wie er mit den Kindern sprach. Obwohl sie sich auf Partys und im Gemeindeleben sehr verführerisch verhielt, war sie nicht imstande, dies so zu sehen und zuzugeben. Statt dessen konzentrierte sie sich auf seine Treulosigkeit und darauf, daß er »gerne flirtete«.

Weil sie unbewußt so stark polarisiert waren, bestand in ihr weiterhin Zorn darüber, das Opfer zu sein, während er weiter zu Schuldgefühlen und Zorn neigte und sich zurückzog, egal worum es ging und wie stark sie auch versuchten, dies zu ändern.

Die Übersensibilität von Männern und Frauen einander gegenüber, wie bei Harold und Rebecca, ist ein Hauptschlüssel, um den völligen Stillstand der Kommunikation zwischen den Geschlechtern zu verstehen. Es ist von entscheidender Bedeutung, die polarisierten Abwehrmechanismen der beiden Geschlechter im richtigen Verhältnis zu sehen, um einen Ausweg aus diesem Dilemma zu finden.

Ein Beispiel ist das Paar, das seine Flitterwochen verlebt und Händchen hält. Er läßt ihre Hand los, weil sie nicht die seine losläßt. Sie reagiert empfindlich: »Du willst nicht meine Hand halten. Du bist böse auf mich oder langweilst dich, vielleicht genießt du das ganze nicht mehr. Du hast eigentlich keine Lust mehr, mit mir zusammen zu sein, oder?« Folglich versucht er ständig, ihr zu beweisen, daß dies nicht der Fall ist und daß er sie nicht zurückweist, nur weil er für kurze Zeit ihre Hand losläßt.

Die Spannung erzeugt Druck in seinem Innern, ständig darauf achten zu müssen, daß er nicht unbewußt etwas tut, durch das sie sich zurückgewiesen fühlt. Die Polarisierung ist im Gange. Ihr Verlangen nach emotionaler Bestätigung, einander nah zu sein, ist tatsächlich bodenlos und bringt ihn dazu, sich noch mehr in sich zurückzuziehen, obwohl er offen versucht, ihr Bestätigung zu geben. Sie spürt seinen Rückzug, was sie dazu bringt, ihr Drängen nach »Bestätigung« und »Liebe« zu intensivieren.

Er reagiert möglicherweise bestürzt, wenn sie sagt: »Ich möchte heute abend nicht mit dir schlafen. Ich fühle mich nicht wohl und bin müde. Außerdem haben wir schon heute morgen miteinander geschlafen und gestern dreimal.« Er reagiert mit verletzten Gefühlen und dem Gedanken, daß sie ihn wohl doch nicht so sehr liebt, wie er angenommen hatte. Was den sexuellen Bereich betrifft, überreagiert er auf *jegliches* negative Gefühl ihrerseits.

Sie steigert sich in das Gefühl hinein, daß sie sich sexuell auf ihn einstellen muß, egal, ob ihr danach ist oder nicht. Damit sind die Voraussetzungen für ihren wachsenden Zorn, als Sexualobjekt benutzt und ausgebeutet zu werden, geschaffen, insbesondere, da sie das Gefühl hat, daß sein sexuelles Verlangen nicht mit einem gleichwertigen Gefühl nach Nähe verbunden ist, nach der Art von Nähe, nach der sie sich sehnt. Er fühlt sich durch ihren Druck, ihr beweisen zu müssen, daß er sie wirklich liebt und ihr nah sein will, erschöpft.

Der sexuelle Bereich ist ein gutes Beispiel für ein Gebiet, auf dem eine Frau einem Mann oft nicht sagen kann, was sie will, weil alles, was sie äußert, von ihm als Kritik aufgefaßt wird. Schließlich erklärt sie: »Ich versuche dir doch nur zu sagen, was ich möchte.« Er reagiert jedoch abwehrend: »Was du wirklich sagen willst, ist, daß ich dir nicht genug bin.« Er kann sie aufgrund seiner unergründlichen maskulinen Abwehrmechanismen und dem daraus resultierenden Bedürfnis, perfekt zu sein, nicht hören.

Sie reagiert abwehrend auf seine Sexualität, weil ihre unterdrückte Sexualität (»Sex ist nur dann gut, wenn man sich nah ist«) sie dazu bringt, ihn als sexuell orientiert zu sehen, obwohl sie dies indirekt von ihm fordert, damit sie Macht über ihn hat und selbst sexuell sein darf. Gleichzeitig fürchtet sie fehlendes sexuelles Verlangen in ihm, weil dies für sie Abweisung und Verlassenwerden bedeutet, da Sex einer der Bereiche für sie ist, in dem sie die Macht erlangt, die sie sich nicht direkt nehmen kann.

Wenn sie sich ihm sexuell nicht anpaßt, befürchtet sie, daß er sie abweisen und verlassen wird. Deshalb gibt sie nach, kann aber aufgrund ihres Zorns keinen Orgasmus erleben. Sie hat Angst vor sexueller Hemmungslosigkeit bei sich selbst, weil Sex für sie die Kontrolle über ihn bedeutet, und solange ihr Verlangen gehemmt ist, besitzt sie Macht über ihn. In sexueller Hinsicht muß sie immer überwachen und befangen sein, um diese Kontrolle aufrechtzuerhalten. So wird verhindert, daß sie die ungehemmte Hingabe erleben kann, die für einen Orgasmus notwendig ist.

Wenn sie einen Vorschlag macht und er aus irgendeinem Grund nicht darauf eingeht (sie sagt z.B.: »Laß uns heute in *diesem* Restaurant essen gehen,« und er sagt: »Ich möchte lieber in einem *anderen* Restaurant essen«), interpretiert sie seine Antwort aufgrund ihres Selbstbehauptungskampfes als Angriff und als seine Art, ihre Wünsche nicht zu berücksichtigen.

Sie reagiert auf seine Entscheidungen aufgrund ihrer unterdrückten Selbstbehauptung übertrieben. Bereitwillig hat sie das Gefühl, daß er *immer* versucht, sie zu beherrschen, wenn er eine Meinung oder einen Wunsch ausdrückt. Gleichzeitig entsteht ein Entscheidungsvakuum, wenn *er* nicht entscheidet, weil sie keine Entscheidung treffen will oder es nicht »kann«. Es gibt ihr Sicherheit, wenn er »die Leitung übernimmt«. Auf einer Ebene bekommt sie das, was sie braucht, obwohl sie ihn auf einer anderen Ebene dafür haßt, da sie sich wie ein Nichts fühlt. Gleichzeitig überreagiert er auf ihre fehlende Selbstbehauptung (»Ich weiß nicht, was du meinst. Ich weiß nie, was du willst. Niemals nimmst du einen klaren Standpunkt ein.«), obwohl sein Bedürfnis nach Kontrolle ihre Anpassung und Unterwürfigkeit erforderlich macht. Auf einer tieferen Ebene wird er zornig, weil er »sich immer verantwortlich und schuldig fühlen soll«, wenn etwas nicht klappt. Außerdem langweilt er sich, weil sie nichts Eigenes einbringt.

Er vermeidet jegliche spontane persönliche Verwicklung, die kein Ziel oder keinen Zweck hat oder nicht langsam auf ihn zukommt. Er empfindet dies als Druck, als Kontrollverlust, als Forderung, sich einzubringen. Wenn er sich zurückzieht, um sein Gleichgewicht wiederzugewinnen, faßt sie dies als Abweisung auf. Er fühlt sich also unter Druck gesetzt, ihr ständig die Bestätigung geben zu müssen, daß er sie nicht abweist.

Sie fühlt sich unter Druck gesetzt, ihr Verlangen nach Aussprache, nach Nähe und Zärtlichkeit zurückzuhalten, während er seinen Wunsch, sich zurückzuziehen und für sich allein zu sein, verstecken muß. Beide zeigen Abwehrreaktionen gegenüber dem Verhalten des anderen. *Schließlich faßt sie die ge-*

ringste negative Bemerkung oder ablehnendes Verhalten als massiven Angriff auf und reagiert entsprechend, während er wiederum den geringsten Wunsch ihrerseits nach gemeinsam verbrachter Zeit, nach Aussprache und Nähe als Forderung, Druck oder Beschwerde erfährt, kein richtiger Partner zu sein.

Unterdrückter Zorn bringt sie dazu, auf seinen Zorn übertrieben zu reagieren, so als ob er sie mit der geringsten negativen Bemerkung oder Verärgerung zerstört hätte, selbst wenn es nichts mit ihr zu tun hat. Zudem hält er *sich* dadurch für stärker und feindlicher, als er es in Wirklichkeit ist. Ihre Überreaktion auf ihn verschlimmert seine Neigung, von sich selbst das Schlimmste zu glauben.

Sie überreagiert auf seine Selbständigkeit (aufgrund ihrer unterdrückten Autonomie) und greift ihn an, weil er ihr gegenüber distanziert ist, sie nicht braucht und sie ausschließt. Dennoch will sie seine Abhängigkeit und Bedürftigkeit nicht sehen, weil es ihr Bild des starken, unabhängigen und beherrschenden Mannes ankratzt, das Bild, das sie braucht, um sich sicher zu fühlen. Gleichzeitig überreagiert er auf ihre Abhängigkeit (aufgrund seiner verneinten und unterdrückten Abhängigkeit). Er hat das Gefühl durch jeglichen Ausdruck ihrer Abhängigkeit erstickt und unter Druck gesetzt zu werden. Er verachtet ihre Schwäche, ihre Forderungen und ihr Klammern, obwohl er selbst ihre Autonomie blockiert und fürchtet, weil diese seine Kontrolle bedroht und er Angst haben muß, von ihr verlassen zu werden.

Aufgrund ihrer Verinnerlichung überreagiert sie auf seine »logische« intellektualisierte Orientierung. Sie beschuldigt ihn, kalt, unsensibel und gefühlsarm zu sein, obwohl sie seine Emotionen fürchtet und blockiert, denn sie will ihn nicht als schwachen und »zerbrechlichen« Mann sehen. Für sie muß er sich unter Kontrolle haben, damit ihre »Emotionalität« kompensiert wird.

Aufgrund seiner massiven emotionalen Unterdrückung und Angst vor seinen eigenen Gefühlen überreagiert er auf ihre emotionale Entfaltung. Folglich sieht er jegliche emotionale Ausdrucksweise ihrerseits als Beweis für ihre Irrationalität oder »Verrücktheit«.

Aufgrund seines unbewußten Widerstandes gegen Sinnlichkeit überreagiert er teilweise auf ihr Bedürfnis nach Berührung und Nähe. Das führt dazu, daß er ihr Verlangen nach Zärtlichkeit in erster Linie als Frigidität und Ablehnung von Sex sieht. Es gibt ihm das Gefühl, als Mann wertlos zu sein, obwohl er ihre offene, starke Sexualität fürchtet. Er hat das Bedürfnis, jederzeit potent zu sein, wenn dies von ihm verlangt wird. Starker sexueller Appetit von ihrer Seite würde ihn bedrohen.

Sie schafft die Voraussetzungen dafür, daß er sie abweist, indem sie in all diesen Bereichen überreagiert und ihm die Schuld an den Problemen gibt. Es ist nur eine Frage der Zeit, bevor sie das romantische Verlangen nach einem Mann hat, vor dem sie »keine Angst hat« und »der es ihr gestattet, sie selbst zu sein«.

Er schafft die Voraussetzungen dafür, von ihr abgewiesen zu werden und sich verantwortlich und schuldig zu fühlen. Es ist nur eine Frage der Zeit, bis er nach einer neuen Frau verlangt, »die ihn nicht erstickt« oder »ihm immer Schuldgefühle gibt« und die eine »richtige Frau« ist, kein Kind.

Oft versuchen beide, etwas zu tun, das für ihr tieferes Ich unbequem ist. Möglicherweise versucht er, ihr zuzuhören, aber sein tieferes maskulines Ich fordert, daß er sich zurückzieht. Daher wird er nur für sehr kurze Zeit aufmerksam sein, obwohl er behauptet, sich »Mühe zu geben«. Er wird sich abwenden, äußerlich oder innerlich, kurz nachdem sie angefangen hat. Sie spricht weiter, er widmet seine Aufmerksamkeit etwas anderem, was sie bemerkt, worauf sie sich verletzt fühlt und von seinem »Desinteresse« völlig angewidert ist. Er sieht nicht, daß sein tieferes, isoliertes Ich ihn dazu bringt, schnell überlastet zu sein, wenn es um persönliche Beziehungen geht. Er hat in diesen polarisierten Beziehungen kaum die Fähigkeit dazu. Er schaltet sich unbewußt ab. Sie hat eine große Kapazität für Beziehungen oder »Verbindung«, was dazu führt, daß sie ihn als sehr abweisend empfindet und er sie als unablässig fordernd.

Er bekommt wahrscheinlich Angst davor, mit ihr zu kommunizieren oder spontan zu reden, weil er glaubt, daß sie nicht mehr aufhört, wenn sie erst einmal angefangen hat.

Wenn sie einen »Geschmack von Nähe« bekommt, wird sie unersättlich.

Benjamin und Jill sind ein solches Paar. Wenn sie sonntags allein sind, zieht er sich ständig zurück. Er beschreibt dies so: »Wenn ich mich auf sie einlasse, geht es mir an den Kragen. Sie weiß einfach nicht, wann sie aufhören soll. Sie kennt keine Grenzen.«

Er ist das andere Extrem, ihm macht es nichts aus, nie mit jemandem zu sprechen. Er beschäftigt sich gern mit seinem »Spielzeug«, einer elektrischen Eisenbahn, geht nach draußen und arbeitet im Garten oder sitzt einfach nur da und starrt in die Luft.

Sie reagieren nicht nur übertrieben aufeinander, bei ihr entsteht auch das Gefühl, ausgehungert zu sein. Wenn sich dann die Möglichkeit ergibt, mit ihm zu sprechen, gibt sie zu: »Ich werde so aufgeregt; mein Gott, ich darf mit ihm reden! Ich fange an und versuche, ihm alles zu sagen.« Sie spürt, daß er sich jeden Augenblick wieder zurückziehen und den Kontakt abbrechen kann. Er sieht das andere Extrem und sagt: »Ihr Bedürfnis zu reden kennt keine Grenzen. Ich reiche ihr den kleinen Finger, und sie nimmt die ganze Hand.«

Weil Benjamin und Jill, jeder für sich betrachtet, selbstbewußt waren, sich selbst gegenüber ein gutes Gefühl hatten und die Art und Weise ihrer Wechselbeziehung das eigentliche Problem war, waren sie nach einigen Monaten Ehetherapie in der Lage, ihre individuellen Beiträge zu dem bedrückenden Kommunikationsmuster zu erkennen und zu ändern. Sie machten schnell Fortschritte, weil sie sich nicht vor sich selbst verstecken mußten, indem sie sich gegenseitig die Schuld zuschoben.

Der versteckte Machtkampf

Männer haben mir häufig das folgende Szenario beschrieben: »Wenn ich zu Beginn einer Beziehung eine Frau auf Distanz halte und ihr nicht zu nah kommen will, hat sie das Gefühl, daß ich sie zurückstoße und keine Bindung eingehen will –

daß ich Angst vor Intimität habe. Wenn ich schließlich meinen Schutzschild fallen lasse und versuche, ihr nah und vertraut zu sein, wenn ich mich wirklich verletzlich zeige und die Kontrolle aufgebe, was mir nicht leichtfällt, fühle ich mich der Situation nicht gewachsen. Sie gibt mir plötzlich die Schuld an Dingen, für die sie mir vorher nie die Schuld zugeschoben hat, als ich noch Distanz zu ihr hielt. Wenn ich ihr aber nah sein will, werde ich beschuldigt, das Falsche zu sagen, oder sie behauptet, daß ich versuche, sie zu kontrollieren. Es ist also besser für mich, wenn ich distanziert bleibe und sie sich über die fehlende Intimität beklagt.«

Stewart, sechsunddreißig Jahre alt, beschrieb es so: »Maryann war auf der Oberfläche emanzipiert, aber was darunter lag, sah ganz anders aus. Nachdem ich mit ihr zusammengewesen war, merkte ich einige Tage später, daß sie böse auf mich war. Ich war mir nicht einmal bewußt, daß ich etwas Falsches getan hatte. Sie war wütend, weil sie der Meinung war, daß ich nicht genug auf sie einging. Ihrer Meinung nach kümmerte ich mich nicht genug um sie. Die Ironie dabei ist, daß es immer die Frauen in meinem Leben sind, bei denen ich mich wirklich um Nähe bemüht habe, die schließlich sagen, daß sie verärgert sind, weil ich keine Nähe wolle. Wenn ich nicht den Versuch unternahm, ihnen nah zu sein und auf Distanz ging, gab es keine Beschwerden. Aber in dem Augenblick, in dem ich mich wirklich öffnete, um einer Frau nah zu sein, war der Zeitpunkt gekommen, in dem ich versagte. Es ist eine auswegslose Konfliktsituation für mich.«

Alex widerfuhr etwas Ähnliches. Er sagte: »Wenn man die Kontrolle behält, auf Distanz geht, dann fühlt eine Frau sich verunsichert; und solange sie sich der Beziehung nicht sicher ist, ist sie weniger angriffslustig. Wenn sie Interesse an mir hat, aber auf Distanz gehalten wird, wird sie es sich sehr überlegen, bevor sie angreift. Sie übt keine Kritik, weil sie Angst hat. In dem Augenblick, in dem man die Grenze überschreitet und sich tatsächlich bindet, merkt man, daß sie einen als Partner nicht mehr akzeptiert. Dann weiß man, daß man nie in der Lage sein wird, sie zufriedenzustellen.«

»Ich habe die Erfahrung gemacht, daß dies im sexuellen Bereich zutrifft. Wenn ich persönlich glaubte, daß ich als Liebhaber besonders sensibel und zärtlich war und mir große Mühe gab, mußte ich oft feststellen, daß ich versagte. Wenn ich aber völlig selbstsüchtig war, ohne Entschuldigung, und mich absolut nicht darum kümmerte, was die Frau empfand, beschwerte sich niemand, daß ich ein egoistischer Liebhaber sei. Oft wurde mir sogar gesagt, daß es ganz toll gewesen war.«

Ein Gesamtausblick

Es ist paradox: Die Sache scheint ganz einfach, aber dennoch ist sie frustrierend und komplex. Beziehungsschwierigkeiten und Mißverständnisse entstehen aus der polarisierten und unbewußten Abwehrhaltung von Männern und Frauen, nicht durch ein Fehlen von Kommunikationsgeschick oder gutem Willen. *Überdies verhindert derselbe Prozeß, der das Problem erzeugt, auch seine Lösung.* Daher ist nicht das »Fehlen von Verständnis« oder »Kommunikation« das Problem. *Verständigung bedeutet nichts, es sei denn, daß diese Verständigung nicht durch die polarisierten Abwehrmechanismen der Geschlechter gestört wird. Daher hat Kommunikation wenig mit Gesprächen zu tun, denn Gespräche bedeuten »Inhalt«. Sie mögen den einzelnen vorübergehend beruhigen und ihm das Gefühl geben, verstanden zu werden, aber in dem Augenblick, in dem die Wechselbeziehung zwischen den Menschen wieder einsetzt, zerstört der tieferliegende Prozeß den Inhalt, und die alten Gefühle von Frustration und Zorn kommen wieder an die Oberfläche. Je größer die Polarisierung ist, desto schneller wird dies eintreten.*

Nur ein Zusammenbrechen der polarisierten Abwehrmechanismen läßt die Verständigung bedeutungsvoll erscheinen. Bis dahin werden Männer und Frauen eine unterschiedliche Sprache benutzen und in verschiedenen Welten leben, obwohl sie glauben, dieselbe Sprache zu sprechen und in derselben Welt zu leben. Sie werden Worte auf unterschiedliche Weise verwenden. Unbewußt will keiner von beiden wirklich eine *Beziehung*; sie wollen die Befriedigung defensiver Bedürfnisse, können dies aber nicht bewußt zugeben.

Ein Ausgangspunkt für die Verständigung sind nicht die Gespräche, sondern das Finden eines Gleichgewichts und die Abschaffung von geschlechtlicher, defensiver Polarisierung. Wenn wir dies erreichen, ist ironischerweise ein Minimum an Gesprächen über Streitpunkte, Konflikte und Probleme notwendig, wenn die frühen Meinungsverschiedenheiten zugegeben und Kompromisse gefunden wurden. Verzerrungen, Mißverständnisse und Frustrationen werden dann minimal sein und sich leicht beilegen lassen.

In der Zwischenzeit müssen Männer erkennen, daß sie, solange die Polarisierung besteht, eher als Frauen als Versager im Kommunikationsprozeß gesehen werden, weil es die Männer sind, die sich zurückziehen und den Kontakt abbrechen. *Es ist daher wichtig zu erkennen, daß diese Reaktion in einem Vakuum nicht existiert. Sie ist Teil eines Kreislaufs. In vielerlei Hinsicht ist die Reaktion eines Mannes eine Abwehr gegen Überlastung, eine »Überlebensreaktion«, die, obwohl sie unglücklicherweise unproduktiv und sogar tragisch ist, nicht allein »sein« Problem ist.*

Zur Zeit sieht es so aus, als ob Beziehungsprobleme vom Mann verursacht werden, aber dies stimmt so nicht. Die Verzerrung der geschlechtlichen Abwehrmechanismen gibt diesen Anschein, aber wenn man in die Falle tappt und dies tatsächlich glaubt, wird die Aussicht, die Verständigungshindernisse niederzureißen, noch hoffnungsloser. Diese Verzerrung zu bekämpfen und die Polarisierung auf beiden Seiten mit gutem Willen zu lösen, ist die eigentliche Herausforderung. Man sollte nicht der Phantasievorstellung nachjagen, daß schließlich die Wunden geheilt werden, wenn man sich nur genauer zuhört und die gewünschte Nähe erreicht wird, obwohl Männer und Frauen ihren unbewußten Prozeß nicht in Frage stellen.

3.

Die Zwangsvorstellung
von Bindung

Obwohl Michael es haßte, Klischees zu benutzen, konnte er eine ›bestimmte Realität‹ seiner Erfahrungen mit alleinstehenden Frauen nicht verneinen – »Bei ihnen fühle ich mich wie ein Objekt, wie ein Stück Fleisch. Wenn ich einen oder zwei Abende mit einer Frau verbracht habe, kann ich schon den Druck fühlen: Bin ich der Typ, der bereit, willig und in der Lage ist, sich zu binden?«

Dieser Druck führte dazu, daß er sich zurückzog und seiner Meinung nach alberne Dinge zu sich sagte, zum Beispiel: »Alles, was Frauen wirklich von einem Mann wollen, ist Bindung. Sie haben kein wirkliches Interesse an Männern als Menschen«, und »Sie wollen sich gar keine Zeit lassen, mich kennenzulernen. Alle Frauen wollen nur das eine.«

Als er Jackie kennenlernte, glaubte Michael, eine Frau getroffen zu haben, die »anders« war. Sie war einunddreißig Jahre alt, unabhängig und eine erfolgreiche Versicherungsvertreterin mit einem scheinbar aktiven und interessanten Berufsleben, fuhr Ski, hatte zwei Hunde, die sie liebte, und mehrere gute Freunde sowie eine enge Beziehung zu ihrer Familie. Michael legte seine Vorsicht zur Seite und öffnete sich ihr gegenüber, wie er es bei einer Frau schon lange nicht mehr getan hatte. Statt seine üblichen Reden darüber zu halten, daß man bei dem Aufbauen einer permanenten Beziehung langsam vorgehen solle, beschloß er, dieses Mal etwas verletzlicher zu sein. »Ich will, daß sie mich ›wirklich kennenlernt – und ich will wissen, wie sie ist. Vielleicht können wir so lernen, wie eine Beziehung zwischen zwei Menschen aussehen kann, in der der andere nicht für irgendeine unmittelbare persönliche Befriedigung benutzt wird, da wir ja beide ein befriedigendes Leben führen.«

Nachdem sie sich einen Monat lang öfter getroffen hatten und Michael nie darauf gedrängt hatte, mit Jackie ins Bett zu gehen (»Ich will mich nicht vorzeitig schuldig fühlen müssen, daß ich ihr möglicherweise etwas vorgemacht habe«), traute er seinen Ohren nicht, als sie ihm auf seinem Anrufbeantworter eine Nachricht hinterlassen hatte und sagte, daß sie sich nicht mehr mit ihm treffen könne. Er rief sofort zurück, verwirrt, wütend und verletzt, um herauszufinden, was geschehen war. Ungläubig und verblüfft mußte er sich folgendes anhören: »Ich mag dich sehr – aber irgendwie spüre ich eine Unreife – ein Verlangen, ein Spiel zu spielen – eine fehlende Ernsthaftigkeit, Michael, und ich bin einfach durch Fehlstarts und Beziehungen, die in einer Sackgasse enden, überfordert. In meinem Innern habe ich das Gefühl, daß es einfach nirgendwo hinführt.«

»Aber wir hatten doch eine tolle Zeit, wenn wir zusammen waren – wir haben geredet, hatten Spaß – wir hatten doch erst fünf Verabredungen – und ich mag dich wirklich und bewundere dich unheimlich«, antwortete Michael. »Du kannst nicht erwarten, daß ich in so kurzer Zeit weiß, was ich will oder wohin es führt – so oberflächlich bin ich nicht – und du hast mir doch selbst gesagt, daß du es nicht ertragen kannst, mit oberflächlichen Leuten zusammenzusein. Ich versteh' es einfach nicht.«

»Ich habe eben am letzten Wochenende einen anderen Mann kennengelernt«, sagte Jackie, »und ich habe bei ihm eher das Gefühl, daß diese Beziehung weiterführt. Bei dir hatte ich dieses Gefühl nicht. Ich glaube einfach nicht, daß du es wirklich ernst meinen kannst.« Michael legte sprachlos auf. »Was ist eigentlich mit den Frauen los? Ich dachte, sie wollten einen Mann wirklich als Mensch kennenlernen. Und jetzt, da ich dazu bereit bin und es wirklich will, scheine ich auch auf dem falschen Weg zu sein. Frauen sind Heuchler. Sie behaupten nur, einen Mann richtig kennenlernen zu wollen, um nicht mit ihm schlafen zu müssen – und nicht, um erst einmal Freundschaft zu schließen.«

Der Druck, sich zu binden

Der Druck der Frau nach Bindung in einer Beziehung ist das Gegenstück und die Entsprechung des traditionellen Drucks des Mannes nach Sex. Genau wie die unbewußte männliche Abwehr der Frau gegenüber zu einer zwanghaften sexuellen Orientierung führt, so bringt die unbewußte weibliche Abwehr einen zwanghaften Drang nach Beziehung und eine Besessenheit gegenüber Männern hervor.

Frauen wählen Männer aufgrund ihrer Eignung als Bindungsobjekte und weisen oft Männer zurück, die potentiell als Partner geeigneter wären, genau wie Männer Frauen wählen, die »sexy« sind, und die Frauen zurückweisen, die potentiell als Partnerinnen geeigneter, aber sexuell nicht reizvoll genug sind.

In dem Maß, wie stark feminin Frauen sind und wie sehr diese Zwangsvorstellungen bestehen, werden sie »irrational« von diesem Bedürfnis und Drang nach Bindung angetrieben. Es führt dazu, daß sie zeitweise der objektiven Realität gegenüber blind sind, genau wie der sexuelle Hunger des Mannes seine eigentliche Urteilsfähigkeit beeinträchtigt und sie stört. Daher treffen sie oft eine unpassende, schmerzliche, »selbstzerstörerische« Wahl. Die Tatsache, daß eine Frau, kurz nachdem sie einen Mann kennengelernt hat, sich mit seiner »Bindungsfähigkeit« beschäftigt, ist genauso defensiv und verzerrt wie der vorzeitige Druck des Mannes nach Sex, wenn er eine Frau gerade kennengelernt hat und sie als Mensch kaum kennt.

Was ein Mann seinen Freunden über eine Frau erzählt – und was ihm ein gutes und erregendes Gefühl gibt – ist die Tatsache, daß sie ihn sexuell stark erregt: Sie hat einen phantastischen Körper und sieht toll aus. Was eine Frau ihren Freundinnen über einen attraktiven Mann, den sie gerade kennengelernt hat, mitteilen wird, ist folgendes: Er sagt, daß er sie liebt, daß er nicht mehr ohne sie sein kann und daß er mit ihr zusammenleben oder sie heiraten will. Dies entebt ihn der Kategorie, »sprunghaft« oder »wie die anderen Männer« zu sein.

Der auf Sex konzentrierte Mann beendet die Beziehung zu einer Frau, oder droht, sie zu beenden, wenn sie nicht mit ihm schlafen will, denn das bedeutet für ihn, daß sie nicht von ihm angezogen wird und ihn nicht liebt, auch wenn sie etwas *anderes behauptet*. Eine Frau hat dasselbe Gefühl bei einem Mann, der sich weigert, eine Bindung einzugehen. Es ist tatsächlich für die meisten Frauen emotional unmöglich, in einer Beziehung zu bleiben, die »nirgendwo hinführt«, genau wie es für die meisten heterosexuellen Männer unmöglich ist, eine Beziehung ohne Sex aufrechtzuerhalten. Plötzlich verändert er sich und scheint nicht mehr attraktiv zu sein, so daß sie das Interesse an ihm verliert.

Unbewußt gehen sie in einen Tauschhandel ein, in dem jede Partei darauf bedacht ist, die eigenen defensiven Bedürfnisse zu befriedigen und sparsam jene Zahlungen zu verteilen, die nötig sind, um einem Ende der »Beziehung« vorzubeugen, statt sich wahrhaftig zu lieben und spontan zu geben, so wie man es aus freien Stücken bei einem Freund oder jemandem, den man wirklich liebt, tut. Möglicherweise sieht sie sich genötigt, »Sex zu geben«, um ihn zu halten, obwohl das echte Verlangen fehlt, genau wie er »eine Bindung eingehen« wird, die er eigentlich nicht will, aber ohne die er sie verlieren würde.

In dem Maß wie die geschlechtliche Polarisierung bei Männern und Frauen in einer Beziehung besteht, ist der Sog oder das defensive Verlangen im Mann beziehungsweise in der Frau als wahre Liebe und menschliches Interesse aneinander verkleidet. Auf ähnliche Weise ist eine traditionelle Frau, die keine Aussicht auf Bindung hat, von Bindung besessen, genau wie Männer von Sex, denen Sex vorenthalten wird. In ihr baut sich eine Bindungsspannung auf, die genauso zwanghaft, stark und unerträglich ist wie seine sexuelle Spannung, wenn er unter sexuellem Entzug leidet. Der Sog treibt sie möglicherweise heimlich in eine unglückliche, defensive, fordernde und rigide Situation, die von romantischer Illusion zu gegenseitiger Einschüchterung führt. Weil sie tief in ihrem Innern das Gefühl hat, »benutzt« zu werden, nachdem sie eine Bindung eingegangen ist, hält sie möglicherweise ihr wahres Ich zurück und wird sexuell »frigide«, womit sie ihn »bestraft«, weil er sie nicht *wirklich* liebt. Er hält dagegen sein wahres Ich zurück, indem er sich emotional zurückzieht und sich distanziert verhält, also ähnlich reagiert.

Wenn ein Mann mit einer Frau ausgeht, weil er mit ihr schlafen will und glaubt, daß sie darauf eingehen wird, wird dies als niedrige, entmenschlichte, sexistische Motivation betrachtet. Wenn jedoch eine Frau mit einem Mann ausgeht, weil die Aussicht von Bindung und Heirat besteht, gilt dies als akzeptabel – ja sogar als realistische, kluge Motivation. *In beiden Beispielen jedoch sind Sexismus und Entmenschlichung vorhanden, der andere wird als Objekt für die Erfüllung der geschlechtlichen Abwehrbedürfnisse und Zwänge benutzt, die außerhalb des Bewußtseins liegen* und daher weitgehend verneint werden. Das heißt, er ist ein »Objekt« in ihren Augen und wird von ihr nicht als Mensch betrachtet, genau wie der objektorientierte Macho sie als Objekt sieht. Beide haben keine Kontrolle und werden von unbewußten, irrationalen und schädigenden Trieben gelenkt.

Die unbewußten weiblichen Motive in diesen Beziehungen werden jedoch positiver interpretiert als die männlichen, weil sie humaner, liebevoller und annehmbarer erscheinen: Sie reflektieren die »Werte« der Gesellschaft. Dies deckt sich mit den Verzerrungen beim Verständnis und der Interpretation der geschlechtlichen Motive im allgemeinen.

Es ist ein heikles, schwerfaßbares Phänomen, aber es ist von größter Bedeutung zu erkennen, was hinter den Illusionen liegt, die von den geschlechtlichen Abwehrmechanismen erzeugt werden. Man muß sehen, wie die Geschlechter polarisiert sind und dieselben Phänomene (Aggression, Selbstbehauptung, Autonomie und Sexualität) nur in entgegengesetzte Richtungen verzerren, so daß die Verzerrungen und Abwehrmechanismen des anderen verstärkt werden und fortbestehen.

So läßt zum Beispiel die unterdrückte Aggression bei Mädchen diese »lieb und nett« erscheinen, während wir bei Jungen durch die defensive Überaggression den Eindruck haben, daß sie gefährlich sind. Tatsächlich ist beides die jeweils andere Seite derselben Medaille, dasselbe Phänomen von Abwehr spielt sich in entgegengesetzter Richtung ab. Wer ist eigentlich aggressiver – der ungestüme Footballspieler oder das Cheergirl, das ihn attraktiv findet und ihn mit seiner Liebe stärkt, weil er ein »Sieger« ist? Ist es der Mann, der für die »Ehre«

einer Frau kämpft, oder die Frau, die ihn passiv und indirekt anspornt, indem sie sich nicht mit einer Situation auseinandersetzt, die sie selbst handhaben *könnte* und die ihn verachtet, wenn er nicht für sie kämpft?

Das weibliche Unbewußte bewegt sich im Innern in Richtung des Persönlichen und erzeugt eine Zwangsvorstellung, was Beziehungen und Nähe betrifft. Dies scheint positiv, liebevoll und persönlich zu sein. Die Frau wird zum Symbol für Heim und Familie und für traditionelle Werte. Die Gesellschaft unterstützt ihre Orientierung und »Werte« und gibt ihre Zustimmung. Es ist schwer einzusehen, daß dieses Verhalten »schlecht« oder schädlich sein könnte. Das weibliche Unbewußte sorgt jedoch dafür, daß Frauen genauso aus dem Gleichgewicht und destruktiv sind wie Männer aufgrund ihrer maskulinen Abwehr oder ihres Machoverhaltens, nur in entgegengesetzter Richtung.

Die Probleme, die durch das weibliche Unbewußte geschaffen werden, sind viel schwieriger zu behandeln und potentiell gefährlicher, weil sie unter einer »schönen« Schale versteckt sind. Daher ist es schwer, den Schaden, den es verursacht, zu erkennen und umzuwandeln.

Wenn eine Frau einem Mann den Laufpaß gibt, weil er »sich nicht zur Ehe eignet« oder »sich nicht binden will«, wird die Entmenschlichung jedoch durch die Tatsache offenbart, daß dies derselbe Mann ist, den sie vorher als den wichtigsten Menschen in ihrem Leben betrachtete und angeblich »liebte«. Jetzt spricht sie nicht mehr mit ihm und beschuldigt ihn, Verursacher ihres großen Schmerzes zu sein.

Kate, eine Frau Ende zwanzig, hatte drei Jahre lang eine Affäre mit einem verheirateten Mann, den sie bei einem Geschäftsseminar kennengelernt hatte. Durch starken Druck ihrerseits und seine Angst, sie zu verlieren, verließ er schließlich seine Frau. Nun drängte Kate unbarmherzig auf Heirat. Wenn sie jedoch ihren Freundinnen gegenüber von ihm sprach, zeigte sich, daß sie nur Verachtung für ihn übrig hatte – eine Tatsache, die sie selbst jedoch nicht wirklich sehen oder sich eingestehen konnte. Sie bezeichnete ihn als »Egoisten«, als »Betrüger« und als »unreif«. Sie mochte seine Freunde nicht. Sie vertraute ihm nicht, wenn er mit anderen Frauen zu tun hatte und suchte nach seinen geheimen Motiven. Sie bezeichnete ihn als Baby, wenn er »wimmerte«, weil er sich nicht wohl fühlte. Objektiv gesehen mochte sie diesen Mann als Menschen überhaupt nicht, dennoch war sie besessen von dem Bedürfnis, ihn zu heiraten. Zeitweise kam ihr Zorn zum Vorschein, wenn sie glaubte, daß er dieses Bedürfnis und diesen Plan unterminierte. Dann beschuldigte sie ihn, Angst vor Bindung oder »Nähe« zu haben.

Wenn ein Mann sich an eine Frau bindet, hat diese zeitweilig ein Gefühl von Euphorie, ihre Angst wird vermindert. Dasselbe geschieht beim Mann, der zum ersten Mal eine Frau »verführt«, die ihn anzieht. Aber bald entsteht ein innerer Druck, weil die Bedürfnisse unersättlich und defensiv sind und nie wirklich befriedigt werden können. Sie kann nie genug Sicherheit durch Bindung bekommen, um ihre weiblichen Bedürfnisse zu bestätigen, genau wie er nie genug Sex und andere Bestätigung erhält, um sich selbst zu überzeugen und ein für alle Male die Bestätigung zu erlangen, daß er wirklich ein passender, liebenswerter Mann ist.

Innere, intuitive Weisheit

Wir müssen die sogenannte Furcht des Mannes vor Intimität und seine Angst vor Bindung neu interpretieren und sie statt dessen als berechtigte Reaktion im Zusammenhang der defensiv polarisierten Beziehung sehen, in der er genauso zum Objekt wird wie sie und seine »Frigidität« oder Zurückhaltung persönlich ist, während sie bei ihr sexuell ist.

Eine Frau, die sich bei einem Mann oder einer anderen Frau vor oder bei ihrer ersten Verabredung erkundigt, ob er zur Intimität fähig oder offen für eine Bindung ist, errichtet einen schädigenden und entmenschlichenden Kontext für sich und für den Mann. Ich erinnere mich an eine Frau, die lange Zeit zu einem Mann eine Beziehung hatte, den sie wirklich mochte und liebte und der sie ebenfalls gern hatte. Sie waren die besten

Freunde, hatten eine gute sexuelle Beziehung und waren sehr gerne zusammen. Er war jedoch noch nicht bereit, eine Ehe einzugehen, obwohl er es für die Zukunft auch nicht ganz ausschloß.

Sie trennte sich von ihm und wandte sich einem Mann zu, von dem sie wußte, daß er eine Bindung mit ihr anstrebte. Folglich ging sie eine unglückliche Ehe ein, die nur kurze Zeit dauerte, um defensive, »irrationale« Bedürfnisse zu befriedigen. Jeder Versuch, ihr von einer Ehe mit diesem Mann abzuraten, wäre auf taube Ohren gestoßen. Sie stand unter dem Bann ihres Zwanges, der tieferen weiblichen Sehnsucht.

Der Mann, der sie heiratete, wollte die Bindung nur, weil er sich von dem anderen Mann in ihrem Leben herausgefordert fühlte und mit ihm konkurrierte. Viele Männer sind plötzlich zu einer Bindung »bereit«, wenn sie sich bedroht fühlen, aber es sagt überhaupt nichts über ihr echtes Verlangen, ihre Fähigkeit zu Nähe oder ihre Liebesfähigkeit aus. Sie wollen die Frau besitzen und eine Bestätigung ihrer Männlichkeit, oder sie tun es aus der Angst heraus, sie zu verlieren, und »gehen daher eine Bindung ein«, genau wie Frauen in herausfordernden Situationen Sex einsetzen, um die Kontrolle zu erlangen. Diese Frau brauchte die Erfahrung einer schmerzhaften dreijährigen Ehe, um erkennen zu können, daß sie einen Fehler gemacht hatte. Sie ließ sich wieder scheiden, und glücklicherweise war ihre große Liebe noch frei. Sie nahmen ihre alte, innerlich befriedigende Beziehung wieder auf und heirateten schließlich.

Wenn eine Frau einen Mann dafür kritisiert, daß er bindungsunfähig ist und nicht in der Lage, intim zu sein, offenbart sie ihr eigenes defensives Unbewußtes und ist sich meistens überhaupt nicht im klaren darüber, genausowenig wie der Mann, der die sexuell widerstrebende Frau als »frigide« bezeichnet, ohne zu sehen, wie sie sich aufgrund seines Druckes verschließt. Eine Frau offenbart ihr defensives weibliches Unbewußtes, wenn sie zum Beispiel behauptet: »Männer haben keine Fähigkeit zur Intimität und Bindung« oder »Es gibt keine Männer, mit denen man wirklich vertraut sein kann.« Sie erkennt nicht, wie ihre eigenen unbewußten Bedürfnisse einen Druck erzeugen, der ein wichtiger Faktor ist und ihn dazu bringt, sich zu widersetzen, oder durch den er unfähig wird, ihr »nah zu sein«.

Männer haben gelernt, sich schuldig zu fühlen, wenn sie sich der »Freundlichkeit« und dem Verlangen einer Frau nach Nähe widersetzen. Diese Schuld sorgt dafür, daß Männer ihre Gefühle von Widerstand nicht als gültige und wohltuende Gefühle respektieren und akzeptieren und auch nicht deren schützende Eigenschaft respektieren. Statt dessen wird Männern gesagt und glaubhaft gemacht: »Du hast ein Problem mit Nähe und Intimität, und du solltest es überwinden.« Ein Mann lernt, dies allein als sein Problem anzusehen. Seine Schuld, seine Selbstzweifel und sein fehlendes Selbstbewußtsein hindern ihn daran, die Bedeutung seines Widerstandes richtig zu übersetzen, und er beginnt, gegen sich selbst zu reagieren.

Echte Beziehungen

Bindung und Intimität sind Begriffe, die häufig falsch gebraucht und mißverstanden werden. Die Neigung geht dahin, diesen Konzepten ein eigenes Leben zu geben, was auch bei der Sexualität geschieht, wenn Menschen von ihrem »Sexualleben« sprechen, als ob es nur wenig oder gar nichts mit ihrer übrigen Beziehung zu tun habe. Ein Paar sagt beispielsweise: »Wir kämpfen mit unserer Intimität und mit unseren Bemühungen, einander nah zu sein.« Sie müssen »kämpfen«, weil unbewußter Widerstand vorhanden ist, genau wie sie sich auch bemühen müssen, damit die defensiv motivierte, unechte Sexualität funktioniert. Solche Paare scheinen es nie ganz richtig zu machen, weil sie sich der defensiven Polarisierung, die das Problem verursacht, nicht bewußt sind.

In einer echten, liebevollen Beziehung, ist die Bindung einfach da – ein Nebenprodukt, nicht ein Ding an sich – wie in einer guten Freundschaft. Man *will* die Verbindung zu einem liebevollen Freund, weil man ihn als Mensch mag. Wenn Freunde in Schwierigkeiten sind, will man für sie einfach da sein, nicht weil man sich verpflichtet fühlt. Wenn ein Freund mit Ihnen reden will, *wollen* Sie ebenfalls mit ihm reden, oder Sie können ihn ohne Schuldgefühle oder Bedrohung der »Bindung« wissen lassen, daß Sie es nicht können. Sie müssen nicht daran arbeiten. Vertrauen und Sicherheit sind ganz einfach da, wenn es eine Freundschaft ist, die auf wahrer Liebe und Fürsorge beruht. Nichtdefensive Beziehung ist genau wie nichtdefensive Sexualität ein Prozeß, der aus zwei Menschen heraus entsteht, die sich zusammen gut und sicher fühlen. Wenn man »daran arbeitet«, zeigt dies ein Fehlen von Sicherheit und Echtheit.

Wenn daher eine Frau einen Mann bittet, seine Schranken fallen zu lassen, weil er »ihr vertrauen und sich bei ihr sicher fühlen« kann, glaubt sie wahrscheinlich, daß sie vertrauenswürdig ist, und meint wirklich, was sie sagt. Es ist jedoch genauso, als ob ein Mann aus *seinem* sexuellen Bedürfnis heraus zu einer Frau sagt: »Du kannst mir vertrauen – laß dich einfach fallen, ich weiß, daß dir der Sex mit mir Spaß machen wird. Ich garantiere dafür.« Das wird sicherlich nicht dazu beitragen, daß sie sich sicher *fühlt*.

Die meisten Frauen fühlen sich verwundbar, wenn sie ohne Bindung mit einem Mann schlafen. Eine Frau sieht es so: »Du willst unbedingt mit mir schlafen, und wenn ich mit einem Mann schlafe, fühle ich mich ihm sehr verbunden. Ich bin dann sehr verletzlich.« Männer haben ähnliche Gefühle, wenn sie früh den Druck nach Bindung spüren. Sie bekommen Angst, genau wie Frauen Angst bekommen, wenn sie von einem Mann, der ihnen »relativ fremd« ist, zum Sex gedrängt werden.

Es ist sicherlich keine echte Liebe oder Freundschaft, wenn sie sagt: »Ich liebe dich, aber wenn du mich nicht heiratest, werde ich dich verlassen. Ich will dich dann nie wieder sehen, weil es zu weh tun würde.« Es ist die Erfüllung ihrer defensiven Bedürfnisse. Sie wird von einem Zwang getrieben, den sie ausleben muß, und beide, er und sie, sind wahrscheinlich nicht in der Lage zu sehen, daß eine defensive Zwangsvorstellung sie antreibt.

Die Gesellschaft verstärkt das Gefühl einer Frau, sich als Opfer zu sehen, wenn sie nicht das erhält, was sie in einer Beziehung braucht. Daher wird sie sich mit dem Konflikt nicht auf realistische Weise auseinandersetzen und gemeinsam mit dem

Mann, den sie liebt und der ihr nicht alles gibt, was sie verlangt, eine gemeinsame, gesunde Lösung finden. Statt dessen fühlt sie sich verletzt und will ihn verlassen. Ihr Schmerz und Zorn und der innere Druck, der entsteht, sind zu groß. Sie ist nicht in der Lage, sie auf gesunde Weise zu überwinden. Folglich lernt sie nicht viel über sich selbst durch Erfahrung. Oft findet sie einen Mann, der sich binden will, weil er gegenüber Frauen eine beschützende »Macho«-Haltung hat. Dies bedeutet, daß er sie als Gegenleistung für ihre Bindung als Objekt betrachten wird. So zahlt sie den Preis für die Erfüllung ihrer defensiven Bedürfnisse. Sie erkennt, daß sie diesen Mann nicht *wirklich* mag und nicht gerne mit ihm zusammen ist. Sie bekommt sogar das Gefühl, daß er für ihre emotionale und körperliche Gesundheit zur Gefahr werden kann.

Eigentlich wollte sie die Bindung des Mannes, nicht den Mann selbst. Dies ist ein wichtiger Unterschied. Sie wollte nicht den Menschen; sie wollte die Erfüllung ihrer Bedürfnisse. Als sie sich seiner Bindung sicher war, blieb nur die Erfahrung des Zusammenlebens mit ihm, die sie unglücklich und zornig machte.

Frauen sagen, daß sie Bindung und Nähe wollen, wenn sie damit wirklich die Befreiung von der Spannung der Externalisation meinen. Dies kann tatsächlich in das Bedürfnis übersetzt werden, jemanden zu brauchen, der sich um sie kümmert, in das Verlangen nach Bestätigung, danach, aufgrund ihrer defensiven Ängste zu verschmelzen und sich zu verlieren. Wie kann man dies erkennen? Ganz einfach: Sie wählt einen Mann, der es zuläßt, daß sie sich verliert und mit ihm verschmilzt, der aber in Wirklichkeit die Nähe, die *sie ihrer Meinung nach will*, nicht geben kann. Sie kann keine wirkliche Nähe von ihm erhalten. Wenn sie sich wirklich Nähe wünschte und keine defensive Verschmelzung, wäre dieser »magische Mann«, in den sie »sich verliebt hat«, bevor sie ihn richtig kannte, der letzte Mensch, den sie wählen würde. Wenn sie in der Lage wäre, ihn einmal aus der Distanz objektiv zu betrachten, würde sie erkennen, daß er nicht in der Lage ist, ihr das zu geben, was sie ihrer Meinung nach will. Er ist zu ziel- und handlungsorientiert und unabhängig. Wenn sie daher von Nähe spricht, ist es nichts anderes als eine Beschönigung für defensive Bedürfnisse und hat nichts mit der Realität, einander nah zu sein, zu tun.

Sally war eine scheinbar emanzipierte Frau, sie hatte eine leitende Position in der Werbeabteilung einer Versicherungsgesellschaft inne. Unter ihrer unabhängigen Fassade hatte sie jedoch eine starke weibliche Sehnsucht nach »Verschmelzung«. Sie lernte Ron kennen, einen Rechtsanwalt. Auch er schien emanzipiert zu sein, war aber in Wirklichkeit ein beherrschender, rettungs- und schuldorientierter Mann. Ihre Liebe zueinander entflammte, und sofort drängte sie auf Heirat. Auf seiner Seite bestand das Bedürfnis, sie zu retten und »ihr nicht wehzutun«, wie andere Männer es vorher getan hatten, obwohl er wußte, daß diese »vorzeitige Bindung« ein schlimmer Fehler sein würde. Bald nachdem sie einen Heiratstermin festgelegt hatten, entwickelte er körperliche Symptome wie Schwindel und Übelkeit. Nachdem er mit einer engen Freundin darüber gesprochen hatte, wurde er sich seines unterdrückten Zornes bewußt, weil er unter Druck gesetzt und manipuliert wurde. Sally war eine Frau, die von ihrer Verantwortung für ihre Kinder, durch Geldmangel und ihre Angst um ihre Gesundheit überwältigt war. Sie sah in Ron den perfekten Mann, der sich um sie kümmern würde und sie «retten« könnte. Er hatte so starke Schuldgefühle und ein so großes Verantwortungsbewußtsein, daß er nicht nein sagen konnte.

Eines Abends, kurz nachdem er sich bewußt geworden war, daß er manipuliert wurde und deshalb zornig war, sagte er zu ihr: »Ich liebe dich sehr und möchte dich auch heiraten, aber ich würde den Termin gern etwas hinausschieben. Ich brauche ein paar Monate, um mich daran zu gewöhnen, was mit mir vorgeht.«

Sally wurde hysterisch. Sie drohte mit Selbstmord und rannte aus seiner Wohnung. Nachdem Ron sie bewegen konnte zurückzukommen und versuchte, ihr zu erklären, daß er sie nicht zurückwies, sondern nur um etwas mehr Zeit bitten wollte, weigerte sie sich, darüber zu diskutieren. Sie wiederholte nur immer wieder: »Okay, ich will nicht mehr mit dir zusammen sein. Ich möchte mich von dir trennen. Du liebst mich nicht.«

Unbewußt oder vielleicht auch bewußt manipulierte sie ihn, indem sie mit seinen überwältigenden Schuldgefühlen spielte. Sie hatte Erfolg. Er nahm seine Bitte zurück und sagte, daß er sie an dem festgelegten Termin heiraten würde.

Wie es vorauszusehen war, wurde die Ehe bald zum Alptraum für ihn. Sally wurde ihm gegenüber kalt, während sie ihn vor der Heirat absolut bewundert hatte und auf jede seiner Launen eingegangen war. Er spürte, daß sie zerstreut war, wenn sie in seiner Nähe war. Sie konnte sich nicht auf ihn konzentrieren. Er schien sie zu langweilen. Sie gab ihm die Schuld für ihre »Distanziertheit« und sagte, daß sie noch immer unter einem Trauma litt, weil er es »sich anders überlegt hatte« und sie deshalb so viel hatte »durchmachen müssen«. Jetzt wurde *er* unsicher und bettelte um Liebe. Er gab alle seine Freunde und Interessen auf, um seine Zeit mit ihr zu verbringen und sich ihrer Liebe zu versichern.

Die Vorstellung, daß er durch das defensive Bedürfnis einer Frau, die gerettet werden wollte, manipuliert wurde, ein Bedürfnis, das als »Bindungssehnsucht« bezeichnet wird, lag außerhalb seines Auffassungsvermögen. Seine Schuld verhinderte es, bis eine gewalttätige Auseinandersetzung mit seiner Frau ihn dazu brachte, eine Therapie aufzusuchen. Damit begann ein Lernprozeß, der schon früher hätte einsetzen sollen. Er lernte, wie er seine Reaktionen übersetzen und verstehen mußte. Weil er so lange gewartet hatte, war die Zunahme von Zorn jedoch zu groß, und die Beziehung mußte auseinandergehen.

Zwangsvorstellung und Irrationalität: Im Sexualleben und bei Bindungen

Frauen werden die Besessenheit der Männer mit Sex besser verstehen, wenn sie die irrationale Natur ihrer eigenen Besessenheit mit Bindung begreifen. Dieses Bewußtsein in Männern und Frauen wäre ein wichtiger Schritt zu einer neuen Humanisierung zwischen den Geschlechtern.

Der maskuline Mann und die feminine Frau sind polarisierte Gegensätze, keiner von beiden ist besser oder schlechter in seiner Abwehrhaltung, die durch die geschlechtliche Konditionierung verursacht wurde. Beide fühlen sich in ihrer Gesamtheit abgewiesen, wenn sie spüren, daß sie als Objekte benutzt werden. Wenn sie sich von ihrer Abwehr befreit haben, erkennen beide potentiell durch ein Gefühl von Sicherheit und Wohlbefinden, wenn sie wirklich geliebt werden.

Eine gesunde Verbindung ist das natürliche Ergebnis einer Beziehung, die wohltuend und fruchtbar ist; sie ist nicht Ziel der Beziehung. Um dies zu erreichen, muß kein Druck ausgeübt werden, es muß nicht daran gearbeitet werden, darüber nachgedacht werden oder beraten werden. Sie entsteht aus dem Prozeß heraus und ist angenehm für beide, wenn die Betroffenen nicht durch defensive, polarisierte Bedürfnisse angetrieben werden.

Für Männer: Wie man die defensive Sehnsucht nach Bindung erkennt

1. Eine Frau gibt Ihnen Schuldgefühle, weil Sie ihr Verlangen nach Nähe nicht erfüllen.
2. Man gibt Ihnen das Gefühl, daß die Beziehungsprobleme und Widerstände in erster Linie auf Ihre »Angst vor Intimität« zurückzuführen sind.
3. Diskussionen über Bindung, Nähe und Intimität finden ständig statt. Sie sind eine stetige Quelle, um Druck auszuüben.
4. Wenn sie über Männer insgesamt spricht, wird klar, daß sie sie in ihrer Fähigkeit zur Intimität und Beziehungen einzugehen als »geschädigt« betrachtet.
5. Sie bekommen immer dann Schuldgefühle, wenn Sie sich zurückziehen, um die Geschwindigkeit, mit der die Beziehung sich entwickelt, zu verlangsamen.
6. Sie haben Angst, Ihren Widerstand gegen »Nähe« auszudrücken, aus Furcht, daß sie dies nicht bewältigen könnte oder sie dazu bringen würde, die Beziehung zu beenden.
7. Sie betrachten sich selbst als geschädigt und verletzend, wenn Sie sich mit ihr vergleichen.
8. Sie sind sich beide einig, daß in erster Linie Sie die Beziehungsprobleme verursachen.

4.

Einer erledigt die schmutzige Arbeit für beide: Warum zerbricht die Beziehung?

Als Minette und Mark sich in der letzten Phase ihrer immer schlechter werdenden Ehe befanden, schien den meisten Menschen, die sie gut kannten, klar zu sein, daß Mark Minette verdrängen wollte. Es schien, als ob Minette masochistisch an ihm festhielt, obwohl er sich launisch zurückzog und es häufig ablehnte, ihr zu sagen, wohin er ging und wann er wieder zurückkommen würde. »Bist du mein Bewährungshelfer?« fragte er dann. Sie versuchte, sein flirtendes Verhalten anderen (auch verheirateten) Frauen gegenüber zu übersehen, wenn sie am Sonntagmorgen die Kirche verließen – eine der letzten Aktivitäten, die sie noch gemeinsam unternahmen.

Auf Anregung ihres Priesters und aus Sorge, daß Minette einen Zusammenbruch erleiden könnte – oder, noch schlimmer, daß sie sich einen »gierigen Geldhai« als Scheidungsanwalt nehmen könnte – stimmte Mark zu, mit ihr gemeinsam an einer Ehetherapie teilzunehmen.

Während der ersten Sitzung weinte Minette, und Mark saß still da. »Ich hab' das Gefühl, daß ich nur ein Stück Scheiße bin!« bemerkte er schließlich. »So schlecht bin ich nicht – *niemand* kann so schlecht sein.« Mark gestand, daß er die Ehe nicht aufrechterhalten wollte. »Es mag sehr rationalistisch klingen, aber in meinem tiefsten Innern glaube ich, daß ein Ausstieg aus dieser Ehe uns beiden das Leben retten wird. Bevor wir geheiratet haben, war Minette ausgelassen, voller Energie, aktiv und optimistisch. Fast auf den Tag genau, als wir geheiratet hatten, wurde sie ein Putzteufel, beklagte sich ständig über alle möglichen Wehwechen, las Horoskope oder schaute auf den neuesten Guru, der gerade *in* war, oder auf die brillante Weisheit irgendeines Klapsdoktors, der sie retten und glücklich machen sollte. Keine Energie mehr, keine Vitalität, kein La-

chen – und ich weiß, daß das nicht ihr wirkliches Ich ist. Ich
bin sechs Jahre lang mit ihr ausgegangen, bevor ich sie geheiratet habe, und glauben Sie mir, ich weiß, was für eine tolle, entspannte Frau sie sein kann.«

Jeanette und Nelson befanden sich in der entgegengesetzten
Situation. Es war Jeanette, die nach ihren Kursen am Abend-
kolleg nicht pünktlich nach Hause kam. Sie erzählte offensichtlich Lügen darüber, wo sie hinging und mit wem: »Ich bin
mit anderen Schülern in eine tolle Diskussion geraten. Ich hab'
nicht geglaubt, daß es dir etwas ausmachen würde, wenn ich
später komme. Du predigst doch immer, daß ich meine eigene
Identität haben soll und mich nicht immer nur nach dir richten soll. Bist du nicht glücklich, daß ich das tue?«
   Als sich ein einmaliges Abenteuer mit einem anderen Mann
zu einer leidenschaftlichen Affäre entwickelte, sah es so aus, als
ob Jeanette entweder feindselig oder selbstzerstörerisch war,
weil das Ende ihrer Ehe mit dem reichen Nelson – der in den
Augen der meisten Freunde so ein »geduldiger, netter Kerl«
war – jetzt unausweichlich schien. Nelsons Stolz würde es
nicht zulassen, daß er betrogen wurde, und es war ihm klar,
daß irgend etwas im Gange war.
   Während Nelson vor Wut tobte und das Ende seiner Ehe, des
»idealen« Familienlebens und des Zusammenlebens mit den
beiden Söhnen, die er verlieren würde, betrauerte, dankte er
Jeanette in seinen ruhigen Minuten innerlich, auch wenn er
fluchte und sie beschimpfte. Seine eigenen Schuldgefühle hätten es ihm unmöglich gemacht, eine Ehe hinter sich zu lassen,
die ihn in seinen Gedanken und in den Augen seiner engen
Freunde in nur sechs Jahren zu »einem alten Mann« gemacht
hatte. Er hatte zehn Kilo Übergewicht, rauchte, war ständig erschöpft, war fernseh- und arbeitssüchtig; sein starker Sexualtrieb bestand nur noch in fernen Erinnerungen an die Vergangenheit. Einen Monat nachdem sie sich getrennt hatten, hörte
Nelson auf zu rauchen, nahm ab, seine Sexualität kehrte zurück, und er hatte nur noch selten das Verlangen, den Fernseher anzuschalten, wenn er das Heim betrat, das er jetzt ohne
Jeanette bewohnte.

Das Ende einer Beziehung

Es ist typisch, daß am Ende einer Beziehung nach den Ursachen geforscht wird. Es wird mit den Fingern gezeigt, Schuld zugewiesen und nach den »Gründen« gesucht, warum die Verbindung endete oder in Schwierigkeiten geriet. Aber das Zerbrechen einer Beziehung ist immer auf den Willen beider Partner zurückzuführen und beruht unbewußt auf Gegenseitigkeit, auch wenn es oft nicht so scheint.

Obwohl in einer Beziehung traditionell immer einer der »Schurke« zu sein scheint, kann man erkennen, daß der andere, der »abgewiesene« Partner, der »Verlassene« genauso zu der Trennung beigetragen hat, obwohl sein oder ihr Anteil nicht klar sichtbar ist oder verneint wird. Beziehungen geraten in der einen oder anderen Richtung aus dem Gleichgewicht, Zorn und Schmerz entstehen in beiden Partnern, auch wenn vielleicht einer der beiden den Schmerz und die Spannung durch eine zu starke Beschäftigung mit Arbeit, Kindern, Krankheit usw. unterdrückt, verneint oder zerstreut. Wenn die Gefühle jedoch so stark werden, daß sie nicht mehr zurückgehalten werden können, geht die Beziehung auseinander, wobei einer der Partner der Verursacher zu sein scheint.

Bei Frauen hat sich in den letzten Jahrzehnten die Neigung gezeigt, beim Ende einer Beziehung der Auslöser zu sein, weil die Schuldgefühle und die Abhängigkeit der Männer sie lähmen und davon abhalten, *ihren* Zorn und Schmerz auszuleben. Die Tatsache jedoch, daß die meisten Männer »überrascht« und verblüfft sind, wenn sie plötzlich verlassen werden – weil sie glaubten, daß alles »in Ordnung« sei –, legt nahe, daß diese Männer die Frauen in Wahrheit weggestoßen haben, weil sie sich aus ihrer Realität »ausgeschaltet« haben. Sie haben nicht gesehen oder aufgenommen, wie *die Frau* die Beziehung erfahren hat. Unbewußt hat der Mann wahrscheinlich genauso stark gelitten wie sie, obwohl er dies möglicherweise aus Angst, Abhängigkeit oder Schuld verneint hat. Möglicherweise hat er die Realität verdrängt, indem er zuviel trank, ständig vor dem Fernseher saß, dauernd arbeitete, eine Affäre hatte, sich ausschließlich mit den Finanzen beschäftigte usw.

In vielen Fällen sind zerrüttete Beziehungen ein hintergründiger Machtprozeß, in dem Versuch, eine Beziehung zu beenden und gleichzeitig den anderen verantwortlich erscheinen zu lassen oder ihm die Rolle des Schuldigen zuzuschieben. Es ist ähnlich wie eine kriegerische Auseinandersetzung zwischen Nationen, wenn das Bedürfnis besteht, eine Partei »böse« und die andere »gut« erscheinen zu lassen, statt die tieferliegenden, gegenseitigen Ursachen zu erforschen, die an dieser zerstörerischen Wechselbeziehung beteiligt sind. In dem Maß, wie eine solche Orientierung besteht und aufrechterhalten wird, gibt es für beide kein Wachstum.

Oft sehe ich, daß derjenige, der verlassen wurde, seinen Partner nicht wirklich als Mensch mochte, sich dies aber nicht eingestand. Es ist sogar möglich, daß er oder sie den anderen gehaßt oder zumindest seine Realität nicht gesehen hat. Beide hingen an einer Phantasievorstellung, einem Bedürfnis nach Erfüllung nach und waren nicht in der Lage zu sehen, wer der andere wirklich war. Derjenige, der verlassen wurde, provozierte den Partner ständig durch Beschimpfungen, Ignorieren und zerstörerische, zur Sucht führende Gewohnheiten usw. Derjenige, der »verlassen« wurde, konnte jedoch nicht erkennen, daß er den anderen wegstieß oder den Wunsch hatte, daß er gehen möge, ja er konnte es nicht einmal zugeben, wenn er mit dem Beweis konfrontiert wurde.

Jim und Tina: Er sagt, daß er die Beziehung beenden will, sie will an ihr festhalten. Aber wenn er sie um einen Gefallen bittet, vergißt sie es. Sie vergißt, daß sein Essen nicht gesalzen werden soll – sie denkt einfach nicht daran. Sie vergißt, daß er es nicht mag, wenn sie schmerzliche Themen auf den Tisch bringt – zum Beispiel die Probleme, die sie mit ihrer Tochter haben -, wenn sie auf Geschäftsreisen oder im Urlaub sind. Statt dessen bringt sie ihm bei erster Gelegenheit irgendeine schlechte Nachricht, die seinen Versuch, sich zu entspannen oder seine Freizeit zu genießen, ruiniert.

Frank und Laura: Er will nicht, daß sie geht. Dennoch kontrolliert er sie, ist ihr gegenüber sehr kritisch und völlig unsinnlich, obwohl er weiß, wie sehr sie sich nach Berührung sehnt. Auch er ist unglücklich. Es zeigt sich in seinen plötzlichen Zornausbrüchen »wegen nichts«. Er kann nicht viele Dinge aufzählen, die er an ihr als Mensch wirklich mag, trotzdem behauptet er, daß er nicht will, daß sie ihn verläßt.

Jack und Charleen: Er hat das Gefühl, daß er keine standesgemäße Ehe eingegangen ist, als er sie heiratete. Sie ist anderen Männern gegenüber sehr verführerisch und provokativ, und er beschimpft sie als oberflächlich, untreu und als Lügnerin. Dennoch bittet er sie verzweifelt, ihn nicht zu verlassen. Sie zieht sich ständig von ihm zurück. Er ist gleichermaßen dafür verantwortlich, daß er sie wegstößt, weil er sie so kritisch betrachtet. Sie sagt ihm klar und deutlich, daß sie das starke Verlangen hat, unabhängig zu sein, aber er gibt ihr keinen Raum. Statt dessen hält er sich immer in ihrer Nähe auf – ruft sie ständig an und unterdrückt sie. In vielerlei Hinsicht kann er nicht erkennen, daß er sie ständig abweist und sie unbewußt dazu bringt, ihn zu verlassen.

Daher *erledigt einer die schmutzige Arbeit für beide.* Die Beziehung wird vor Zorn, Frustration und falscher Kommunikation oberlastig, bis der Punkt erreicht ist, daß einer sie zum Wohl beider abbricht. Der Zorn baut sich auf beiden Seiten so stark auf – offen und verdeckt –, daß beide sich entweder krank machen oder sich gegenseitig einen schweren Schaden zufügen. Es gibt keine Ursache, keinen, der die Verantwortung trägt. Es ist der Schlußpunkt eines Prozesses, zu dem beide beigetragen haben und aus dem beide herauswollen, obwohl dies meistens einer von beiden verneint.

Der häufigste Ablauf in einer polarisierten Beziehung sieht so aus, daß die Frau unter unterdrückter Aggression leidet und ihr Anteil an der Ursache für das Ende der Beziehung meistens »unsichtbar« bleibt. Sie hat das Bedürfnis, sich als Opfer zu fühlen und zu rechtfertigen. Da der Mann die Rolle des Handelnden übernimmt, weil er durch seine maskuline Konditionierung externalisiert ist, während Ehe und Beziehungen internalisierte Prozesse sind, die eine Konzentration auf »persönliche« Bedürfnisse verlangen, ist es fast immer der Mann, der die Ursache des Problems zu sein *scheint*, das zu einem Zerbrechen der Beziehung führt.

So wie die Einrichtung Ehe konstruiert ist, ist sie im wesentlichen eine weibliche Institution. Der Erfolg hängt stark von Qualitäten ab, die in der weiblichen Bewußtseinssphäre stärker entwickelt sind. Der Mann übernimmt fast immer die Rolle des Schuldigen, wenn die Ehe scheitert, denn er ist weniger fähig, die internalisierte Konzentration auf die Beziehung und die interpersonale Sensibilität, die die Ehe fordert, zu haben.

In den meisten Fällen war er es, der sich zurückzog und die Versuche seiner Frau behinderte, den Kommunikationsfluß zwischen ihnen in Schwung zu bringen. Er ist derjenige, der glaubte, Nähe bedeute, miteinander zu schlafen. Er war derjenige, der seine Freizeit lieber mit Reparaturen an seinem Motorrad oder Auto verbrachte, als mit seiner Familie Ausflüge zu machen. Er war derjenige, der die »Wahl traf«, seine Karriere zum Nachteil seines Privatlebens zu betonen, während sie in dieser Richtung keinen Ehrgeiz zeigte.

Aber auch sie war nicht perfekt, und ihre Beziehungsfähigkeit war teilweise eine Illusion, weil sie die Verantwortung für ihr eigenes Leben ablehnte, ihn immer geschickt in die Position des Verantwortlichen manövrierte und sich dann darüber beklagte, daß er sie kontrollierte oder »wie ein Kind« behandelte. Es ist richtig, daß sie den Kindern nah war und ihnen viel Aufmerksamkeit schenkte. Außerdem kümmerte sie sich um das Haus und erledigte viel für ihn. Sie hatte eine gute Beziehung zu seiner Familie, und man konnte sich immer darauf verlassen, daß sie sich an Geburtstage usw. erinnern würde und Karten und Briefe an Freunde und Familie schickte.

Dennoch hatte sie zu ihm als Mensch keine bessere Beziehung als er zu ihr. Sie »gab« ihre Identität »auf« und präsentierte ein reaktives, passives, hilfloses Bild, das von seiner Neigung, sich schuldig und verantwortlich zu fühlen, lebte. Sie weinte, wenn sie sich stritten, statt »es auszutragen« und eine gesunde Lösung frei von »Opfern« zu finden. Sie wurde ungeduldig und kritisierte ihn wegen seiner »rohen« und »unsensiblen« Art. Sie erwartete unmögliche Dinge von ihm. Unbewußt verwandelte sie ihn in eine Vaterfigur, verlangte finanzielle Unterstützung, Hilfe und Rettung aus allen Schwierigkeiten, in denen sie sich befand, während die Beschränkungen, die er und die Beziehung ihr auferlegten, sie gleichzeitig gegen ihn aufbrachten. Kurz gesagt, sie war nicht in der Lage, zu ihm eine Beziehung als Mensch aufzubauen, ihn so zu sehen, wie er wirklich war und ihn auf dieser Ebene zu verstehen und zu unterstützen. Statt dessen basierte ihre Beziehung zu ihm auf einem bodenlosen Bedürfnis und Verlangen nach »Nähe« und »Intimität«, das ein Ausdruck ihres unbewußten Bedürfnisses war, die Verantwortung abzugeben. Sie schien alles richtig zu machen, aber unter der Oberfläche interessierte sie sich nur für ihre eigenen tieferen Absichten.

Wenn Männer über ihre Frauen sprechen, betonen sie oft folgende Dinge: Sie ist eine sehr gute Ehefrau; sie ist eine gute Mutter; sie ist sehr liebevoll – sie könnte keiner Fliege etwas zuleide tun, und so weiter und so fort. Aber für den aufmerksamen Zuhörer hat dies alles einen hohlen Klang, es ist ein Betteln um Anerkennung seines emotionalen Schmerzes, seiner aussichtslosen, nicht ausdrückbaren Entfremdung und Verzweiflung – die sich nicht ausdrücken läßt, weil seine emotionale Fähigkeit dazu nicht genug entwickelt ist. Es bleibt ihm nur die Wahl, wütend oder gereizt zu sein oder sich zurückzuziehen; seine Verzweiflung läßt sich nicht ausdrücken, weil er sich dann dumm, kindisch und »unmännlich« vorkäme; sie läßt sich nicht ausdrücken, weil die verdrehte Matrix der Beziehung ihn unfähig gemacht hat zu verstehen, was geschehen ist, ganz abgesehen davon, daß er aus diesem Grund sein eigenes, tieferes, unerfülltes Verlangen nicht ausdrücken kann.

Beide werden also immer unglücklicher. Sie sind auf ihre eigene Art enttäuscht. Sie sind beide in einem Prozeß gefangen, den keiner wirklich sehen oder verstehen kann, aber den beide unbewußt nähren; sie hassen sich auf der einen Ebene, während sie aus einem unbewußten Bedürfnis heraus aneinander festhalten und die Spannung zwischen ihnen durch charakteristische Mechanismen wie Arbeitswut, Rückzug usw. auf seiner Seite und übertriebener Bemutterung, Eßlust usw. auf ihrer Seite zerstreuen. Zwischendurch kommt es immer wieder zu sentimentalen Ritualen, die ihnen bestätigen, was für ein gutes Paar sie doch sind.

Wenn die Spannung dann einen kritischen Punkt erreicht, wenn sie ihn dabei ertappt, daß er mit einer anderen Frau »herumbumst«, wenn seine Leidenschaft für die andere Frau stärker als seine Schuld oder wenn sich irgendein anderer eklatanter »Grund« findet, kommt es schließlich zur Trennung.

Daher schien der Mann in den letzten Jahren fast immer derjenige zu sein, der die Schuld am Zerbrechen der Ehe trug. Manchmal handelte er aufgrund seines Schmerzes, seiner Langeweile und Gleichgültigkeit sehr extrem in dem Versuch, dieser Ehestruktur zu entfliehen, für die er eigentlich nicht geeignet war. Vielleicht hatte er eine Affäre mit einer anderen Frau, trank oder arbeitete unter Zwang. Dies alles sind Manifestationen des Aufbaus von Spannung und Frustration im Mann.

Sie drückte ihre Frustration durch Weinen und Schuldzuschiebung und durch »Leiden« aus. Es war ihr jedoch unmöglich oder nicht zumutbar, die Rolle des Schuldigen zu übernehmen. Schließlich schien sie ja mehr der Eigenschaften zu besitzen, die dazu beiführen, daß eine Ehe »funktioniert«, und fühlte sich der Beziehung angeblich stärker verpflichtet.

Wenn man behauptet, daß die Ehe eine weibliche Einrichtung ist und Männer dazu verdammt sind, innerhalb dieser Struktur mangelhaft zu erscheinen, ist dies keine Kritik an der Ehe an sich und kein Versuch, Frauen die Schuld zuzuschieben. Die Ehe macht internalisierte Entwicklung erforderlich – die Fähigkeit, sich zu verständigen, Gefühle und Bedürfnisse auszudrücken. Der traditionelle Mann in der polarisierten Beziehung zeigt in keinem dieser Bereiche Stärke und Kompetenz.

Schlimmer noch ist die Tatsache, daß genau das, was einen Mann zu einem guten potentiellen Ehemann für eine Frau macht, ihn im allgemeinen zu einem schlechten Ehepartner macht. Wenn er ein guter Versorger und Beschützer ist und gerne Entscheidungen trifft, der gute Mr. Verantwortung sozusagen, dann werden ihm wahrscheinlich die persönlichen oder »intimen« Aspekte fehlen. Unausweichlich sieht er vor der Ehe wie ein Held aus, aber dann wird sein Image fortschreitend bis zu dem Punkt getrübt, an dem seine Frau sagt und fühlt, daß er sie enttäuscht hat. »Er ist gar nicht so, wie ich ihn mir vorgestellt habe. Ich dachte, daß er viel liebevoller und fürsorglicher sein würde. Statt dessen ist er selbstsüchtig, arbeitet zuviel und ist an seiner Familie nicht so stark interessiert wie an seinem Beruf.«

Die Vorstellung, daß ein guter Ehemann auch ein guter Partner in einer Beziehung ist, ist daher ein Widerspruch in sich, besonders in traditionellen Verbindungen. Oft war gerade der Mann in der Ehe am erfolgreichsten, der schließlich die duldende oder nachgebende Rolle annahm. Obwohl er wahrscheinlich nicht als großartiger Partner galt, war er zumindest nicht offensichtlich ein Unruhestifter. Er war ein »netter Kerl«, ein rücksichtsvoller Mann, der eine Menge symbolischer Dinge tat, um seine Frau »glücklich« zu machen. Er brachte Blumen mit nach Hause, erledigte Besorgungen und Arbeiten am Haus, war geduldig mit seiner Frau, wenn sie sich nicht wohl fühlte, und stellte keine sexuellen Ansprüche. Dies definierte ihn als guten Ehemann.

Es ist jedoch typisch, daß ein guter Versorger und Beschützer in einer Beziehung fast mit Sicherheit unvollkommen war. Es gab für ihn keine Möglichkeit, eine erfolgreiche Verbindung zu seiner Frau zu haben, weil ihre internalisierten Bedürfnisse »bodenlos« waren, und seine externalisierte Konditionierung ihn isoliert und daher persönlich »unfähig« scheinen ließ.

Die Sache ist die: In solchen Ehesituationen und polarisierten Beziehungen, die in fast allen Ehen vorhanden sind, wächst die Spannung auf beiden Seiten. Die Frau fühlt sich beherrscht, frustriert, zornig, mißbraucht, verletzt, vernachlässigt, enttäuscht; der Mann spürt Gleichgültigkeit, weil er nicht die Art Aufregung, Stimulierung und Herausforderung erhält, die sein externalisiertes Ich fordert. Er fühlt sich durch seine Rolle als Handelnder und Versorger belastet.

Ruth und Ronald: Ronald war ein ehrgeiziger Gschäftsmann, der hart arbeitete, um eine leitende Position in dem Unternehmen für Computer-Service, bei dem er angestellt war, zu erreichen. Ruth hatte einen Teilzeitjob als Hilfe in einer Schule, verbrachte aber den größten Teil ihrer Zeit zu Hause mit ihren vier Kindern.

Als sie sich kennenlernten, erinnerte sich Ruth, sprach Ronald von nichts anderem als davon, wie sehr er eine Familie wollte, wie viel Kinder ihm bedeuteten und daß er möglichst viele haben wollte. Schwangere Frauen fand er wunderschön. Es dauerte jedoch nicht lange, bis Ruth das Gefühl bekam, daß Ronald sich völlig auf seine Arbeit konzentrierte. Selbst wenn er zu Hause war, stand sein Beruf für ihn immer an erster Stelle, und wenn das Telefon klingelte und ein Anruf von irgendeiner Außenstelle kam, weil es Probleme gab, kam er nicht schnell genug aus dem Haus, um ein Flugzeug zu bekommen.

Als sie einmal an einem Samstagnachmittag einen Grillabend vorbereitete, mußte sie kurz einkaufen gehen, um eine bestimmte Soße zu besorgen. Als sie zurückkam, ging ihr Mann gerade zur Tür hinaus. Der schöne Tag war verdorben. Von Enttäuschung, Zorn und Elend überkommen, schrie sie, daß er nichts für sie und die Kinder übrig habe, daß alles, was er tat, nur ihm selbst diene. »Es ist nur für dich! Für dich! Für dein Ego! Wir haben nie etwas von dir – kein Familienleben, keinen gemeinsamen Urlaub – rein gar nichts!«

Obwohl sie am Anfang recht stolz auf Ronalds Stellung als Kontrolleur und auf seine Verantwortung gewesen war, fühlte sie sich immer leerer und einsamer. Wenn er »auf seinem weißen Pferd davonbrauste«, wie sie es nannte, wurde sie zornig und machte ihm Vorwürfe. »Du hast gesagt, daß du eine Frau und eine Familie willst, und jetzt benimmst du dich so! Du bist nie für mich da, du bist nie für die Kinder da. Ich tue alles für sie. Wenn du zu Hause bist, sitzt du auf dem Klo und liest die Zeitung. Ich muß sogar die Gartenarbeit erledigen. Dauernd sitzt du vor dem Fernseher, und ich kann nur mit dir reden, wenn die Werbung dran ist. Wir können uns nie unterhalten.«

Er entgegnete: »Ich tue es doch alles für dich und die Kinder. Wofür glaubst du denn, arbeite ich?« Ronald war der Meinung, daß er nur für seine Familie so hart arbeitete. Er betrachtete sich als guten Ehemann und Vater, obwohl er zugeben mußte, daß ihn die Arbeit oft entführte. Er war die Hauptstütze der Familie, und er hatte das Gefühl, daß er sie nicht nur versorgen mußte, sondern daß es auch wichtig war, eine gute Grundlage für das Rentenalter zu schaffen.

Er war durch die mangelnde Unterstützung, die er von Ruth bekam, verletzt und hatte das Gefühl, daß sie ständig auf ihn einhieb und Fehler bei ihm suchte. Wenn er dies zu ihr sagte, wußte sie nicht, was er meinte.

Manchmal sagte sie gemeine Dinge, wenn *er* sie in Zorn versetzte und sie sich durch *ihn* verletzt fühlte. Aber wenn er nur den Versuch unternähme, »sie kennenzulernen«, würde er wissen, daß sie nur den Wunsch nach Nähe und Liebe hatte. Wenn sie doch nur miteinander reden könnten, dachte sie.

Er spottete darüber und bezeichnete ihre »Gespräche« einfach als Hetzreden, wenn sie unaufhörlich sagte, wie schwer und unerträglich er ihr das Leben machte. Er beklagte sich darüber, daß ihre »Gespräche« sich endlos hinzogen und daß das der Hauptgrund für ihn war, ihnen aus dem Weg zu gehen. Als ihre Ehe über die Jahre immer schlechter wurde, kam es zu unzähligen bösen Szenen mit Zeiten relativer Ruhe dazwischen und schließlich einfach zu einem Rückzug voneinander. Sie konnten sich gegenseitig nichts geben.

Ronald erkannte, daß das Ende gekommen war – daß die Beziehung vorbei war, obwohl sie körperlich noch existierte. Ruth weigerte sich jedoch, dies anzuerkennen oder zu akzeptieren. Sie weinte und versprach, sich mehr Mühe zu geben und sich zu bessern. Je mehr er versuchte, sich zurückzuziehen, desto mehr klammerte sie sich an ihn und verneinte all die negativen Gefühle, die sie ständig ausgedrückt hatte.

Sie war wirklich nicht glücklich mit ihm, genausowenig wie er mit ihr, aber sie konnte nicht die Verantwortung übernehmen und sagen, daß sie aus dieser Beziehung herauswollte, auch konnte sie die Tatsache nicht akzeptieren, daß er sie »verlassen« oder »zurückweisen« würde. Als er festentschlossen verkündete, daß er gehen würde, konnte sie ihre Position als Märtyrerin voll ausnutzen.

Er wußte, daß er sich ihr und seiner Familie und auch sonst niemandem verständlich machen konnte. Der Preis, den er zahlen mußte, um sich aus dieser Beziehung zu befreien, war, daß er den »Schurken« spielen mußte. Daher versuchte er es auch nicht anders. Er verließ einfach die Stadt, ohne sich von irgend jemandem zu verabschieden außer von seinen Kindern. Seine Frau weinte, und alle Welt bedauerte sie.

Sie hatte nicht bewußt versucht, ihn soweit zu treiben. Als sie sich jedoch in der neuen Situation zurechtfand, merkte sie schnell, daß sie sie nicht nur akzeptierte, sondern daß sie durch ihre neugefundene Freiheit und Macht auflebte. Erst jetzt erkannte sie, daß auch sie die Ehe nicht wirklich gewollt hatte, es aber vorher nicht hatte erkennen können. Sie sah, daß die Probleme auf beiden Seiten bestanden hatten.

Ronald fühlte sich weniger schuldig, als Ruth Stärke und Durchblick gewann, und beide waren in der Lage, die Kommunikation wieder aufzunehmen und eine Umgebung zu schaffen, in der die Kinder frei kommen und gehen konnten, wobei ein Elternteil den anderen unterstützte, sie aber nicht mehr zusammen lebten. Ronald und Ruth konnten sich also aus ihrer Situation mit ausreichendem Wachstumspotential befreien, so daß sie in bezug auf ihr Selbstbewußtsein und auf das Verständnis von Beziehungen nur gewinnen konnten. Sie wurden sehr gute Freunde und erkannten, daß keinem die Schuld zuzuschieben war. Ihre Polarisierung hatte sie auf dem Gewissen.

Wenn Beziehungen zerbrechen, geschieht dies, weil die Spannung auf beiden Seiten wächst und der Schmerz für beide so groß wird, daß die Beziehung im Verhältnis zu ihrer Polarisation zerreißt. Sie zerbricht unter ihrem eigenen Gewicht. Wenn kein Gleichgewicht mehr vorhanden ist, ist das Rennen unbewußt im Gange. Es kommt zu einem Losstürmen und zu einem Machtkampf – wer kann die Beziehung mit der geringsten Schuld hinter sich lassen – wer kann dem anderen die meiste Schuld zuweisen – wer kann mit einem Gefühl der Rechtfertigung gehen?

Beziehungen als Machtkämpfe

Traditionelle Beziehungen sind Machtkämpfe. Am Anfang der Beziehung läuft der Kampf zwischen gegensätzlichen Bedürfnissen und Orientierungen ab. Die Frau versucht wahrscheinlich, den Mann menschlicher und sensibler zu machen. Sie heiratet ihn und glaubt, ihn ändern zu können. Er versucht, das Tempo und die Richtung der Beziehung zu kontrollieren und zu beherrschen. Er will gleichzeitig seine Freiheit und die Vorteile der Beziehung genießen. Er will Raum und Nähe haben.

Sie gibt vor, ihm die Freiheit zu geben, während sie ihn in eine engere Beziehung hineinmanövriert. Sie versteht sein Verlangen nach Freiraum nicht. Sie sieht es als Teil seines jugendlichen Verhaltens, statt zu erkennen, daß sein Bedürfnis aus einem sehr starken Anwachsen der Spannung in seinem Innern aufgrund seiner Externalisierung kommt. Wenn er Nähe erfährt, fühlt er sich unbehaglich, ängstlich und angespannt. Er hat Angst, daß die Nähe ihn schwächen wird und seine Fähigkeit, in der Welt draußen zu überleben, verringert.

Zu Beginn einer Beziehung hat sie oft den Wunsch zu heiraten und er nicht; nicht aus einer Angst vor der Ehe an sich, sondern aufgrund eines Machtkampfes – eines Kampfes darum, wer den Rhythmus und das Fließen der Beziehung kontrolliert. Wenn sie erst einmal verheiratet sind, geht die Macht von ihm auf sie über. Solange er die Bindung verweigerte und sie darauf drängte, hatte er die Macht.

Wenn sie heiraten, tut er vielleicht so, als ob er in die Ehe hineinmanipuliert wurde, aber dies entspricht nicht den Tatsachen. Männer wollen die Ehe genauso stark wie Frauen, aber aus anderen Motiven. Sie wollen bemuttert werden, sie wollen »ihren Besitz sichern«, sie wollen ihre Männlichkeit untermauern und geliebt werden, aber oft wollen sie nicht die Verantwortung für dieses »Ich wollte diese Beziehung wirklich« übernehmen und sagen statt dessen: »Ich habe geheiratet weil sie es wollte, um ihre Bedürfnisse zu befriedigen.« Tatsächlich will er in Wirklichkeit seine Bedürfnisse befriedigen, seine eigene Abhängigkeit, seine Isolierung, Verzweiflung, sein Verlangen nach Kontrolle, sein Bedürfnis sicherzugehen, daß sie sich nicht einem anderen Mann zuwendet. Aber zu Beginn darf er das Gefühl haben, daß er die Ehe ihretwillen eingegangen ist (und sie läßt ihn in diesem Glauben). So wird ein kleiner Teil der Verantwortung von seinen Schultern genommen.

Zu Beginn der Verbindung will der Mann nicht die Verantwortung übernehmen und sagen: »Ich will diese Beziehung«; am Ende der Beziehung will die Frau nicht die Verantwortung übernehmen und sagen: »Ich will aus dieser Beziehung heraus.« Statt dessen sagt sie: »Er hat mich durch sein Verhalten hinausgestoßen.«

In all diesen Beispielen kann man die Tatsache, daß beide die Beziehung lösen wollten, daran erkennen, daß keiner von beiden sich mit der Realität des anderen auseinandersetzen wollte oder überhaupt dazu in der Lage war. Dieses Verhalten bezeichne ich als »Furcht vor der mittleren Zone«. Sie kommen entweder auf sentimentale Weise gut miteinander aus und versprechen sich Dinge, die sie nicht erfüllen können, oder sie sind voller Zorn und Haß und Schuldzuweisung und drohen mit Scheidung. Wenn man sie wirklich dazu bringen will hinzuhören, womit der andere zu kämpfen hat und wer der andere ist, untergraben sie diese Bemühungen. Schließlich ist es nicht *aufregend*, in einer wirklichen Beziehung zu leben. So bewegen sie sich hin und her zwischen der Euphorie der Romanze und der Realität des Zornes und Streites, aber sie setzen sich niemals mit ihrer Realität auseinander und mit dem Bedürfnis, die Wechselbeziehung wieder ins Gleichgewicht zu bringen.

Sie will, daß er geht, weil sie ständig auf der Suche nach der perfekten Partnerschaft ist und sie nie findet. Wenn ein Mann ihr also nah ist und es sich zwangsläufig herausstellt, daß er Fehler hat, will ein Teil von ihr erneut die Möglichkeit, den perfekten Mann zu finden. Er bewegt sich währenddessen fast immer auf eine Trennung zu und ist daher zwangsläufig programmiert, sich von ihr zurückzuziehen.

Eine Beziehung aufzugeben kann eine Aufschieben des psychologischen Todes bedeuten, denn Beziehungen stagnieren und werden krank, genau wie körperliche Wesen auch. Verheiratete Paare verneinen fast immer ihren Schmerz. Sie sagen, daß sie gerne verheiratet sind und glücklich darüber, daß sie ihren Partner geheiratet haben. Auf diese Weise werden Ehen durch Blockierung und Verneinung oberlastig, so daß die beiden Menschen keine Verbindung zu der Realität ihrer Beziehung haben. Wenn sie sich nicht trennen, werden Zorn und Schmerz einfach verschleiert ausgedrückt. Fluchtrituale strukturieren die Beziehung, während beide sich indirekt auf jede erdenkliche Weise voreinander verstecken.

Einer oder beide »sterben«. Spannung und Zorn sind greifbar. Der Kontakt verringert sich, die Gleichgültigkeit wächst, die Kinder werden überbetont, es kommt zu psychosomatischen und echten Erkrankungen, Depressionen, Gewichtszunahme, zu dem Gefühl, erstickt und isoliert zu werden und in der Falle zu sitzen. Beide werden langsam vergiftet.

Wenn eine Beziehung zerbricht, haben beide die Möglichkeit, wieder ein Verhältnis zur Realität ihrer Gefühle zu finden. Sie können den anderen – und auch sich selbst – so sehen wie er *ist*, und nicht wie sie ihn sehen wollten.

Einer erledigt also die schmutzige Arbeit für beide, befreit sie, damit sie wieder fühlen und wirklich sein können, um einen Ausweg aus ihrer Verdrängung zu finden. Aus diesem Grund entdecken und erkennen Menschen bei einer Trennung oft Gefühle wieder, die schon immer Teil von ihnen waren, die sie aber nicht zugegeben haben.

Eine Frau drückte es so aus: »Ich wollte die Trennung von meinem Mann nicht. Ich habe dagegen gekämpft. Ich habe dagegen angekämpft, wie ich nur konnte. Ich heulte. Ich quälte mich. Ich fühlte mich schlecht, weil ich ›versagt‹ hatte. Aber als dann doch das Ende kam, als er darauf bestand zu gehen, fühlte ich mich bald wie ein Schmetterling, der aus einem Käfig befreit worden war. Ich hatte ein wunderbares Gefühl von Stärke, ein Gefühl innerer Übereinstimmung und Gesundheit. Ich fühlte, daß ich wieder ganz wirklich sein konnte – daß ich mein inneres, ehrliches Ich zeigen konnte.«

Genauso wie wir unseren Zorn verdrängen, wenn ein Mensch stirbt und wir uns plötzlich nur an seine »guten Züge«

erinnern, neigen wir auch dazu zu vergessen, wie wir uns vorstellten und wünschten, allein zu sein, nachdem wir »zurückgewiesen« worden waren. Wir erinnern uns nur daran, wie »gut« alles war oder wie sehr wir »uns bemüht« und ihn oder sie »geliebt« haben. Wenn wir unseren Partner schnell wieder »zurückgewinnen« könnten, würde schnell wieder sichtbar, was wirklich zu dem Bruch geführt hat.

Die Extreme am Ende dienen dazu, das wesentliche Fehlen von Substanz und Realität in der Wechselbeziehung und das Fehlen echter Freundschaft und guten Willens die ganze Zeit über zu verstecken. Falls es keine »reife« Perspektive und Fähigkeit gibt, die eine nichtdefensive, gutwillige Untersuchung der Gegenseitigkeit des Konfliktes zuläßt, ist es oft gesünder für beide, das Band durchzuschneiden. Es reicht nicht, nur zu verhandeln – der Prozeß muß geändert werden. Sollte dies nicht möglich sein, bringt eine Trennung Erleichterung. Polarisiertes Fingerzeigen, dem anderen Schuld zuzuweisen, ihm Schuldgefühle einzugeben und endlose Entladungen von Zorn bei der gleichzeitigen Weigerung »loszulassen«, sind ermüdend und schädlich.

Möglichkeiten zum Wachstum sind erst dann vorhanden, wenn sich der romantische Nebel hebt und eine Krise einsetzt – je früher desto besser. Die Motivation und die Fähigkeit, sich zu ändern, sind am Anfang größer, wenn dafür mehr Energie vorhanden ist.

Es gibt nichts, was man »hätte tun können«, um den Partner zu halten. Der Ursprung von Beziehungen verdammt sie gleichzeitig zum Untergang – ein Objekt, das ein anderes Objekt heiratet – zwei Menschen, die einander als defensive Fluchtmittel benutzen, Menschen, die sich eigentlich nicht als Menschen kennen und mögen und die dennoch eine lebenslange Verpflichtung eingehen.

Trennungen sind, wenn sie richtig verstanden werden, lebensrettend, genau wie alle Phasen und Stufen von Erfahrungen, wenn sie richtig interpretiert und auf gesunde Weise integriert werden.

»Danken« Sie dem Menschen, der Sie verläßt. *Ein Partner verläßt den anderen nur, weil dieser es nie tun würde. Einer*

*erledigt die schmutzige Arbeit für beide. Die vergiftete Frucht
muß vom Baum fallen.* »Danken« *Sie der Frau, die Ihnen Ihren
Mann wegnimmt,* »danken« *Sie dem Mann, der Ihre Frau wegnimmt, denn derjenige, der geht, muß die Verantwortung und die
Schuld tragen. Derjenige, der den anderen dazu bringt, zu gehen,
spielt die Rolle des Opfers.*

Wenn das Ende akzeptiert und aufgearbeitet werden kann,
schaffen sie die Voraussetzungen für bessere und gesündere Beziehungen und können sich darauf vorbereiten. Bedenken Sie,
daß Sie bei einer Heirat einen Menschen wählen, der in Ihrem
Leben im Mittelpunkt steht. Sie müssen ihn wirklich mögen
und ihn genau kennen – und sie müssen zuerst nichtdefensiv
werden, damit Sie ihn richtig beurteilen können.

5.

Sagen Sie die Zukunft Ihrer Beziehung voraus: »Wie wählt man einen Partner?«

Hal war alleinstehend, ein alter Hase, der die ganze Skala der Gefühle durchgemacht hatte – von heftigen Romanzen bis zur »Arbeit an reifen Beziehungen« (»TBBs« nannte er sie scherzhaft: »tiefe, bedeutungsvolle Beziehungen«), flüchtige Abenteuer und Bekanntschaften, mit denen er sich drei- oder viermal verabredet hatte.

»All meine Beziehungen zu Frauen scheinen in eine von zwei Kategorien zu fallen«, bemerkte er. »Da sind die, in denen ich meinen Phantasien von Perfektion und Schönheit nachgehe – und dann, nachdem ich durch meine eigenen Illusionen fertiggemacht wurde, gerate ich in die andere Art, in der ich versuche, mir einzureden, daß ich erwachsen bin. Statt meinen innersten Gefühlen zu folgen, denen ich – die Psychologie einmal beiseite gelassen – einfach nicht mehr traue, gerate ich in eine Beziehung, von der mein Verstand oder Kopf mir sagt, daß sie ›gut für mich‹ ist, obwohl etwas in mir schreit: ›Ich langweile mich‹ oder ›Dies ist eine völlig tote oder verlogene Sache.‹

Und nun bin ich nach all diesen Jahren, in denen ich mit verschiedenen Frauen zusammen war, immer noch allein und ängstlicher denn je bei der Wahl einer Partnerin, oder vielleicht ist argwöhnisch ein besserer Ausdruck dafür. Ich habe so oft falsch gelegen und habe so viele Frauen auf ein Podest erhoben, nur um zu sehen, wie sich Euphorie und Bewunderung in Schmerz und Zorn verwandelt haben.

Bei der ›richtigen‹ oder ›passenden‹ Frau merkte ich, daß ich andere wichtige Dinge übersehen hatte, weil sie die gesellschaftlich akzeptierten Symbole wie Karriere und Unabhängigkeit hatte und den Anschein gab, ›ausgeglichen‹ zu sein. Ich hatte den starken Wunsch, mich zu binden, aber schließlich mußte ich zugeben, daß ich etwas übersehen hatte, nämlich meine wahren Gefühle. Ich weiß, daß viel an mir liegt – und glauben Sie mir, ich habe an mir gearbeitet – Therapie, Gewissensprüfung und der ganze Kram. Trotzdem scheint es nur verwirrender zu werden, nicht einfacher. Die Erfahrung hat mir nicht mehr Vertrauen gegeben, ich bin vielmehr stärker auf der Hut – nein, eigentlich müßte ich sagen paranoid.«

Die Wahl des »Richtigen« durch romantische Anziehungskraft

Romantische Gefühle sind stark, und sie verdunkeln den eigenen Sinn für Klarheit, wenn man verliebt ist. Sie verzerren die Realität, man neigt dazu, das zu verneinen, was alle anderen sehen. Wir übersehen die offensichtlichen Dinge, die auf längere Sicht die Phantasievorstellungen unerreichbar machen, oder erkennen sie nicht an. Dann verzweifeln wir, weil es »unmöglich« scheint, daß eine »Beziehung funktioniert«. Wir sind niedergeschlagen bis zu einem Punkt von verbittertem Negativismus, Depression und Verlust der Motivation.

Die romantische Anziehungskraft wird durch defensive Bedürfnisse hervorgerufen, die es unmöglich machen, den anderen so zu sehen, wie er ist. Oft ist die Absprache gegenseitig. Der andere »kann« den Partner ebenfalls »nicht« sehen. Weil die Absichten beider zeitweise erfüllt werden, gibt es Widerstand und Ablehnung gegenüber Meinungen oder objektiven Informationen, die ihn oder sie von ihrem Ziel abhalten würde. Das romantische Paar ist in seiner Beziehung zueinander sehr selbstbewußt und »sensibel«, um zu verhindern, daß die tieferen, störenden Reaktionen und Gefühle an die Oberfläche gelangen.

Die Grundlage von starker Anziehungskraft ist irrational. Der Verlust des objektiven Verstandes und die daraus resultierende Verwirrtheit ist die innere Natur des »Verliebtseins«. Der romantische Prozeß enthält jedoch das Versprechen von persönlichem und emotionalem Wachstum für diejenigen, die die Lektion aus ihrer Erfahrung lernen können, weil ein Mensch, der uns stark anzieht, der »Guru« ist, der uns viel über uns selbst lehren kann, wenn wir bereit dazu sind.

Objektive Beurteilung der Partnerin

Sein Beziehungspotential mit einem bestimmten Partner abzuschätzen bedeutet, diesen Menschen realistisch zu sehen und seinen zugrundeliegenden Prozeß zu verstehen. Denken Sie daran, daß romantische Gefühle immer gegen die Objektivität arbeiten. Eine wirkungsvolle Hilfe kann sein, daß man vorgibt, ein anderer zu sein, zum Beispiel ein Freund, dem *Sie* in bezug auf diese Frau einen Rat erteilen. Dies kann helfen, Ihr Ich aus dem Weg zu räumen und Ihre Perspektive ein wenig zu klären.

Ihre Vergangenheit mit Männern

Der beste Weg die Zukunft einer Beziehung zu einer Frau vorauszusagen ist, ihre Vergangenheit einmal objektiv zu betrachten, es sei denn, daß sie großes Selbstbewußtsein entwickelt hat und starke Bemühungen, sich zu ändern, eingetreten sind:

1. Ist sie verärgert über ihre Beziehungen in der Vergangenheit? Gibt sie jedem Mann die Schuld, die Beziehung ruiniert zu haben, wobei sie sich als Opfer oder als »Lieberde« sieht; oder ist sie in der Lage, ihre Verhaltensmuster als Teil des Prozesses anzuerkennen, die zum »Versagen« der Beziehung führten? Kann sie die Vergangenheit objektiv sehen und die Verantwortung zur Hälfte übernehmen? Kann sie den Schmerz und die Bestürzung anerkennen, die ein Partner in der Vergangenheit möglicherweise durch sie erlitten hat? Oder wurde er einfach zum Schuldigen gemacht? *Wenn dies der Fall ist,* ist es nur eine Frage der Zeit, bis auch Sie überprüft werden und sich Fehler bei Ihnen zeigen. *Wer einmal jemandem die Schuld zugeschoben hat, tut dies immer wieder.*
2. Wie sieht und beschreibt sie Männer im allgemeinen, und wie spricht sie über sie? Schildert sie die meisten Männer in ihrer Vergangenheit negativ, und teilt sie dann alle Männer in

hauptsächlich negative Kategorien wie »selbstsüchtig«, »sexistisch«, »Ausbeuter«, »Frauenhasser« usw. ein? Wenn sie dies tut, wird sie schließlich auch Sie einer dieser Kategorien zuordnen, wenn die Beziehung nicht so verläuft, wie es ihrem Bedürfnis entspricht.

3. Wie sieht das Muster ihrer früheren Beziehungen aus? Waren sie lang und ausdauernd oder kurz und sprunghaft? Oder hatte sie überhaupt keine Beziehungen? Wie endeten ihre Beziehungen? Hat sie andere Männer betrogen, wenn sie angeblich nur mit ihnen zusammen war? Wenn man diese Dinge einmal betrachtet, kann man ein Gefühl für die Tiefe ihrer Bindungsfähigkeit und ihres Fürsorgepotentials bekommen.

4. Hatte sie immer Beziehungen zu einem Mann? Ist sie nicht in der Lage, eine Zeitlang allein ohne Beziehung auszukommen? Stand der Mann, mit dem sie zusammen war, jeweils im Mittelpunkt ihres Lebens, in der Erwartung, daß ihr dieser Mann alles geben könnte? Alle Männer versagen schließlich dabei, eine Frau zu befriedigen, die sich ganz auf den Mann konzentriert und sich danach sehnt, daß diese Beziehung Verschmelzung und Perfektion ist (und damit in gewisser Weise eine Sucht) – sie unterscheidet sich nicht sehr von dem »süchtigen« Casanova. Er ist von sexueller Eroberung »abhängig«, sie von Beziehungseroberungen.

Oder ist ihr Leben recht gut definiert, hat sie eine eigene Identität, die es zuläßt, daß sie eine Zeitlang auch ohne Mann sein kann?

Konnte sie auch ihre eigenen Prioritäten und Freundschaften aufrechterhalten, wenn sie sich in einen Mann verliebt hatte?

5. Falls sie geschieden ist: Wie stark wird sie noch von ihrem geschiedenen Mann unterstützt? Wie groß ist ihr Gefühl, daß sie an Hilfe alles, das sie von ihm kriegen kann, verdient? Wenn sie statt dessen hart arbeitet und für sich selbst sorgt: Hat sie eine positive Einstellung dazu und geht sie voller Energie an ihre Verantwortung, oder beklagt sie sich darüber, daß sie erschöpft, müde und krank ist? Ist sie zornig und angespannt wegen der Verantwortung und dem Druck – und ist sie zornig auf ihren Ex-Ehemann, weil er sich nicht um sie kümmert?

6. Wie sieht ihre Selbstmotivation und Selbstfürsorge aus? Wie gut ist es ihr gelungen, die Dinge in ihrem Leben, die ihr wichtig sind, zu verfolgen und zu bekommen? In welchem Maß hat sie versagt und erwartet, daß jemand für sie sorgt? Wenn sie in der Vergangenheit ständig versagt hat, Ziele zu erreichen oder sie aufgegeben hat, wird sie es wahrscheinlich auch in der Zukunft tun. Im Zusammenleben ist sie ein unglücklicher, anspruchsvoller Mensch.

Familienerinnerungen

Männer und Frauen sind in ihrem Beziehungsprozeß gleichermaßen stark von der Dynamik ihrer Kindheit und der Beziehung ihrer Eltern beeinflußt. Daher kann es nützlich sein, sich mit der Familienvergangenheit eines potentiellen Partners zu beschäftigen und so eine Voraussage auf die Zukunft der Beziehung zu treffen.

1. Wie sehen die Erinnerungen an ihren Vater aus? War er zurückweisend, schwach oder fehlte er, oder treffen möglicherweise all diese Dinge zu? Hat ihr Vater sie im Stich gelassen oder früh in ihrem Leben verlassen? Wenn dies der Fall ist, erwartet sie, verlassen zu werden. Ihre Angst, ihr Schmerz und Zorn gegenüber ihrem Vater können möglicherweise unbewußt auf Sie übertragen werden. Wenn ein gewisses Maß von Nähe erreicht ist, wird sie sich zurückziehen. Es tritt Zorn zutage, und Sie werden sich fragen, was sie angestellt haben. Hat ihr Vater sie bewundert, war sie der »Glanz seines Lebens«? Wenn dies der Fall ist, möchte sie wahrscheinlich dieselbe Art von Beziehung mit Ihnen wiederholen und erwartet dasselbe bewundernde, nachgiebige Verhalten. Wahrscheinlich führt sie sich sehr bald in der Beziehung wie ein verwöhntes, forderndes Kind auf.

Oder spricht sie ganz einfach offen und liebevoll von ihrem Vater, ist die Verständigung mit ihm entspannt, respektvoll, nicht klammernd und offen, sieht sie ihn realistisch? Wenn dies der Fall ist, steht Ihre Beziehung zu ihr unter einem guten Vorzeichen.

2. Wie sah die Beziehung zwischen ihrer Mutter und ihrem Vater aus? Was wurde durch die Wechselbeziehung der Eltern

in der Familie geformt? Es besteht die Neigung, dieses Modell zu wiederholen, oder, wenn es negativ gesehen wird, in zorniger Reaktion und Rebellion in das entgegengesetzte Extrem zu fallen. Sie wird »Ihren Erwartungen« gegenüber defensiv eingestellt sein, wenn sie dem ähneln, was sie zwischen ihren Eltern beobachtet und »gehaßt« hat.

Vielleicht hat sie sich nach einer Mutter ausgerichtet, die ihrem Vater feindlich gesinnt ist, oder sie ist zornig auf ihre Mutter und stark mit ihrem Vater verbunden. Wenn ersteres der Fall ist, wird Druck auf Sie ausgeübt werden, ganz »anders« zu sein. Im letzteren Fall bestraft sie sich möglicherweise auf defensive Weise selbst und hat wenig Selbstachtung.

Wenn sie eine ausgewogene und intakte Beziehung zu beiden Elternteilen hat, und wenn ihre Eltern sich mögen, kann man von einer positiven, nichtdefensiven Orientierung in ihrem emotionalen Wesen ausgehen.

Ihr Leben in der Gegenwart

Ihr Maß an Selbstachtung ist ein wichtiger Faktor, um die Aussichten auf eine positive Erfahrung mit ihr abzuschätzen.

1. Wie steht sie zu sich selbst? Projiziert sie durch eine defensive, übersensible Haltung ein negatives Selbstbild, oder ist sie entspannt und offen und in der Lage, sich zu behaupten oder angemessen zu verteidigen?

Wenn sie ein negatives Selbstbild hat, wird sie dazu neigen, dies auf Sie zu projizieren und den Eindruck haben, daß Sie sie nicht mögen oder sie kritisieren. Sie werden ständig in der Defensive sein, um zu beweisen, daß dies nicht so ist. Vielleicht ermutigt sie Sie sogar zur Kritik, reagiert aber dann verletzt, zornig und mit Anschuldigungen, wenn Sie ihr irgend etwas »Negatives« über sie sagen.

Wenn sie eine negative Auffassung von sich hat, werden Sie vielleicht versucht sein, sie zu retten und »ihr zu helfen«, damit sie sieht, daß sie als Mensch einen Wert hat. *Tappen Sie nicht in diese Falle! Es würde nur dazu führen, daß sie Sie ablehnt.* Sie können ihr nie genug Beweise geben und ihren Selbsthaß nicht in positive Selbstachtung umwandeln.

Es ist Teil der romantischen Allmacht eines Liebenden zu glauben, daß er oder sie durch die Stärke und Macht der Liebe einen Partner ändern oder heilen kann. Kurzfristig scheint es zu funktionieren. Die Illusion kann solange aufrechterhalten werden, bis eine aufreibende Bindung eingegangen wurde. Ihre Phantasien, ihr zu »helfen« und sie zu »ändern«, werden sich als Täuschung erweisen und dienen nur dazu, daß Sie sich gut fühlen und nicht sie.

2. Wie sehr ist sie von Beziehungen besessen? Wieviele Diskussionen gibt es von Anfang an über Ernsthaftigkeit und Bindung? Wieviel Druck spüren Sie in dieser Beziehung und wie bald? Wie sehr und wie schnell droht sie damit, die Beziehung plötzlich und im Zorn abzubrechen, wenn sie das Gefühl hat, daß sie »nirgendwo hinführt«? Übt sie »Beziehungsterror« aus, indem sie ständig damit droht, sie zu verlassen, weil sie sich nicht binden wollen?

Dies alles offenbart den weiblichen Sog einer Frau und ihre Neigung, den Mann zu einem Objekt für die Erfüllung ihrer defensiven Bedürfnisse zu machen. Er ist vergleichbar mit dem depersonalisierten Druck auf Sex, der oft von Männern ausgeübt wird. Es ist für Männer und Frauen genauso wichtig zu erkennen, daß man als Objekt benutzt wird. Der Sog formt die Zukunft und die Gefühle der Beziehung und das Potential, man selbst zu sein, als Mensch und nicht als Objekt.

Abhängig davon, wie sehr man als Objekt benutzt wird, ist das Ausmaß, in dem sie sich aus ihrer defensiven Angst heraus zu ihnen in Beziehung setzt. Es weist darauf hin, wie stark sie »außer Kontrolle« ist und von unbewußten Bedürfnissen angetrieben wird. Sie wird dies verneinen, obwohl es offensichtlich für Sie ist.

Sie wird aus einem Bedürfnis heraus und wirklichkeitsfern an Ihnen hängen, *nicht aus Liebe*. Die weibliche Abwehr sagt das Ausmaß voraus, in dem sich Zorn auf beiden Seiten aufbaut, auf ihrer Seite, weil sie ihren Partner abweist, da er nicht intim und liebevoll genug ist, und weil er kritisch, feindselig, kontrollierend und abweisend ist. Oft wissen Sie nicht, was sie eigentlich sagen will, wenn sie Sie beschuldigt, weil ihre defensive Wahrnehmung widergespiegelt wird und nicht die objektive Realität.

3. Betrachtet sie Sex als etwas Besonderes? Haben Sie das Gefühl, daß Sie sie besonders »gut« behandeln müssen, um mit ihr schlafen zu dürfen? Scheint sie es *Ihnen zuliebe* zu tun? Wenn dies der Fall ist, wird sie sich später über Sexualität entweder beklagen oder sie als Ausdruck ihres Zorns verweigern.

4. Ist »nett« eines ihrer Lieblingswörter? Wenn dies der Fall ist, wird es für Sie immer schwieriger werden, etwas Negatives mit ihr zu diskutieren. Und da sie sich als »nett« empfindet, wird sie sich schließlich als Opfer fühlen und Ihnen die Schuld zuweisen, weil sie »nicht nett« sind.

5. Will sie Ihnen nah sein? Spricht sie ständig von ihrem Bedürfnis nach Intimität? Wenn dies der Fall ist, wird sie schließlich frustriert und böse sein, weil *Sie* dieses Bedürfnis in Ihr nicht befriedigen. Außerdem werden Sie sich von dem Druck dieses tiefen Bedürfnisses nach Bestätigung und »Liebe« überflutet fühlen, während sie aufgrund Ihrer Unfähigkeit, »wirkliche Intimität« zu zeigen, frustriert ist.

Ist Gesundheit und Diät ein regelmäßiges Thema für sie? Beschäftigt sie sich stark mit diesen Dingen? Klagt sie häufig darüber, daß sie sich nicht wohl fühlt? Wenn dies der Fall ist, wird sich dieses Muster verstärken, wenn Sie eine Bindung eingegangen sind und sich ihre unterdrückten negativen Gefühle aufbauen. Körperliche Leiden sind ein Weg, auf dem sie ihre Gefühle kontrolliert, verneint und mitteilt.

All dies sind typisch defensive Reaktionen. Je stärker sie vorhanden sind, desto stärker wird sie reagieren. Sie bekommt das Gefühl, kontrolliert und kritisiert zu werden, sie fühlt sich »hilflos«, und Ihnen wird immer mehr die Schuld zugeschoben, daß Sie ihr dies antun.

6. Wie gut sind ihr Leben und ihre Identität definiert? Gibt sie leicht Pläne und Ziele auf, um bei Ihnen zu sein? Sind Sie immer der erste, der den Kontakt unterbricht, wenn Sie beide zusammen sind, weil es so scheint, als ob sie ewig bliebe und nie gehen würde?

Haben Sie das Gefühl, daß ihr Leben keine Bedeutung hatte, bevor sie Sie kennenlernte? Neigt sie dazu, Ihre Freunde, Aktivitäten und Interessen auch für sich zu übernehmen? Scheint sie mit Ihrem Leben und Ihrer Identität zu verschmelzen? Ändert sie regelmäßig ihren Terminplan und paßt ihn dem Ihren an?

Oder behält sie ihre eigenen Prioritäten und Freundschaften bei, nachdem sie Sie kennengelernt hat, und paßt sich Ihrem Leben nicht an?

Obwohl es Ihnen vielleicht zuerst schmeichelt, daß sie Sie zum Mittelpunkt Ihres Lebens machen will, ist es gefährlich und tödlich für Sie. Es gibt keine Stimulierung durch separate Aktivitäten. *Eine Frau mit einer »sich auflösenden Identität« ist für einen Mann so tödlich, wie ein Mann mit einem unersättlichen Ego, der nicht in der Lage ist seine Partnerin »miteinzubeziehen«, es für eine Frau ist.*

Ein gutes Zeichen dafür, daß die Beziehung wahrscheinlich intakt sein wird, ist die Tatsache, daß keiner von beiden bereit ist, auf irgendeine Weise sein Leben radikal zu ändern, nur weil jetzt ein anderer Mensch da ist.

7. Ist sie eine Feministin? Wenn dies der Fall ist, sehen Sie es am Anfang vielleicht als vorteilhaft, weil sie eine positive, unabhängige Frau ist. Wenn ihr Feminismus jedoch aus Zorn auf »sexistische Männer« entstanden ist, die Frauen unterdrücken, wird sie Sie zwangsläufig mit allen Männern in einen Topf werfen, oder Sie werden müde, weil Sie ständig beweisen müssen, daß dies nicht so ist. Die defensiv zornige Feministin weist verdeckt Schuld zu.

Die erste Begegnung

Wie haben Sie sie kennengelernt? Die Umstände und der Gefühlston Ihrer ersten Begegnung sind von Bedeutung bei der Abschätzung des Potentials Ihrer Beziehung.

1. War sie verheiratet oder hatte sie eine Beziehung zu einem anderen Mann? Wenn sie jemanden betrogen hat oder Sie jemanden betrogen haben, was bedeutet das für die Beziehung? Es offenbart viel darüber, wer der einzelne ist und wie das Muster in der Zukunft aussehen kann.

Was bedeutet es zum Beispiel, wenn sie verheiratet war, als Sie sich kennenlernten, sie sich aber sehr schnell und stark an

Sie band? Waren Sie von einer ichsteigernden Illusion erfaßt, daß Sie einfach zu wunderbar waren und daß man Ihnen nicht widerstehen konnte, oder war es eine »magische« Verbindung?

Übernehmen Sie die Aufgabe des Retters? Ist sie eine Frau, die »einen Mann braucht«, um sich zu verändern, und hängt sie sich bereitwillig an das erstbeste und nächste sich anbietende Objekt, um aus unglücklichen Umständen herauszukommen? Mit anderen Worten: Erreicht sie ihre Veränderungen, indem sie sich an Männer bindet und sie manipuliert?

2. Haben Sie sie in einer Zeit starker Bedürftigkeit getroffen? War sie verloren? Oder Sie? In Zeiten emotionaler Verwundbarkeit ist man besonders anfällig dafür, ein extrem polarisiertes Gegenstück zu wählen, jemand hinter dem man sich verstecken oder der einen retten kann. Die Verzerrung ist dann am stärksten, wenn das defensive Bedürfnis, gerettet zu werden, am größten ist. Die »Chemie« ist unter diesen Umständen sehr stark, aber flüchtig.

Romantische Gefühle erreichen bei einer Frau den Höhepunkt, wenn ihr Leben in Schwierigkeiten ist. Romantische Neigungen sind dann am stärksten. Wenn sie in ihrem Leben unglücklich ist und Angst hat, neigt sie dazu, von romantischem Verlangen erfüllt zu sein. Unbewußt will sie mit einem Mann verschmelzen, den sie als Retter oder Märchenprinzen sieht. Wenn Sie einsam sind, haben auch Sie ein sehr romantisches Potential in Ihnen.

Ihr Bedürfnis und ihre »Hilflosigkeit« geben Ihnen möglicherweise ein Gefühl von Allmacht. Sie bekommen das Gefühl, daß Sie ihr eine Beziehung geben können, die anders ist als alles, was sie je erfahren hat, und daß Sie ihre Welt verändern werden. Das Versprechen, daß Sie beide eine Beziehung haben werden, die anders ist, als alles, was Sie beide in der Vergangenheit erlebt haben, ist ein klassischer Fall der »berühmten letzten Worte«.

3. Ist es eine »Wirbelwind«-Situation? Wenn Sie das Gefühl haben, daß Sie sich in eine Beziehung stürzen müssen, ist irgend etwas nicht in Ordnung. Eine echte Beziehung entwickelt sich langsam, es gibt am Anfang Widerstand und Konflikte, die neben guten und liebevollen Gefühlen vorhanden sind. Wenn

man sich in eine Beziehung stürzt, sagt man damit unbewußt: »Wir wollen uns binden, bevor wir wissen, was wir tun.«

Seien Sie also vorsichtig bei Beziehungen, die zu schnell und zu leicht beginnen, in denen sie für Sie immer erreichbar ist und umgekehrt. Menschen, die dies tun, geben damit eine Erklärung über die Qualität ihres persönlichen Lebens ab. Tatsächlich sagen sie, daß es darin nichts Gutes oder Bedeutungsvolles gibt und geben wahrscheinlich anderen dafür die Schuld. *Sie* wurden erwählt, um alles zurechtzubiegen und das Leben wieder lebenswert zu machen.

Wenn der Anfang der Beziehung zu einfach ist und wenn es keinen Widerstand gibt, besonders dann, wenn Sie im allgemeinen auf der Hut sind und vorsichtig bei Bindungen an andere Menschen, weil Sie nicht so leicht Vertrauen schenken, handelt es sich um eine große romantische Verzerrung. *Ein gutes Zeichen ist, wenn Sie ihr gegenüber das gleiche Maß an Vorsicht und Widerstand zeigen, das Sie auch allgemein bei neuen Beziehungen haben und daß dies auch auf ihrer Seite der Fall ist. Das weist darauf hin, daß Sie beide »real« sind, und das ist die beste Grundlage für einen Anfang.*

Betrachten Sie sich jetzt selbst einmal

1. *Ihr eigenes »tieferes Ich« ist eins der wichtigsten Dinge bei der Voraussage der Zukunft.*

Wie stehen Sie wirklich zu Frauen? Wie sieht Ihr Muster mit Frauen aus?

Wie stark ähnelt diese spezielle Frau anderen Frauen, in die Sie sich in der Vergangenheit verliebt haben? Sind Sie der Meinung, daß sie anders ist als andere Frauen, die Sie in der Vergangenheit kennengelernt haben? Wenn dies der Fall ist, sind Sie wahrscheinlich ein Opfer der »Illusion des Inhalts«. Es ist der falsche, defensive Glaube, daß »ihr Wesen« und Ihre Beziehung zu einer Frau (Ihr Prozeß), die Beziehung verändert.

2. Wollen Sie wirklich eine Beziehung und warum? Es ist wichtig, ehrlich mit sich zu sein, wenn es darum geht, welchen Platz eine Frau in Ihrem Leben einnehmen soll. Haben Sie

Platz für sie und das Verlangen, sich einzubringen, das erwartet wird?

Und was am wichtigsten ist: Haben *Sie* die Illusion, daß *Sie* sich dieses Mal in der Beziehung ganz anders verhalten werden, obwohl Sie nicht daran gearbeitet haben, sich zu verändern? Wenn Sie nichts getan haben seit Ihrer letzten fehlgeschlagenen Beziehung, aber dieses Mal irgendwie das magische Gefühl haben, daß alles anders sein wird, weil sie Ihnen »dieses Gefühl gibt«, machen Sie sich selbst etwas vor.

Ihr Potential für männliche Irrtümer

Die häufigsten männlichen Irrtümer, Verzerrungen und Neigungen, auf die man achten sollte, sind:

1. *Der Glaube, daß Sie eine Frau vor dem Leid ihres Lebens retten können* (ein Motiv, das auf beiden Seiten Romanzen auslöst). Es ist sehr aufregend und untermauert das Ich, wenn Sie der Meinung sind, sie »retten« zu können – besonders vor einem anderen Mann – und »sie glücklich machen« zu können. Es ist das klassische Märchen des weißen Ritters, und es ist aufgrund seines polarisierten Soges zum Scheitern verurteilt.

2. *Der Glaube, daß andere Männer in ihrer Vergangenheit sie schlecht behandelt haben,* während Sie sie wirklich verstehen und wissen, »wie Sie sie lieben müssen«. Dies paßt zu der verzerrten, aber romantischen Macho-Auffassung, daß die Frau ein hilfloses Opfer ist, das auf den einen Mann wartet, der sie so verstehen und lieben wird, wie es ihrem Bedürfnis entspricht.

Gesunde Frauen mit positiver Selbstachtung wählen Männer, die sie gut behandeln. Eine Frau, die in der Vergangenheit »verletzt«, »schlecht behandelt« oder mißbraucht wurde, war an dem Entstehen dieser Wechselbeziehung beteiligt. Ihre Wahl bei Männern spiegelt unterbewußt Probleme mit ihrer Selbstachtung wider, mit denen Sie schließlich kämpfen müssen und von denen Sie aufgezehrt werden.

3. Der Glaube, daß diese Frau mißverstanden wurde und daß sie nicht so ist, wie andere es behaupten. Sie glauben, daß Sie die Magie und das Besondere sehen – das Juwel, das

andere nicht oder falsch wahrgenommen haben und negativ sehen.

Der männliche Irrtum ist, daß Sie ihr helfen können, ihr wahres Potential zu erreichen. Sie werden ihr die Führung und Unterstützung geben, die es ihr gestatten, zu dem Menschen zu werden, den nur sie kennen.

Seien Sie sehr vorsichtig, falls irgendeine dieser Täuschungen vorhanden sein sollte. Es sind sehr negative Anzeichen.

Wie reagieren Sie auf ihre Realität?

1. Mögen Sie ihre Familie und Freunde? Wenn eine Frau Sie wirklich mag und zu Ihnen paßt, werden ihre Freunde Sie im allgemeinen auch mögen und umgekehrt. Freunde drücken das Wesentliche und die wahren Gefühle eines Menschen aus. Wahrscheinlich ist sie ihnen sehr ähnlich. Wenn die Freunde Sie nicht mögen, ist es unwahrscheinlich, daß die Frau Ihrer Wahl Sie *wirklich* mag. Das gleiche gilt für ihre Familie.

Welche Werte haben die Menschen, mit denen sie sich umgibt? Wie spiegeln diese Werte sie wider? Entscheiden Sie dies nicht danach, wie ihre Werte ihrer Aussage nach aussehen, sondern danach, wie sie gelebt hat, bevor Sie sie kennenlernten. Was sagt ihr bisheriger Lebensstil über sie aus? Wie hat sie gelebt? Wie ist sie mit Geld umgegangen? Wie sieht ihre Verbindung zu Familie und Freunden aus? Wie sieht die Ausdauer und Qualität ihrer Beziehungen zu anderen Menschen aus?

2. Geben Sie ihr die Freiheit, sie selbst zu sein, die Sie auch Frauen geben, zu denen Sie keine emotionale Beziehung haben? Oder sind Sie ihr gegenüber kritischer, haben höhere Erwarungen an sie und behandeln sie daher anders? Sind Sie zum Beispiel anderen Frauen gegenüber entspannt und zwanglos, wenn sie bestimmte Meinungen und Gefühle ausdrücken, sind aber bei ihr beunruhigt oder schrecken zusammen, wenn sie dieselben Vorstellungen und Gefühle ausdrückt, die Sie bei anderen akzeptieren? Wenn Sie versuchen, Sie auf ein Podest der Reinheit zu erheben, fordern Sie sie dazu auf, sich vor Ihnen zu »verstecken« und zu manipulieren, statt sich zu offenbaren, wenn sie »Sie behalten« will. Am Ende geht dies ins Auge.

Wenn Sie der Meinung sind, daß sie sich stark von anderen Frauen unterscheidet, werden Sie wahrscheinlich enttäuscht werden. Männer und Frauen in unserer Gesellschaft sind dem Inhalt nach verschieden, aber Beziehungen drehen sich um Prozesse – um das Wie, nicht das Was. Eine Frau auf ein Podest zu stellen, statt die Tatsache zu akzeptieren, daß die Auseinandersetzung mit ihr genauso aussehen wird wie mit den meisten anderen Frauen, spiegelt Ihre Angst und Ihren Widerstand gegenüber der Realität von Beziehungen wider.

Je stärker Sie dazu neigen, Sie auf ein Podest zu stellen, desto mehr drücken Sie aus, daß Sie wirkliche Frauen nicht mögen. Sie reagieren verärgert, wenn Sie das Gefühl haben, daß Sie zum Narren gehalten oder manipuliert wurden. Sie hatten geglaubt, daß sie anders sei und dann stellte sich heraus, daß sie wie alle anderen Frauen war. Wenn Sie ihr die Schuld zuschieben, lernen Sie nichts über sich selbst!

Ein positives Zeichen für eine erfolgreiche Beziehung besteht dann, wenn Sie sehen, daß sie ähnlich wie andere Frauen ist oder sich nicht stark von ihnen unterscheidet, und wenn sie Sie in bezug auf Männer ähnlich sieht und Sie sich dennoch lieben. Es ist eine große Täuschung, wenn Sie der Meinung sind, daß Sie anders sind als die anderen Männer, mit denen sie zusammen war und daß keine andere Frau zuvor erkannt hat, daß Sie etwas Besonderes sind. Es ist eine Täuschung zu glauben, daß Sie endlich eine Frau gefunden haben, die sich über alle anderen in einer perfekten Mischung von Werten und Verhaltensweisen, die andere Frauen nicht haben, erhebt. Je mehr sie glauben, daß sie anders sein wird, desto wahrscheinlicher ist es, daß sie genauso ist, wenn nicht sogar »schlimmer«.

3. Versuchen Sie, sich anders zu geben, wenn Sie mit ihr zusammen sind? Warum? Wenn ja, deutet das auf Selbsthaß hin, oder fühlen Sie Ablehnung, wenn Sie Sie selbst sind? Es ist nur eine Frage der Zeit, bevor Sie wieder so sein werden wie zu der Zeit, bevor Sie sich kennenlernten.

Haben Sie Ihren Kleidungsstil verändert, um ihr zu gefallen oder um sie zu beeindrucken? Wählen Sie gemeinsame Aktivitäten, die Ihnen normalerweise keinen Spaß machen, um sie zu beeindrucken oder um ihr zu gefallen? Verschweigen Sie wichtige Dinge über sich selbst? Warum? .

Manche neuen Erfahrungen können bewußtseinserweiternd sein, aber wenn Sie versuchen, sich ganz anders als sonst zu geben, oder wenn sie versucht, ganz anders zu sein, wird auf beide Druck ausgeübt, die Erfahrung und den Ausdruck der Realität zu fürchten. Dies weist auf Selbsthaß hin oder auf das Gefühl, daß der andere Mensch Sie nicht so mag, wie Sie sind.

4. Wie sieht Ihre körperliche Reaktion auf sie aus? Ist Ihr Körper entspannt, fühlen Sie sich wohl, wenn Sie mit ihr zusammen sind? Fühlen Sie sich sicher, wenn Sie Ihre Ideen, Gefühle und Sorgen frei ausdrücken können, oder fühlen Sie Anspannung, wenn Sie etwas Schwieriges mit ihr diskutieren wollen? Sind Sie zu sehr bemüht oder befangen, was Ihre zeitliche Koordinierung und Reaktionen betrifft, weil Sie sonst Ablehnung durch sie spüren? Was sagt Ihnen Ihr Körper?

Wie fühlen Sie sich, wenn sie *nicht* bei Ihnen ist? Sind Sie ängstlich und zerstreut, fürchten Sie, daß sie vielleicht nicht zurückkommt, anruft oder erreichbar ist?

Oder haben Sie eher das Gefühl, daß Sie sich wohler fühlen und ruhiger sind, wenn Sie nicht bei ihr sind, obwohl Sie von ihr angezogen werden?

Man sollte diese wichtigen Gefühle erkennen. Bei den erstgenannten spüren Sie möglicherweise, daß sie keine echten Gefühle für Sie hat, und bei den letztgenannten fühlen Sie vielleicht, daß Sie sich eigentlich gar nicht wohl fühlen, wenn Sie mit ihr zusammen sind. Diese Empfindungen werden mit der Zeit immer stärker.

Die positivsten Gefühle für die Zukunft Ihrer Beziehung mit ihr wären, daß Sie sich wohl fühlen und Vertrauen in die Beziehung haben, so daß die Zeit, die Sie nicht mit ihr verbringen, von der Energie, den Aktivitäten und der Befriedigung her genauso ist, wie die Zeit mit ihr, auch wenn Sie ihre Gegenwart vielleicht vermissen. Wenn ein starkes Gefühl von Befreiung oder Angst vorherrscht, wenn Sie sich in die eine oder andere Richtung bewegen, deutet dies auf zukünftige Probleme in der Beziehung hin.

Prozeß kontra Inhalt

Letzten Endes geraten Beziehungen auf der Prozeßebene in Schwierigkeiten. Egal wie wundervoll der Partner ist, ähnelt sich schließlich jede Beziehung, wenn der tieferliegende Prozeß in den Vordergrund tritt. Es ist leicht, ein Bild am Anfang zu kontrollieren, aber dieses Bild ständig zu leben und darzustellen, ist unmöglich.

Sehen Sie nicht ausschließlich auf den Inhalt und das »Was« eines anderen Menschen. Beobachten Sie, *wie* die Beziehung einer Frau zu Ihnen aussieht. Vielleicht spricht sie von Unabhängigkeit und Karriere. Möglicherweise sprechen Sie gemeinsam über die Bedeutung, sein eigenes Leben zu leben und eigene Freunde zu behalten. Aber wie sehr stellt sie tatsächlich die Beziehung in den Mittelpunkt ihres Lebens, wenn sie Sie gerade erst kennengelernt hat?

In welchem Maß wirkt sich die Beziehung auf ihr Leben aus, so daß sie zum Beispiel nach einem Streit nicht in der Lage ist, ihre Arbeit zu tun und Ihnen sogar die Schuld dafür gibt?

Wie sehr fühlen Sie sich schuldig, nachdem Sie sie kennengelernt haben, wenn Sie einmal allein oder zusammen mit einem Freund etwas unternehmen wollen?

Fühlen Sie sich verpflichtet, ihr zu sagen, wohin Sie gehen und wann sie zurückkommen? Haben Sie das Gefühl, Sie anlügen zu müssen, wenn Sie sich zu Beginn Ihrer Beziehung auch mit anderen Frauen verabreden oder etwas tun, dem sie vielleicht nicht zustimmen würde?

Wie oft kommt es vor, daß Sie ein echtes Gefühl wie Langeweile oder den Wunsch, woanders zu sein, verstecken müssen? Müssen Sie viele »negative« Gefühle kontrollieren? Erklären Sie sich rational, daß Sie es ihr nicht sagen können, weil es ihre Gefühle verletzen würde?

Diese Art Prozeß wird mit der Zeit stärker werden, statt nachzulassen, und die Beziehung wird immer zerbrechlicher, seichter und unangenehmer. Verbundenheit wird schnell durch Manipulation ersetzt.

Das Gleichgewicht der Macht

Eine kritische Dimension bei der Voraussage der Zukunft einer Beziehung ist eine Untersuchung ihres Machtgleichgewichts. Wenn ein beträchtliches Machtungleichgewicht besteht, weil ein Partner ständig vor dem anderen Angst hat und sich immer anpaßt, wird die Beziehung unbeständig und zerbrechlich, und sie wird sich zwischen sentimentalem Klammern und Unmutsäußerungen hin- und herbewegen.

Für einen Mann, der sich einer Frau gegenüber unsicher fühlt und daher seine Macht an sie abgibt und immer derjenige ist, der verfügbar ist und sich anpaßt, während sie ihn wegstößt oder ausweichend reagiert, ist dies zu Anfang sogar *aufregend*, weil es ihm ein Gefühl von Herausforderung, Distanz und Unsicherheit gibt. Was sagt diese Realität jedoch über die Beziehung der Frau zu Ihnen aus?

Allgemein läßt sich sagen, daß derjenige, der ein Übermaß an Macht in der Beziehung hat, sich wahrscheinlich langweilen wird, während der machtlose Partner nach Bestätigung und Liebe »hungert« und daher »erregt« bleibt. Diese Erregung ist jedoch etwas anderes als Liebe, und das Endresultat ist tiefer Schmerz und Selbstverzettelung.

Gewohnheitsmuster

Es ist wichtig, sich frühzeitig die Gewohnheitsmuster des anderen anzusehen und sich selbst gegenüber ehrlich zu sein, wie man dazu steht. Irritierende Eigenarten und Gewohnheiten können der stete Tropfen sein, der den Stein höhlt.

Hier sind einige Beispiele für Dinge, die Sie sich einmal ansehen sollten: Kommt sie immer etwas zu spät? Hat sie die Neigung, Dinge zu vergessen oder aufzuschieben? Was tut sie mit ihrer freien Zeit? Ist sie aktiv oder passiv? Wie sieht ihr Energieniveau im allgemeinen aus? Neigt sie zu Wunderdenken? Interessiert sie sich für Geistesheilung oder Astrologie, und was sagt das über sie als Mensch aus? Welche Wirkung hat dies auf Sie? »Liebt« sie Menschen und hängt sie deshalb »immer« am Telefon? Wenn Sie hören, wie sie mit jemandem spricht, schrecken Sie dann zusammen oder fühlen sich nicht wohl dabei?

Wie zuverlässig ist sie? Können Sie darauf zählen, daß sie ein Versprechen oder eine Verpflichtung, eine Verantwortung oder Bitte auch wirklich einhält? Geschieht es häufig, daß sie nicht kommt oder etwas nicht tut, wenn sie es versprochen hat? Oder können Sie sich völlig auf sie verlassen, weil sie Dinge, die sie versprochen hat, kompetent ausführt?

Streiten Sie sich zum Beispiel über die Zimmertemperatur? Ist ihr immer kalt, während Sie sich bei geöffnetem Fenster und frischer Luft wohl fühlen? Mag sie Fast Food und Tiefkühlgerichte, während Sie natürliche Vollwertkost bevorzugen oder umgekehrt? Ist sie stundenlang damit beschäftigt, sich zurechtzumachen? Nimmt sie regelmäßig Tabletten, und leidet sie ständig unter irgendwelchen »Wehwehchen«? Dies alles sind kleine Dinge, die Sie in der Zeit der ersten Verliebtheit übersehen oder großzügig interpretieren, die aber zu immer größerer Verunsicherung und Irritation führen, wenn Sie wissen, daß Sie normalerweise negativ auf solche Dinge reagieren.

Einer meiner Patienten hatte eine Beziehung zu einer Frau, die ständig mit Freunden und Verwandten telefonierte. Zu Anfang interpretierte er dies positiv, obwohl es ihn emotional störte. »Sie hat so viele liebe Freunde und Verwandte, um die sie sich kümmert. Sie ist so ein liebevoller Mensch.« Sein tieferes Ich lehnte jedoch die Tatsache, daß sie ständig am Telefon hing, ab. Es wurde zu einem großen Streitpunkt in ihrer Ehe. Nach einigen Jahren brachten ihn diese Telefonate in Rage, und seine Wutausbrüche schadeten der Beziehung sehr.

Die Dynamik der Beziehung

1. Die Handhabung von Konflikten und Ängsten sind ein wichtiger Punkt. Wie gut können Sie miteinander streiten? Haben Sie dann das Gefühl, daß sie sich nun besser verstehen und daß ein neues Harmoniegefühl und ein entspannter Austausch besteht? Wie sehr sind Schuldzuweisung und Schuldgefühle Teil jedes Konfliktes und wie sehr macht sie es Ihnen »unmöglich«, Zorn auszudrücken oder ihr gegenüberzutreten, weil sie sofort weint oder Sie beschuldigt, sie anzugreifen und beleidigend und verletzend zu sein?

2. Sehen Sie sie als perfektes Wesen und haben Sie das Gefühl, voller Fehler zu sein, wenn Sie sich mit ihr vergleichen? Teilt sie diese Auffassung? Ist sie angeblich die »Liebende« und die gesunde »Fürsorgende«, während Sie »unsensibel« sind und »Probleme« haben?

Tragen Sie den größten Teil der Schuld und Verantwortung, wenn es ein Problem gibt? Die Neigung, sich verantwortlich zu fühlen, wird mit der Zeit stärker und einen starken Sog von Zorn und Selbsthaß erzeugen.

3. Wie unbeständig ist die Beziehung? Geht sie von extremen Hochgefühlen zu extremer Depression? Kommt es ständig zu Trennungen und Versöhnungen, Mißverständnissen und verletzten Gefühlen? Mit anderen Worten: Wie vorsichtig müssen Sie ihr gegenüber sein, damit sie nicht in Wut gerät? Wie stark wird die Beziehung intellektualisiert? Versuchen Sie immer, sie zu verstehen? All dies sind Zeichen einer Angst, sich mit der Realität des anderen und der Beziehung auseinanderzusetzen, oder mit ihr in dem unromantischen Mittelbereich zu leben, in der Realität, die nicht von falschen Wahrnehmungen verzerrt ist.

Wahrscheinlich beginnen die besten Beziehungen ohne starke romantische Gefühle, sondern basieren auf echter Freundschaft füreinander. Man hat Freude an der Gesellschaft des anderen ohne Angst um die Zukunft oder eine zu frühzeitige Bindung. Dazu gehört ein Machtgleichgewicht, die gesunde Lösung von Konflikten frei von Schuldzuweisung und Schuld, das Gefühl, daß der andere einen so kennt, wie man ist, daß man den Partner kennt, und das entspannte Verlangen, ganz gegenwärtig zu sein, ein geringes Bedürfnis nach Flucht oder sich durch Ablenkung aus dem Weg zu gehen. Dies ist ein gutes Potential für Wachstum in der Beziehung.

6.

Den Frauen gewidmet,
die glauben, zu stark zu lieben

Marcella sah sich als »Frau, die zu stark liebte«. Wenn man mit ihr sprach, bekam man leicht den Eindruck, daß Männer einer der folgenden Gruppen zuzuordnen seien: den psychopathischen Narzißten, die Frauen benutzen und nichts und niemanden außer sich selbst lieben können, und den »kleinen Jungs«, wie sie sie nannte, die zwar nett und lieb waren, aber vor der Welt Angst hatten und eine Frau suchten, die sie tröstete und bemutterte. Regelmäßig las sie Bücher und Artikel von anderen Frauen und Psychologinnen mit ähnlichen Vorurteilen, die Männer in Gruppen von Verlierern und Mistkerlen verschiedenen Grades einteilten, die unfähig sind, die vielen liebenden, fürsorglichen, gebenden und »erwachsenen« Frauen auf der Welt zu schätzen und zu erfüllen.

Je mehr Marcella las und je stärker diese negative Auffassung und Einschätzung der Männer gefestigt wurde, desto schwieriger wurde es für sie, eine Beziehung einzugehen. Die Männer konnten ihren Zorn, ihre Vorurteile und ihre Analyse spüren. Es gab keine Diskussion darüber. Marcella war überzeugt, daß das, was sie glaubte, richtig war.

Einige Freunde sagten ihr, daß sie zuviel erwartete und weniger perfektionistisch und kritisch sein solle. »Erwarte nicht das Unmögliche. Es gibt eine Menge netter, lieber Typen – du darfst einfach nicht die große Romanze erwarten. Das ist selbstzerstörerisch.«

Aber dies schienen ihr alles nur kurzfristige Aufmunterungen zu sein, weil sie sich innerlich in ihrer Liebesfähigkeit zu weit entwickelt hatte und sich in der Gesellschaft vieler anderer unglücklicher Frauen befand, die versuchten, Beziehungen zu selbstsüchtigen und unreifen Männern, die Frauen hassen, aufzunehmen und sie zu lieben, obwohl diese die Frauen manipulieren und mit ihrer Verletzlichkeit und ihrem Bedürfnis zu lieben spielen. Zeitweise versuchte sie zu »vergeben«, um eine Beziehung zu haben. Unglücklicherweise funktionierte dies nie, und obwohl es für Marcella ein weiterer Beweis war, daß die meisten Männer emotionale Krüppel sind, war sie nicht in der Lage zu erkennen, daß ihre tieferen, echten Gefühle den Männern gegenüber in Wirklichkeit Verachtung und selbstgerechter Zorn waren, daß *diese* Gefühle unbewußt und bewußt übertragen wurden und sich die Männer aus diesem Grund von ihr abwandten. Sie sah nur, daß sie »zu stark liebte«.

Die Frauen, die zu stark lieben

Frauen, die glauben, zu stark zu lieben, sind den Männern sehr ähnlich, die hart arbeiten in dem Irrglauben, daß sie es für ihre Partnerin tun. Tatsächlich tut dies jedoch jeder für seine eigenen Bedürfnisse und benutzt den anderen unbewußt zur Rationalisierung der eigenen Abwehrmotive und unkontrollierbaren Zwänge. Das Ende sieht für beide gleich aus: Gefühle der Enttäuschung, Zurückweisung, Zorn und das frustrierte Gefühl, nicht geschätzt und statt dessen mißverstanden zu werden. Beide sind jedoch nicht in der Lage, die Bitte des Partners zu hören, aufzunehmen und danach zu handeln. Sie sagt ihnen klar: *»Bitte, tu dies nicht für mich, ich habe kein gutes Gefühl dabei.«*

In einer Fernsehwerbung für ein Programm über Frauen, die zu stark lieben, wurde eine Frau befragt und zitiert, die frustriert über den Mann, den sie »zu stark liebte«, sagte: »Ich weiß, daß er ein widerlicher Kerl war. Er trank zuviel und schaute immer nach anderen Frauen. Aber ich glaubte, daß ich ihn ändern könnte.« Wenn man der Frau im Fernsehen genau zuhörte, konnten selbst Menschen, die keine Ahnung von Psychologie haben, erkennen, daß sie den Mann in Wirklichkeit überhaupt nicht mochte. Ihre Beschreibung war offensichtlich feindselig und nicht liebevoll. Was sie »liebte«, war die Phantasievorstellung von der Erfüllung ihrer Bedürfnisse durch ihn.

Frauen, die glauben, daß sie zu stark lieben und daß sie von unsensiblen Männern verletzt werden, lieben nicht den Mann, sondern eine Projektion ihrer eigenen Bedürfnisse. Sie werden nicht von ihm verletzt, sondern durch ihre eigene verzerrte Wahrnehmung, die dazu führt, daß sie ein Potential und die Fähigkeit zur »Intimität« und Nähe in ihm sehen, die er innerhalb des Kontextes ihrer Wechselbeziehung nicht haben kann. Sie nehmen die Realität des Mannes nicht im Rahmen ihrer Beziehung wahr. Mit anderen Worten: Bei einer Frau, die »zu stark liebt«, wird sich der Mann unausweichlich distanzieren und »zu wenig lieben«, um sich davor zu schützen, verschlungen zu werden. *Im Kontext ihrer polarisierten Romanze kann er ihr genausowenig nah kommen, wie sie von ihm ablassen kann.*

Zwangsläufig und vorhersehbar beschuldigen feminine Frauen, die in einer polarisierten Beziehung gefangen sind und sich nicht mehr in der frühen romantischen Phase befinden, ihr männliches Gegenstück (den »Macho«), selbstsüchtig, kritisch, distanziert, kalt, beherrschend, unsensibel und unfähig zu Intimität zu sein. Obwohl dies in gewisser Weise wahr ist, weil seine männliche Konditionierung ihn externalisiert, sind sie sich in ihren Schimpftiraden nicht bewußt, wie ihr defensiver und internalisierter Prozeß sie dazu bringt, »ihm das zu geben, was er nicht will.« Sie drängen ihn, mehr von dem zu geben, was er nicht besitzt, und sind durch seine Realität verärgert, nicht durch das, was er zurückhält. Sie »verliebt sich in ihn« aufgrund seiner »Männlichkeit« und ist dann frustriert durch die Grenzen, die ihm seine Konditionierung auferlegt und die ihn »als Mann« attraktiv macht; es sind genau die Qualitäten, die ursprünglich die Erregung erzeugen und sie angezogen haben.

Betty, vierunddreißig Jahre alt und aufgrund ihres Alters auf der Suche nach einem Mann, hatte den Wunsch nach Kindern und Angst um ihre finanzielle Sicherheit. Sie lernte Sean kennen, einen Werbetexter, der seine Wochenenden mit »Macho«-Aktivitäten wie Autowettrennen in der Wüste, Drachenfliegen in den Bergen und Trinken mit seinen Kumpeln verbrachte. Betty hatte den Eindruck, daß sie Sean zu sehr liebte, sagte aber, daß er kritisch, unsensibel, egoistisch und ungehobelt sei.

Gleichzeitig beschrieb sie sich jedoch als fürsorglich, geduldig, liebevoll und sensibel – selbst wenn sie ihn beschimpfte.

Sie war sich der Feindseligkeit, die sie fast ständig auf ihn richtete, nicht bewußt, weil sie glaubte, »hilfreich« und konstruktiv zu sein. Sie konnte sich an jede Kränkung, an jedes schmerzliche Ereignis und an jede verletzende Äußerung seinerseits erinnern, während sie die guten und großzügigen Dinge, die er getan hatte, ignorierte, bagatellisierte oder vergaß. Ihrer Meinung nach wurden sie durch seine Schuld motiviert oder waren ein Versuch, ihr Wohlwollen zu erkaufen. Obwohl klar war, daß sein Erfolg einer seiner attraktivsten Merkmale war, spottete sie darüber. Häufig warf sie ihm Dinge aus der Vergangenheit vor, um ihm zu zeigen, wie verletzend und sexistisch er war. Sie behauptete sogar, daß sein Machoverhalten ihr Angst einjagte und sie in ständiger Furcht lebte, daß er ihr Gewalt antun würde, wenn er zornig wurde. Nachdem sie ihn so attackiert hatte, beteuerte sie ihre Liebe zu ihm und sagte, daß sie ihn heiraten wolle.

Sie war sich ihres Prozesses nicht bewußt – der drängenden, druckausübenden und unablässigen negativen Reaktionen, die durch ihre starke und frustrierte Sehnsucht und ihre Bedürfnisse verursacht wurden. Sie veranlaßten ihn zum Teil dazu, sich zu distanzieren und durch sein Machoverhalten, das sie haßte, aus einer Art Selbstschutz heraus zu reagieren. Sie konnte nicht erkennen, wie sie in ihm viele der Reaktionen und Verhaltensweisen, die sie haßte, auslöste.

Sie schwankte zwischen der Forderung nach mehr Intimität und der Kritik an seiner mangelnden Fürsorge: Einerseits behauptete sie, daß sie ihm »näher sein« wolle, und war dann wieder verletzt und zornig, wenn er etwas sagte, das sie nicht hören wollte; »sie opferte sich auf für ihn«, selbst wenn er klar zeigte, daß er dies nicht wollte. Dann reagierte sie verletzt auf sein Zurückziehen, auf seinen Widerstand, sich zu binden, und auf seinen angeblichen Wunsch, sie zu beherrschen.

Auch Cynthia »liebte zu sehr«. Sie war eine sehr »feminine« Frau, weinte oft und hatte ständig das Gefühl, durch die Männer, denen sie ihre Liebe gab, verletzt zu werden. Sie empfand sie als selbstsüchtig, da sie »vor Intimität zurückschreckten« und nicht so reagierten, wie sie es wollte.

Als Cynthia mit ihrem Freund Nathan zur Beratung kam, hatte sie das Gefühl, ihm »helfen« zu müssen. In seiner Gegenwart sagte sie, daß er, was »Liebe« und Beziehungen beträfe, »geschädigt« sei. Ihr zufolge war er unreif, seine Freunde waren ungehobelt, wenn sie zusammen schliefen, dachte er nur an sich. Er war zu ehrgeizig und zu sehr mit seiner Arbeit beschäftigt, um ihrer Beziehung die Aufmerksamkeit zu geben, die ihrer Meinung nach nötig war und die sie verdiente.

Wiederholt bezeichnete sie ihn als selbstsüchtig, weil er sie nicht zu schätzen schien und nicht positiv auf die Dinge reagierte, die sie ihm ihrer Meinung nach gab, obwohl er ihr nachdrücklich sagte, daß sie ihn nicht zum Mittelpunkt machen solle und er ihre Intensität der Beziehung und »Liebe« nicht wolle. Er sagte, daß er sich von ihr verschlungen fühle und verärgert sei, weil sie sich immer danach erkundigte, was er gerade tat und mit wem er zusammen war.

Während der Sitzungen wurde es klar, daß sie nicht sehen konnte, *wer* und *was* Nathan war. Sie hatte sich in ihre Vorstellung von ihm und in ihre Phantasievorstellung von der Beziehung »verliebt«. Jedesmal, wenn seine »Realität« ihre Phantasie störte und mit ihr in Konflikt stand, reagierte sie mit Schmerz und Zorn. Sie war nicht in der Lage zu sehen, wie diese Enttäuschung dazu führte, daß sie ihn ständig angriff und beschuldigte, was wiederum dazu führte, daß er noch stärker polarisiert und zum selbstbeschützenden Rückzug getrieben wurde.

Sylvia, siebenundvierzig Jahre alt und Ernährungsberaterin, liebte ihren Mann Fred, einen Professor für Wirtschaft an einer Universität an der Ostküste, den sie vor siebenundzwanzig Jahren geheiratet hatte, »zu sehr«. Obwohl sie ihn nicht direkt angriff, bestand sie darauf, daß er depressiv sei, psychiatrische Hilfe brauche und große emotionale Probleme habe, weil er sich zurückzog und auf seine Freiheit und sein Recht bestand, seine Freizeit nicht mit ihr zu verbringen, wenn es ihm keinen Spaß machte, da ihr Sohn jetzt erwachsen war und alleine lebte.

Wenn sie zusammen waren, war er oft still, wirkte unglücklich und sagte ihr auch tatsächlich, daß er nicht gern mit ihr zusammen war. Sie stellte die »Diagnose«, daß er unter einer Midlife-Crisis litt und Nähe fürchtete, weil er seine Mutter haßte. Sie drängte ihn, zu einem Psychiater zu gehen, was er hartnäckig ablehnte. »Meine ›Krankheit‹ ist, daß ich nie den Mut hatte, wirklich ich zu sein«, sagte er ihr, »und kein Arzt auf der Welt kann das ändern. Nur ich kann das, und genau das tue ich gerade.«

Er sagte, daß er während der ganzen Ehezeit die Abende im Kreise von Verwandten und Familie nie genossen habe, aber daß er zu »verantwortungsbewußt« gewesen sei und zu starke Schuldgefühle gehabt habe, um dies zuzugeben und nach seinem Gefühl zu gehen. Außerdem deutete er an, daß er den Druck ablehnte, »immer« für »alles« verantwortlich zu sein. Er wollte nicht weiter heucheln, da er jetzt in seinen letzten Lebensjahrzehnten stünde.

Während Sylvia sich als liebende Ehefrau sah, war klar, daß sie Fred nicht wirklich kannte oder hörte und die Wahrheit dessen, was er ihr sagte, nicht akzeptieren konnte. Sie sah sich als liebende Frau, weil sie ständig auf ihn aus *ihrem Bedürfnis* heraus, sich ihm anzupassen, reagierte. Sie tat dies aus einer unbewußten Furcht heraus, derer sie sich nicht bewußt war, die aber Freds Schuldgefühle und seinen »Selbsthaß«, der ihn depressiv machte und durch den er sich unterdrückt fühlte, verschärfte. Obwohl sie selbst erfolgreich Karriere gemacht hatte, schien sie unfähig, ihre Identität oder Stärke ihm gegenüber aufrechtzuerhalten. Sie hatte ein unersättliches Bedürfnis nach Bestätigung und klammerte sich trotz der Kälte, die er ihr zeigte, an ihn. Sie »lebte« für seine »Liebe« und Zustimmung, die er ihr in ihrer ganzen Ehe nie wirklich gegeben hatte und die er offenbar nicht fühlte. Sie hatte weiter das Gefühl, ihn »zu sehr zu lieben«, weil sie bei ihm blieb, obwohl er kurz nach ihrer Heirat eine Affäre gehabt hatte. Sie hatte sich nie dafür gerächt, indem sie ihn betrog. Sie war der Meinung, daß sie dies für ihn tat, obwohl in Wirklichkeit ihre religiösen Prinzipien und ihre traditionelle Erziehung, die sie geprägt hatten, sie daran hinderten. Fred sagte sogar oft, daß er weniger

Schuld, weniger Selbsthaß und vielleicht mehr Aufregung und Liebe empfinden würde, wenn sie selbst auch eine Affäre gehabt hätte. Es wäre ein Zeichen dafür, daß sie auf sich selbst aufpassen könne und er sich weniger verantwortlich fühlen müsse.

Was ihre Ehe rettete und sogar so sehr verbesserte, daß sie einander frei und echt lieben konnten, war Sylvias Fähigkeit, durch die Eheberatung zu erkennen, daß sie eine Beziehung zu ihrer Phantasievorstellung gehabt hatte. Sie hatte eine bestimmte Vorstellung von Fred gehabt, um ihr Bedürfnis zu erfüllen. Auf diese Weise hatte sie ihn unbewußt zurückgewiesen und war ihm gegenüber kritisch gewesen. Dies hatte dazu beigetragen, daß er sich zurückzog und Kälte zeigte. Ihre Veränderung befreite Fred, so daß er wieder auf die vielen wunderbaren Qualitäten, die Sylvia hatte, reagieren konnte.

In ihrer »neuen Beziehung« verbrachten sie weniger Zeit miteinander, als sie es in früheren Ehejahren getan hatten, aber die Qualität ihrer gemeinsamen Erfahrung verbesserte sich ständig. Bei beiden konnten nun die besten Eigenschaften an die Oberfläche kommen.

Es ist typisch für feminine Frauen, die von Abwehr angetrieben werden, daß sie Männer auf dieselbe verzerrte Weise »lieben«, wie Machos Frauen »lieben«: als Erweiterung ihrer eigenen Bedürfnisse und als Objekte für die Befriedigung dieser Bedürfnisse.

Weder Sylvia, Betty oder Cynthia liebten ihre Männer wirklich. Man kann einen Menschen nicht wirklich lieben und gleichzeitig vor ihm Angst haben. Es ist auch keine Liebe, wenn man unfähig ist, sein eigenes starkes und separates Ich in Gegenwart des Partners aufrechtzuerhalten, und ihn gleichzeitig nicht so sehen kann, wie er ist, ohne ihn zu kritisieren und ihn für seine Unzulänglichkeiten in der Beziehung anzugreifen. In diesen Beispielen machte selbst die »Treue« dieser Frauen die Beziehung zunichte, weil sie als Verschlungenwerden und Druck erfahren wurde, nicht als Fürsorge. Vielleicht hätten die Männer mehr Liebe gezeigt, wenn die Frauen in der Lage gewesen wären, ihre eigenständige Stärke und Selbstachtung zu demonstrieren, die notwendig ist, um auf sich selbst aufzupassen, statt sich zu »opfern«.

Jemanden zu lieben heißt stark zu sein und sein Bestes zu geben, in der Lage zu sein, nein zu sagen und sich nicht nur anzupassen. Es bedeutet, frei zu sein von dem Gefühl, Opfer zu sein, das dem Partner die Schuld an seinem und am eigenen Unglück gibt. Frauen, die ansonsten stark und unabhängig sind, die ihre Stärke und Autonomie in der Beziehung zu ihrem Mann verlieren, die aus Angst und aus dem Bedürfnis zu gefallen reagieren und die nach der Bestätigung, geliebt zu werden, suchen, tun dies nicht für den Mann, denn sie lieben ihn überhaupt nicht.

Die Frau, die »zu sehr liebt«, ist defensiv, weil sie ihr Verhalten nicht bewußt kontrollieren kann, auch trifft sie nicht wirklich eine Wahl. Statt dessen wird sie von unterdrückten und verneinten Bedürfnissen und Gefühlen angetrieben, und tut oft unkontrolliert Dinge gegen ihr besseres Wissen. Sie ist genausowenig in der Lage, ihren zwanghaften »liebenden« Stil aufzugeben, wie der arbeitssüchtige Mann in der Lage ist, sein Tempo zu verlangsamen, da er den Bedürfnissen und Forderungen seiner Frau und Familie die Schuld an seiner zwanghaften Arbeit gibt. Obwohl dieses Loslassen zu der Liebe führen könnte, die sie sich wünscht, ist sie emotional nicht in der Lage dazu.

Indem sie »zu sehr liebt«, gibt sie etwas, das nicht nur unangebracht ist, sondern das die Beziehung, an der sie festhält, schädigt. Sie ist wie die Frau, die Stunden damit verbringt, ein Essen »für ihren Mann« vorzubereiten, das er nicht will oder nach dem er nicht gefragt hat. Sie zwingt ihn zu essen, obwohl er nicht hungrig ist, und fühlt sich infolgedessen verletzt und zurückgewiesen, weil er ihre Mühen nicht würdigt und nicht mit Begeisterung reagiert.

Es ist richtig, daß Frauen sich über den gönnerhaften Schutz der Männer beschwert haben (zum Beispiel sagt sie wiederholt: »Ich will nicht, daß du meine Entscheidungen triffst oder meine Kämpfe ausfichst.«). Das weibliche Gegenstück zu dieser männlichen Neigung ist, »sich« einem Mann »zu geben«, der dies nicht nur nicht will, sondern dadurch polarisiert, eingeengt und »geschädigt« wird, weil es seine Schuld fördert, da er nicht in der Lage ist, sich zu revanchieren, und dadurch nur seine Neigung zum »Selbsthaß« verstärkt wird.

Außerdem schafft sie durch ihre »übergroße Liebe« die Voraussetzungen für »übergroßen Haß« auf ihn, wenn sie schließlich den Zorn und die Enttäuschung empfindet, die sich langsam hinter ihrer Orientierung, »zu sehr zu lieben«, aufgebaut haben und jetzt ausgedrückt werden. Wenn sie schließlich ihren Zorn spürt, sieht sie den Mann als Verursacher, der es nicht besser verdient hat und fügt so der Kränkung noch eine Beleidigung hinzu.

Wir alle möchten lieber so wie wir sind in geringerem Ausmaß geliebt werden, als mit Liebe überschüttet zu werden, wenn wir erkennen, daß derjenige, der uns »liebt«, auf eine Phantasievorstellung reagiert und seine eigenen Bedürfnisse befriedigt, nicht die unsrigen. Nichts ist so befriedigend, wie richtig gesehen und dennoch gemocht und geliebt zu werden; nichts ist so frustrierend, unbefriedigend, abstumpfend und sogar quälend, wie das Objekt der »Liebe« eines Menschen zu sein, wenn wir wissen, daß wir uns oder unsere Reaktionen verstecken oder ändern müssen, um den anderen nicht zu enttäuschen oder zu desillusionieren. Unausweichlich wird sich die »Liebe« in Ablehnung verwandeln.

Man kann einen Menschen nicht »zu sehr« lieben. Wenn man jemanden auf eine Art und Weise liebt, die unserer eigenen Befriedigung dient, liebt man ihn so, wie er geliebt werden möchte und so wie er ist, nicht so, wie wir ihn lieben müssen und wie er unserer Meinung nach sein sollte, damit unser Bedürfnis erfüllt wird.

Die feminine Liebe ist genau wie die Macho-Liebe selbstsüchtig. Beide »verlieben« sich in ihre Phantasievorstellung vom anderen und sind aufgrund ihrer defensiven Bedürfnisse unfähig und nicht gewillt, die Realität des Menschen, in den sie »verliebt« sind, zu erkennen, anzuerkennen und sich zu ihr in Beziehung zu setzen. Das ist der Grund, warum Beziehungen so oft »plötzlich«, abrupt und schmerzlich enden, wobei ein Partner schockiert, betrogen oder tief verletzt zurückbleibt. Hätten die »verletzten Parteien« richtig eingeschätzt, mit wem sie zusammen waren, hätte es keine derartigen unglücklichen Überraschungen gegeben.

Da das Unbewußte der Frau ihre persönlichen Bedürfnisse defensiv verstärkt, wird ein Ungleichgewicht fortgesetzt, das zur Polarisierung führt und bei Männern das Gefühl erweckt, verschlungen zu werden. Frauen dagegen fühlen sich als Ergebnis der Externalisierung und des Bedürfnisses nach Distanz, das durch die Abwehrmechanismen des Mannes und durch das maskuline Unbewußte hervorgebracht wird, abgewiesen, ausgehungert und ungeliebt. Dies führt schließlich dazu, daß Frauen die Männer zuerst ablehnen und dann hassen, weil sie selbstsüchtig und zurückhaltend sind, obwohl die Polarisation oder der psychologische Sog die Männer lähmt und sie buchstäblich unfähig macht, *mehr* zu geben. Genauso sind Frauen in diesen Beziehungen nicht in der Lage, *weniger* zu geben, selbst nachdem ihnen objektive Beobachter gesagt haben, daß dies der Beziehung helfen würde und sie den Partner besser und mit weniger Schmerz lieben könnten.

Die Polarisation führt in eine Sackgasse. Sie ist nicht in der Lage, sich zurückzuziehen, und er ist unfähig, ihr näher zu kommen. Wenn keiner die Beziehung verläßt, sind die Voraussetzungen für den intimen Terrorismus geschaffen. Er bleibt, aber gibt ihr fast nichts, während sie ihm »zuviel« gibt. Er ist durch Schuld »gelähmt«; sie ist durch »Angst« gelähmt.

Die Frau, die glaubt, »zu sehr zu lieben«, ist eine emotionale Schwester der Frau von Gestern, die immer »litt« und in ihrer Familie Schuld erzeugte, indem sie die Rolle des Martyrers und Opfers spielte und sich beklagte, daß »niemand mich wirklich schätzt, obwohl ich alles gebe«.

Die Frau, die »zu sehr liebt«, glaubt häufig, daß sie den »falschen Mann« liebt: einen Mann, der nicht in der Lage ist, sie wirklich zu schätzen. Weil sie sich als Opfer einer »falschen Wahl« sieht, lernt sie nie aus ihrer Erfahrung. Das zugrundeliegende Ungleichgewicht ist das Problem. Wenn dieses defensive Ungleichgewicht nicht verändert wird, wird jede neue Beziehung schließlich so verändert, bis sie genauso aussieht wie die letzte.

Schließlich sollten Frauen wissen, daß sie die Selbstzerstörung des Mannes fördern, wenn sie »zu sehr lieben«, weil er sich in einer Art Selbstschutz noch stärker in sich zurückzieht; er »tut« mehr, um zu fliehen, statt sich in die Beziehung einzugeben; er verhält sich aus Schuldgefühl und Selbsthaß heraus unglaubwürdig; er isoliert sich, um vor Angst, Langeweile, Gleichgültigkeit und Zorn zu fliehen und sucht Ventile zur Zerstreuung, so daß er eine Beziehung nicht verlassen muß, von der auch er aufgrund seiner defensiven Bedürfnisse abhängig ist. Es ist klar, daß Männer und Frauen keine Partnerschaften eingehen, um enttäuscht und verletzt zu werden. Der Anfangspunkt für eine Beziehung frei von Opfern, Schuldzuweisungen und Schuld ist daher das Bewußtsein, daß das, was eine Beziehung uns gibt, unbewußt dadurch geschaffen wird, was wir sind und was wir geben. Außerdem müssen wir sehen, wie die Polarisierung einen Sog erzeugt, der die Bewegung der Beziehung in die Richtung blockiert, in die sie eigentlich gehen sollte. Wenn Männer »Fehler« haben, trifft dies auch auf Frauen zu, weil beide durch denselben Prozeß sozialisiert werden.

Die »Antwort« ist Wachstum über unsere polarisierte Abwehr hinaus. Dies hilft uns zu erkennen, zu reagieren und defensiv zu wählen. Die Antwort lautet nicht, nach jemandem zu suchen, der »besser« ist. Dies ist eine Phantasievorstellung, die die »Illusion des Unterschiedes« fortsetzt oder die falschen Hoffnungen, die entstehen, wenn wir versuchen, uns zu ändern, indem wir den Inhalt ändern und nicht unseren eigenen Prozeß.

Richtlinien für Frauen, die »zu sehr lieben«

Sie lieben einen Mann nicht, wenn folgende Situationen zutreffen:

1. Wenn Sie zusammen sind, sind Sie ständig darüber verärgert, wie er sich verhält.
2. Sie passen sich ihm an und sind nicht in der Lage, Ihre eigenen Vorlieben und Grenzen ihm gegenüber zu definieren und aufrechtzuerhalten.
3. Sie haben Angst vor ihm.
4. Sie suchen ständig nach Bestätigung seiner Liebe.

5. Ihre »Liebe« führt dazu, daß Sie unglücklich sind und Sie sich als Opfer seiner Unempfindsamkeit fühlen. Ihrer Meinung nach fehlt ihm die »Fähigkeit zur Intimität«.

6. Sie erwarten, daß Ihre »Liebe« ihn in den liebenden Menschen verwandelt, der er Ihrer Meinung nach nicht ist.

7. Sie sehen ihn als Ursache des Beziehungsproblems und erkennen nicht, daß Sie auch Anteil an dem Problem haben.

8. Er ist Ihrer Meinung nach »geschädigt«, der Liebe »unfähig« und braucht psychiatrische Hilfe, während das Gegenteil auf Sie zutrifft.

9. Ihre Rolle besteht darin, ihm dabei zu »helfen«, »seine« Probleme zu überwinden.

10. Sie erfahren Schmerz aufgrund seines Widerstandes und seiner Probleme, Ihnen nah zu sein.

Teil zwei:
Sein Verhältnis
zur Sexualität

7.

Sexuelle Erregung und Distanz:
Sex ist kein Sex,
ist Sex, ist kein Sex

Carls Sexualleben »trieb« ihn »langsam zum Wahnsinn«, leider nicht vor Vergnügen. »Ich versteh' mich selbst nicht mehr«, sagte er sich. »Ich lerne Ann kennen, und sie macht mich unheimlich an. Ich wollte sie ins Bett bekommen und dachte, ich könnte stundenlang mit ihr schlafen. Sieh da, auch sie war nicht abgeneigt – sie hat es sogar selbst vorgeschlagen. Wir gehen also ins Bett, ich komme und plötzlich hab' ich das Gefühl: Was nun? Mein Interesse war weg. Danach habe ich eine andere Frau kennengelernt, Alice, die nicht halb so sexy ist und die ich nicht anfassen darf – und bin die ganze Zeit richtig geil auf sie – obwohl sie eigentlich gar kein Interesse hat und Sex überhaupt nicht so mag wie Ann.«

»Der Sex hat meine Ehe ruiniert. Ich habe meine Frau geliebt, aber je näher wir uns kamen, desto häufiger wollte sie mit mir schlafen, und ich verlor immer mehr das Interesse. Es ist irgendwie komisch, daß ich ihr all diese Reden gehalten habe, die man sonst von Frauen kennt: ›Können wir nicht einfach nur schmusen und sehen, was daraus wird?‹ Das sollte eigentlich emanzipiert klingen, aber, ganz ehrlich, ich habe mich wie ein Eunuch gefühlt, als ich es sagte. Ich wußte, daß meine wahren Motive anders aussahen – ich wollte fliehen, vielleicht sogar in ihren Armen einschlafen – *bevor* wir irgend etwas angefangen hatten – und natürlich hat sie es auch gespürt. Dafür kannte sie mich zu gut. Als wir uns kennenlernten und sie noch mit Brian zusammenlebte und ich dachte, daß sie ihn nie verlassen würde, war ich immer so ein Typ gewesen, der dauernd einen Steifen hatte.«

Es störte Carl besonders, als er verheiratet war, daß er sich plötzlich dafür interessierte, Frauen in Bars und auf Geschäftsreisen aufzulesen. Seine Verwirrung und sein Selbsthaß hatten einen

Tiefstand erreicht, als er eine junge Tramperin auf dem Weg zur Arbeit mitnahm und sie anflehte, mit ihm zu schlafen. Den Abend zuvor hatte seine Frau *ihn* angebettelt, mit ihr zu schlafen, und er hatte abgelehnt. Jetzt saß er neben einer »unattraktiven« Frau, die er nicht kannte – er schämte sich sogar, in demselben Auto mit ihr zu sitzen – und führte sich so auf; und er war sexuell so erregt, daß er sich nicht aufs Autofahren konzentrieren konnte.

Diese ganze Sache mit dem Sex verwirrte ihn und führte zu starken Schuldgefühlen und Selbsthaß, so daß er sich sogar manchmal wünschte, daß Sex überhaupt nicht existierte. Das Vergnügen schien kaum den Preis wert zu sein, den er auf vielfältige Art zahlte.

Polarisierte Sexualität

Wir können die Sexualität mit ihren unzähligen Schwierigkeiten, Illusionen, Problemen und irreführenden Aspekten nur verstehen, wenn wir Sex nicht als Sex sehen, sondern als einen Ausdruck der polarisierten Bedürfnisse von Männern und Frauen nach Distanz.

Folglich wird, wenn wir uns sexuell erregt fühlen und *nach Sex wirklich verlangen*, etwas anderes in uns ausgelöst. Unser sexueller Appetit ist eine Verkleidung für diese Bedürfnisse. Es verhält sich ähnlich wie mit dem Essen, das kein Essen ist, Essen ist, kein Essen ist. In der heutigen Gesellschaft, dient es nur zum geringen Teil dazu, biologische Bedürfnisse und Ernährungsbedürfnisse zu befriedigen, es wird oft dazu benutzt, um Langeweile, Spannung und Angst zu verringern, soziale Wechselbeziehungen zu strukturieren, Liebe und Gefühle von Abhängigkeit zu sublimieren, Zorn in eine andere Richtung zu lenken, »Aufregung« und Ablenkung zu bieten, uns und andere zu belohnen, Liebe zu »beweisen«, unsere Zeit zu ritualisieren und Konflikt und Schmerz zu vermeiden. Das Essen wird zum indirekten Ausdruck einer ganzen Reihe von Bedürfnissen, die unter sozialisierten Menschen nicht biologisch sind, besonders wenn Ausgelassenheit, Interaktion und Spontaneität fehlen.

Wenn Sex tatsächlich Sex wäre, der Ausdruck eines biologischen Bedürfnisses, könnte man ihn relativ leicht in den Griff bekommen und auf vernünftige Weise mit ihm umgehen. Er würde in erster Linie der Fortpflanzung dienen und wäre nicht Ausdruck einer Vielzahl anderer Bedürfnisse. Weil das sexuelle Verlangen in der Welt des geschlechtspolarisierten Unbewußten nebensächlich ist und nur gelegentlich in Beziehung zu echtem sexuellen Appetit steht, entsteht ein Dschungel und ein Durcheinander von zusammengerollten, miteinander verschlungenen Motiven, Illusionen, Enttäuschungen, Erwartungen, Verzerrungen und Spannungen. Schließlich kommt es zu Verzweiflung darüber, es je »richtig zu machen«. In dem Maß, wie diese geschlechtsbezogenen Motive, die unseren Sexualtrieb lenken und unser Sexualleben formen, uns selbst unbekannt sind, ist der Sex nicht in den Griff zu kriegen.

Schließlich glauben wir, daß wir ein Sexualproblem haben, wenn dies überhaupt nicht der Fall ist. Wenn wir weiter in diese Richtung gehen und es als Problem handhaben, kommen wir zu dem Schluß, daß ein mechanisches Problem vorliegt, oder eine Schwierigkeit, die aus »Unkenntnis« oder Unverständnis entstanden ist. Wir betreten die Alptraumwelt der technischen Spielereien, der »erzieherischen Behandlungen«, Therapien oder sogar der Sexualchirurgie. Sie versprechen uns alle kurzzeitig »Heilung«, indem sie unsere Ängste reduzieren und unseren Blickpunkt ändern. Da unsere sexuellen Probleme jedoch wenig oder nichts mit Sex zu tun haben, müssen wir schließlich den Preis für diese zeitweilige Erleichterung zahlen. Das Ganze ähnelt der Art und Weise, wie Menschen ihren »Eßproblemen« begegnen, indem sie von einer Diät zur anderen oder von einer Essensmethode zur nächsten übergehen (langsameres Kauen, Veränderung des Zeitplans usw.).

Distanz und Erregung

Die Feministinnen haben uns gelehrt, daß eine Vergewaltigung ein Ausdruck von Macht ist, nicht von Sexualität. Der Vergewaltiger will beherrschen, erniedrigen und seinen Zorn erträglicher machen. Er will sich von Gefühlen unerträglicher Spannung befreien, die aus unbewußtem Groll gegenüber dem anderen Geschlecht stammen.

In letzter Zeit haben sexuell befreite Frauen, die ihre sexuellen Wünsche und Bedürfnisse kennen und deren Befriedigung auf direktere Art verfolgen, entdeckt, daß der sogenannte sexuell orientierte Mann, so wie sie ihn ursprünglich erfahren haben, sich nun genauso zurückzieht und sich von dem sexuellen Drang der Frau bedroht fühlt, selbst wenn er versucht, sie zu befriedigen. Konfrontiert mit seiner früheren Phantasievorstellung von einer sexuell begehrenden Frau, muß er zu seiner Verzweiflung entdecken, daß er den Geschlechtsakt nicht vollziehen kann oder daß sein Interesse geringer wird oder nicht mehr vorhanden ist.

Die zunehmende Zahl von Singles gibt uns einen weiteren Ausgangspunkt, von dem aus wir erkennen, daß sexuelles Verlangen und Erregung eine Sache von Distanzelementen ist. Ein Paar geht vielleicht nach der ersten oder zweiten Verabredung mit scheinbar großem sexuellen Appetit und Verlangen miteinander ins Bett. Es war »toll«, aber der Mann, der »tollen Sex« wollte, kommt nicht mehr wieder und verlangt nicht nach mehr; die Frau, die so »geil« schien und sexuell aufgeschlossen war, hat auch kein Interesse an einer Wiederholung der Vorstellung.

Es gibt eine oft ausgesprochene »Klage der Singles«: »Die, die mich wirklich anmachen, wollen mich scheinbar nicht; und die, die mich wollen, erregen mich nicht.« Schließlich kommt die beunruhigende Schlußfolgerung: »Die Guten sind alle schon weg, nur die Unerwünschten und die ›Kranken‹ sind noch übrig.«

Die Phantasiekomponente, die den Anschein gab, daß in all diesen Beispielen Sex wirklich gewollt war, wurde in eine Distanzfrage umgewandelt und als solche enttarnt. Vielleicht spürte der Mann, daß die Frau in Wirklichkeit ein »Bedürfnis« nach anderen Dingen hatte und der Sex eine Falle war, die er instinktiv vermied; oder sie erkannte, daß er ein Bedürfnis hatte, und daß sie das Objekt für dieses zugrundeliegende, nichtsexuelle Verlangen war, für ein Verlangen nach Kontrolle, Kon-

takt oder Bestätigung, das befriedigt werden sollte. Sie beende-
te die Verbindung schnell, weil sie sich benutzt fühlte. Einer
von beiden oder beide hatten kein Interesse daran, die angeblich sexuell befriedigende Begegnung zu wiederholen, es sei
denn, daß Zeit verging, bis der ehemalige Partner wieder zu
einem Symbol oder zu einer Phantasievorstellung wurde, psychologisch weit genug entfernt, um erneut von sexuellem Interesse zu sein.

Es ist bekannt, daß traditionelle Männer durch Nacktauf-
nahmen von Frauen oder Pornographie, von dem entfernten
weiblichen Sexualobjekt also, erregt werden. Diese Männer
können beim Betrachten eines Photos, bei dem Gedanken oder
der Phantasievorstellung masturbieren, während möglicherweise eine willige Ehefrau oder Freundin im Zimmer nebenan
im Bett liegt.

Wenn einem Mann, der an seiner Frau oder Freundin nicht
mehr interessiert ist, mitgeteilt wird, daß sie ihn verlassen wird
und/oder einen anderen Mann gefunden hat, wird diese Frau,
die für ihn nur noch wenig oder gar keinen Reiz mehr hatte,
auf der Stelle wieder das Objekt eines unersättlichen sexuellen
Appetits.

Larry hatte insgeheim über Möglichkeiten nachgedacht, um seine
Partnerin, die bei ihm lebte, zu bewegen auszuziehen. Als sie
sich kennengelernt hatten, stand Larry, der kurz zuvor aus einem
Land im mittleren Osten nach Amerika emigriert war, am Anfang einer Karriere als Schmuckdesigner. Er lernte die blonde
Katrina, eine Amerikanerin aus der Mittelklasse, auf einer Ta-
gung kennen. Bei ihrer ersten Verabredung gingen sie zusammen essen und verbrachten den Rest des Abends im Bett und
in dem Swimmingpool, der in der Nähe ihres Hotelzimmers lag.

Kurz darauf zog Katrina in sein Apartment ein und schien
sich immer weniger um ihre Karriere zu kümmern und immer
mehr darum, was Larry tat, wenn er nicht bei ihr war. Ihre Unsicherheit führte dazu, daß sie das Thema Ehe immer häufiger
ansprach. Aus ihrer anfänglichen sexuellen Harmonie wurden
kalte Nächte, in denen sie sich stritten und nur noch gelegentlich Spaß am Sex hatten.

Obwohl Larry es eigentlich nicht wollte, schlief er mit anderen Frauen; zuerst tat er es nur, wenn er geschäftlich außerhalb zu tun hatte, aber bald traf er sich heimlich mit der Sekretärin eines Kunden. Die Spannung und Frustration, die er aufgrund von Katrinas Unsicherheit zu Hause spürte, vertrieb ihn und führte ihn in die Betten anderer Frauen. Larry sagte sich, daß es an der Zeit war, die Beziehung mit Katrina zu beenden. Jedesmal, wenn er es versuchte, brach sie hysterisch weinend zusammen, und er bekam Schuldgefühle, weil er sie zwingen wollte zu gehen. Er besuchte eine Therapie, um Lösungsmöglichkeiten in dieser Situation zu finden und ihr Zusammenleben auf konstruktive Weise zu beenden.

Während der ersten Sitzungen galt sein ganzes Interesse nur den »Strategien zur Beendigung«. Dann kam es eines Tages zu einer dramatischen Umkehr. Er kam zur Therapie und weinte, weil Katrina einen Job als Einkäuferin in einem Geschäft für Damenbekleidung angenommen hatte und er bemerkte, daß sie sich distanzierte, ihn im Unklaren über ihren Zeitplan ließ und ihn regelmäßig warten ließ, wenn er sie auf der Arbeit anrief – etwas, das sie nie zuvor getan hatte. Er erfuhr durch ständiges Nachhaken, daß sie eine Beziehung zu einem anderen Mann hatte. Als Larry über ihre »Untreue« wütend wurde, teilte sie ihm mit, daß sie ausziehen würde.

Er war verzweifelt. Der überzeugte Junggeselle und Playboy bettelte nun darum, sie zu heiraten. Obwohl er derjenige gewesen war, der sich »herumgetrieben« hatte, wurde seine sexuelle Leidenschaft für Katrina plötzlich wieder so stark, daß er davon besessen war, mit ihr zu schlafen, es war wie an dem ersten Wochenende, an dem sie sich kennengelernt hatten. Er verlor das Interesse daran, sich mit anderen Frauen zu treffen. Als er Katrina schließlich davon überzeugen konnte, ihre Affäre zu beenden und ihn zu heiraten, trat das alte Muster innerhalb von sechs Wochen nach der Eheschließung wieder ein. Wieder verlor er das Interesse, gleichzeitig wollte sie Bestätigung und drängte ihn nach der romantischen Liebe, für die er »keine Zeit« hatte.

Innerhalb von drei Monaten traf er sich wieder mit den Frauen, die er vor seiner Heirat kennengelernt hatte. Das sexuelle Verlangen nach seiner Frau war mit einem Mal wieder verschwunden.

Larrys Erfahrung ist das umgekehrte Beispiel von der »frigiden Ehefrau« oder Freundin, die erfährt, daß ihr Mann oder Geliebter sie möglicherweise für eine andere Frau verlassen will, wie er es angedroht hatte. Plötzlich hat sie das Verlangen nach Sex mit ihm. »Bitte, schlaf mit mir,« bettelt sie, etwas, das für sie ganz und gar untypisch ist.

Ein Objekt ist »sexy«, ein »echter Mensch« nicht

Ein Mann ist seit zwanzig Jahren mit einer Frau verheiratet und bekommt sexuell immer noch nicht genug von ihr. Er will jede Nacht mit ihr schlafen, vielleicht sogar öfter. Als Psychotherapeut habe ich eine Reihe solcher Paare in Beratungsgesprächen kennengelernt. Wenn ich mit der Frau alleine spreche, sieht es meistens so aus, daß sie in all den Jahren Sex selbst wirklich *nicht* gewollt hat. Nur aus Angst vor Zurückweisung oder aus Furcht vor dem Zorn ihres Ehemannes, aus einem Pflichtgefühl oder dem Bedürfnis heraus, sich anzupassen, sagte sie nie nein, es sei denn, sie hatte einen »legitimen« Grund. Vielleicht wußte er sogar, daß sie im Grunde wenig oder nichts von ihrem Sexualleben hatte. Oft war es wohl so, daß sie durch seine Forderungen irritiert war und sich unter Druck gesetzt fühlte, ihr Liebesleben war eher ein Alptraum für sie, kein Vergnügen. Während er der Meinung war, daß sie ein phantastisches Sexualleben hatten, hatte sie nichts davon.

Jims Fall liegt andersherum. Er ist fünfzig Jahre alt und seit sechsundzwanzig Jahren mit einer Frau verheiratet, die immer sexuelle Intimität mit ihm wollte. Er war ihr männliches Ideal, charmant, ein zielbewußter Versorger, selbstbeherrscht, unemotional, er übte scheinbar die Kontrolle aus und war immer verantwortungsbewußt. In ihren Augen war er sehr sexy.

Innerlich lehnte Jim die Ehe ab. Er fühlte sich wie in einer Falle. Wäre er ehrlich und frei von Schuld gewesen, hätte er seiner Frau gesagt, daß er kein Interesse an sexuellem Kontakt mit ihr hatte. In gewisser Weise spürte sie es sogar, und ihr Drängen nach Bestätigung, ihre Angst, verlassen zu werden, die große psychologische Distanz zu dem »perfekten Mann«, den sie »brauchte«, hatte in ihr ein unersättliches Verlangen nach Sex mit ihm erzeugt. *Er war das Objekt, und sie war immer bereit.* Es war eine Umkehrung der häufigeren traditionellen Polarisation, in der sie ein distanziertes, widerstrebendes und »unerreichbares« Objekt ist, ein Geheimnis, was ihre *wahren* Gefühle betrifft, immer ein Abenteuer für eine Nacht, weil der Mann immer das Gefühl hat, daß es das letzte Mal sein könnte. Daher muß immer eine Herausforderung überwunden werden, so daß er nie das Interesse am »Sex« verliert.

Mit Hilfe der Psychotherapie hörte Jims Frau auf, ihn sexuell zu bedrängen, nachdem sie erkannt hatte, daß sie auf seine Distanzierung reagierte und auf die Unsicherheit, die diese in ihr hervorrief. Jims sexuelles Interesse an seiner Frau erwachte wieder, und sie hatten ein besseres Sexualleben als je zuvor.

In der Vergangenheit, als Frauen glaubten, daß Sexualität für sie kein »Bedürfnis« sei oder nicht einmal von Interesse für sie, wäre folgende Situation ein gutes Beispiel für eine »gute sexuelle Beziehung« gewesen: Der Mann ist immer in der Lage, sexuell seine Pflicht zu erfüllen, und seine Frau ist froh, daß er sie begehrt, weil ihr dies versichert, daß sie ihn noch besitzt, selbst wenn ihr tieferes Ich Sex ablehnt und sie den Wunsch hat, sich nicht hingeben zu müssen. Sie ist zornig, weil sie unter Druck gesetzt, kontrolliert und von ihm »benutzt« wird. Sie hat dies wahrscheinlich nicht bewußt zugegeben, aber ihr Körper, ihre Emotionen und ihr tieferes Ich wußten es, da sie unter einer endlosen Folge von körperlichen Wehwehchen »litt« und/oder an »geheimnisvollen« Launen, Weinanfällen und Depressionen. Solange sie ihren Mann mochte und an der Ehe festhalten wollte, war sie froh, daß er nach ihr verlangte, obwohl sie von dem Sexualakt selbst nichts hatte.

Sie versteckt ihr wahres Ich. Er weiß eigentlich nie, wer sie wirklich ist, was sie fühlt oder wie ihre Bedürfnisse aussehen. Sie bleibt ein geheimnisvolles Objekt. Die Distanz, die er braucht, um sein »sexuelles Verlangen« aufrechtzuerhalten, ist immer vorhanden, daher ist er immer potent. Wir kennen Geschichten von unseren »lüsternden« Großvätern, die ständig hinter ihren Frauen her waren, Frauen, die sich selbst keines wirklichen Bedürfnisses nach Sex bewußt waren, aber bereitwillig ihrem Partner dienten, solange die Männer nett zu ihnen waren. Einige Frauen sagten, daß sie es genossen, obwohl die meisten mehr oder weniger ohne Sex auskommen konnten.

Männlichkeit ist ein externalisierter, isolierter Zustand. Daher ist der größte unbewußte Auslöser für sexuelle Erregung das Spiegelbild dieses Bedürfnisses nach Distanz und Kontrolle. Solange die Frau ein Objekt ist, das benutzt werden kann und das distanziert und widerstrebend ist, und er die Kontrolle hat und die Spannungen nach Kontakt, die sich in ihm aufbauen, reduziert, hat er Hunger auf sie. Sie hat die Symbole, die er braucht, um seine Männlichkeit zu beweisen (ein hübsches Gesicht, einen großen Busen usw.). Für ihn reagiert sie nur, sie hat kein eigenes Ich. Er begehrt sie sexuell sogar noch, wenn sie ihn bereits ablehnt, haßt oder sogar sein Verschwinden oder seinen Tod wünscht. Oder sie verläßt ihn plötzlich in einem Ausbruch von Zorn, wenn sie das Selbstbewußtsein gewinnt, »sie selbst zu sein«. Er ist überrascht, schockiert und erschreckt durch dieses Ereignis.

Jetzt trifft die angeblich frigide Ehefrau einen Mann mit allen Symbolen der Intimität. Er ist der zärtliche Mann, der »seelische« Mensch, der verständnisvolle Therapeut oder der Mann, der sie retten wird und ihr das Verständnis und die Intimität, nach der sie verlangt, gibt. Er hat das, was sie braucht. Jetzt ist er das Objekt, das nicht wirklich als Mensch existiert. Er zeigt nicht sein wirkliches Ich, noch hat er Interesse an Bindung und Heirat. Jetzt hat *sie* das starke sexuelle Verlangen, weil er *sie* sehr gut kennt, während er distanziert und verschlossen bleibt, ein Phantasieobjekt, das sie zu kennen glaubt, aber doch nicht kennt. Er ist jetzt ihre Phantasievorstellung, so wie sie es früher für ihren Mann war.

Sie würde »ans Ende der Welt mit ihm gehen«, schläft jederzeit mit ihm, läßt sich zum Narren halten, was oft geschieht, damit sie bei ihm sein kann. Die Phantasiedistanz ist jetzt die ihre, seine Realität drängt sich ihr nicht auf, so daß sie immer »heiß« auf ihn ist. *Sie* hat die optimale Distanz, ihr Verlangen nach Sicherheit und ihr Bedürfnis, die Kontrolle über diese bedrohliche Situation zu haben, ist stark. Sie sieht sich als sexuelle Frau, was auch tatsächlich zutrifft. Sie ähnelt ihrem Mann, der durch ihre Distanz, Herausforderung und *»Unerreichbarkeit«* erregt wurde.

Der neue Partner ist ein Objekt, entfernt und unwirklich, obwohl er real zu sein scheint, genau wie sie es früher für ihren Mann war. Er hat keine echte Motivierung für eine Beziehung, auch wenn er die Sprache der Intimität und Nähe ausgezeichnet zu benutzen versteht. Er manipuliert sie mit den Symbolen der Intimität, die sie begehrt, genau wie eine schöne Frau den Mann mit den Symbolen zur Bestätigung seiner Männlichkeit, die er begehrt, manipuliert. Er glaubt, echte Liebe gefunden zu haben, während sie in ihrem Innern weiß, daß er keine Vorstellung davon hat, wer sie wirklich ist. Solange sie ihn »braucht«, gestattet sie es ihm, sich geliebt zu fühlen und seine Macho-Bedürfnisse erfüllt zu wissen. Obwohl ihre Realität und Sexualität völlig distanziert sind, bleibt sie ein Objekt seines großen Verlangens.

Derjenige, der die Symbole besitzt, nach denen der andere sich sehnt, und der seine Realität zurückhält, weil er sich in der Beziehung nicht wirklich eingibt, erzeugt »Erregung« im Partner. In der Welt der Singles zum Beispiel tun beide dies bei ihrem ersten Treffen, weil die Lust gegenseitig ist. Wenn dann die *Realität* eines der beiden Partner sich aufdrängt, ist die sexuelle Erregung sofort im Ungleichgewicht, und die sexuelle Begierde bleibt selten gegenseitig.

Die traditionellen Frauen haben es verstanden oder gelernt, die größtmögliche Distanz zu schaffen, um die sexuelle Erregung eines Mannes zu erlangen oder aufrechtzuerhalten – indem sie sich »geheimnisvoll« gaben, ihre innere Realität zurückhielten und so die Erregung des Mannes erzeugten. Tatsächlich waren sie von ihren angeblich beherrschenden Männern, die sie manipulierten, isoliert. In ihrem Innern wußten sie, daß ihre Ehemänner kleine Jungen waren, vielleicht sogar Dummköpfe in ihren Augen, aber ein notwendiges Übel.

Distanz und Funktionsstörung (Fehlen von Erregung)

Wenn wir verstehen können, wer erregt wird, indem wir den Distanzfaktor betrachten, können wir auch sexuelle Not, »Symptome«, Funktionsstörung oder das Fehlen von »Erregung« verstehen.

Oft entpuppt sich der sexuell inaktive oder »dysfunktionale« Mann als eine maskuline Maschine. Er hat unbewußt das Bedürfnis nach Distanz, befindet sich aber in folgender Situation:

1. Er ist unfähig, seiner Frau oder Partnerin, deren tiefere, feminine Bedürfnisse nach Nähe entfesselt sind und drohen, ihn zu verschlingen, Grenzen zu setzen. Dies verursacht Zorn, weil er sich bedroht fühlt. Seine Schuldgefühle hindern ihn jedoch daran, sie abzuweisen, was er gerne tun würde, oder ihr gegenüber »nein« zu sagen. Seine maskuline Besessenheit zwingt ihn dazu, sexuell aktiv zu sein.

2. Sie bewegt sich schonungslos bei ihrer Suche nach »Nähe« und »Intimität« und vielleicht auch unbewußt auf ihn zu, um ihn für seine Kontrolle, Unsensibilität und das Fehlen von »Intimität« zu bestrafen und zu erniedrigen, wobei ihr der Sex als Waffe dient und die Bedürfnisse nach »Nähe« als Schutzmantel. Sie »besteht« auf Nähe und Bindung, die er nicht geben kann. Für ihn ist sie »außer Kontrolle« und übt Druck aus. Sie ist nicht länger die distanzierte, unerreichbare, geheimnisvolle Frau oder das kontrollierbare Objekt, das er braucht, um »erregt« zu werden.

3. Sie hat einen starken (aber verneinten und unterdrückten) Zorn, der von einer Schicht »Freundlichkeit« und dem Verlangen, »ihm bei dem Problem, das er mit der Nähe hat, zu helfen«, überdeckt ist. Dies dient nur dazu, daß er sich eingeengt, schuldbewußt und gefangen fühlt. Sie ist »immer da« und ist

nicht mehr in der Lage, die Distanz zu schaffen, die er braucht, um erregt zu werden. Selbst wenn sie ihm Distanz zu geben scheint, indem sie ihr Verlangen nach Sex nicht ausspricht, spürt er den unablässigen Druck, den sie verkörpert, und die ständige Bewegung auf ihn zu.

4. Er *versucht*, aus einem Schuldgefühl heraus und aus einem Bedürfnis, seine sexuelle Leistungsfähigkeit zu beweisen, erregt zu sein, nicht aus echtem Verlangen. Er ist besessen von seiner sexuellen Leistungsfähigkeit, und die Situation verschlechtert sich.

5. Er sehnt sich unbewußt nach der Distanz, die er nicht bekommen kann, und erstarrt in dem Versuch, sich selbst zu verteidigen, körperlich, indem er sich vor ihrem Zorn schützt und davor, verschlungen zu werden, abgesehen von seinem Zorn, den er nicht bewußt verarbeitet, sondern durch seine Symptome oder »Funktionsstörung« ausdrückt.

6. Dies mag dazu führen, daß er stärker nach Sex verlangt, um sich zu bestätigen. Sein Versagen erzeugt eine Verschiebung des Machtgleichgewichts. Während Angst und sein Selbsthaß bei ihm stärker werden, übernimmt sie die Führung.

7. Sie ist wahrscheinlich die ganze Zeit »nett zu ihm« und »verständnisvoll«, was sein Gefühl von Verantwortung und seine Unfähigkeit, die Situation richtig zu erfassen, verstärkt. Er ist überzeugt, daß sie ihn wirklich liebt und daß *er* ein Problem hat, weil *er* sich vor »Nähe« fürchtet (dies trifft in einigen Fällen zu, ist aber nur Teil des ganzen Bildes). Schließlich glaubt er daran und hofft sogar, daß diese »Funktionsstörung« ein mechanisches Problem ist. Er kann in diesem Dilemma keinen emotionalen Sinn sehen und fühlt sich daher immer machtloser oder »impotent«.

8. Um die Situation zu »heilen«, schließt er möglicherweise die Augen und verwandelt sie in eine andere Frau, in ein entferntes Sexobjekt, durch das er erregt werden kann. Dies kann funktionieren, aber nur solange sie sich ihm gegenüber nicht so verhält, daß er gezwungen wird, sich wieder mit ihrer ganzen Realität auseinanderzusetzen. Dann verliert er die Distanz, die die Phantasie ihm bietet.

9. Wenn sie ihre Realität zu sehr offenbart, ist der Anfang vom Ende seines Sexuallebens mit ihr nah. Die Distanz, die er

braucht, ist aufgehoben, und er wird bei dieser »wirklichen« Frau als »sexlos« entlarvt. Es gibt keinen Ausweg und keine Lösung, es sei denn, daß der zugrundeliegende Sog aufgedeckt und wieder ins Gleichgewicht gebracht wird. Jetzt wird er immer ängstlicher, verwirrter und verletzlicher. Er glaubt an jedes Versprechen einer schnellen »Heilung« oder einer äußerlichen, mechanischen Lösung, die von »Sexualexperten« angeboten wird. Sie nähren sein Bedürfnis und seine Verzweiflung, um jeden Preis sexuell aktiv zu sein, damit er seine männliche Selbstachtung bewahren und so seiner furchtbaren Angst entfliehen kann.

Seine »Funktionsstörung« ist nicht sexuell, noch sagt sie irgend etwas über seine Männlichkeit aus. Sie ist eine Frage des Ungleichgewichts von Distanz. Die Dimensionen der meisten sexualtherapeutischen »Heilungen« oder »Behandlungen«, die größere »Intimität« fördern, sind die Antithese dessen, was ihn erregt, nämlich das schöne, distanzierte Objekt, das keinen Druck ausübt und das im Grunde an Sex nicht interessiert ist und sich den Anschein des Geheimnisvollen gibt, um seine Erregung aufrechtzuerhalten.

Distanz und Impotenz

Um eine Funktionsstörung zu verstehen, die aus fehlender Erregung resultiert, betrachte man einfach die Dimensionen der erregendsten Phantasievorstellung des Mannes und kehre sie um. Das entfernte, unerreichbare Objekt ist jetzt die allzu wirkliche Frau, die Nähe und Sex fordert, wodurch der Mann all seiner Kontrolle und Distanz beraubt wird, die die Grundvoraussetzungen für größtmögliche Erregung sind.

Die »frigide Frau«, bis in die jüngste Vergangenheit die Norm, war wie der impotente Mann »frigide«, weil sie sich von einem Mann, der ständig nach Sex verlangte, sie wie ein Objekt behandelte und unfähig war, sie als Mensch zu sehen, verschlungen fühlte. Ihre defensiven Bedürfnisse zwangen sie dazu, sich anzupassen, sie hatte Angst davor, nein zu sagen. Ähnlich wie der schuldbewußte Mann, der nicht sexuell aktiv sein kann und vorgibt, daß er Sex will, aber daß irgend etwas mit ›der Ausrüstung‹ nicht in Ordnung ist, ist die »frigide« Frau nicht in der Lage, die Grenzen zu setzen, die sie braucht. Sie ist daher zu einer wirklichen sexuellen Reaktion nicht in der Lage. Ihre »Frigidität« und die sexuelle Verschlossenheit sind eine Art Selbstschutz und stellen das Bedürfnis dar, die Grenzen und die psychologische Realität wiederzugewinnen, die durch ihr »nettes« äußeres Ich verneint und unterdrückt wird. Dieses versucht, den Mann zu lieben, während sie sich kontrolliert und machtlos fühlt.

In der traditionellen Beziehung gibt es daher einen Mann, der immer erregt ist, aber die Frau benutzt, um sich selbst zu bestätigen und die Kontrolle zu behalten, und eine Frau, die nie erregt ist. Die Distanzbedürfnisse bestehen zu seinen Bedingungen. Er wird jedoch nicht durch sie als Mensch erregt, und sie erkennt dies. Sie wird benutzt und weggestoßen, genau wie sie den dysfunktionalen Mann, dessen Realität sie nicht erkennt, benutzt, indem sie »ihn immer will« und so sein Bedürfnis nach Distanz blockiert. Er ist jetzt ein Bestätigungsobjekt für sie, genau wie sie zuvor ein Objekt für seine maskuline Bestätigung war. Zu den Dimensionen der größtmöglichen Erregung des traditionellen Mannes zählen:

Psychologische Distanz auf seiner Seite.

Der innere Widerstand und das fehlende sexuelle Interesse auf ihrer Seite.

Eine immer vorhandene Herausforderung.

Das Bedürfnis, »seinen Besitz« zu kontrollieren und das Gefühl, diese Kontrolle zu besitzen.

Ein Bedürfnis nach Kontakt und Nähe, das nur durch den Geschlechtsverkehr erleichtert werden kann.

Das Fehlen ihrer »Realität« – er weiß nicht, wer sie wirklich ist und was in ihrem Innern vorgeht.

Fehlender Druck auf ihn, sexuell aktiv zu sein, weil sie »es« eigentlich nie wirklich will. Tatsächlich ist immer das Gefühl vorhanden, daß sie ihm einen Gefallen »tut«.

Die Manipulation des Mannes aus einer gewissen Entfernung für ihre Ziele, indem sie nicht ihre wahren Gefühle zeigt.

Wenn diese Größen umgekehrt werden, kann folgendes geschehen: Er hat keine psychologische Distanz.

Es gibt keinen Widerstand auf ihrer Seite; sie zeigt sexuelles Verlangen.

Sie ist keine Herausforderung für ihn.

Ihm fehlt das Gefühl, sie und die Situation zu kontrollieren.

Sex dient ihm nicht als Kanal für seine nicht ausgedrückten Bedürfnisse nach Kontakt oder Nähe.

Sie ist »zu real«.

Er fühlt Druck nach sexueller Leistung, weil sie andeutet, daß sie Sexualität will und diese ein Bedürfnis für sie *ist*.

Sie drückt ihre wahren Gefühle aus.

Die Hintergrundelemente, die ein Fehlen von Erregung, eine Funktionsstörung, Impotenz oder wie auch immer man es bezeichnen will, erzeugen, sind dann vorhanden.

Distanz und Emanzipation

Es gibt ein wachsendes Problem unter »emanzipierten« Männern und »emanzipierten Paaren«, die perfekt miteinander auszukommen scheinen – abgesehen davon, daß er kein sexuelles Interesse an ihr hat oder zwischen beiden kein Interesse besteht.

Hier spricht sein tieferes, sich distanzierendes Ich — während all seine emanzipierten Meinungen und sein Verlangen, »intim« zu sein, einen schuldmotivierten Versuch nach »Nähe« geschaffen haben.

Er fordert eine Intimität heraus, die seinem idealistischen und abstrahierten »emanzipierten« Ich zufolge richtig und gesund ist und die er daher haben sollte. Aber sein tieferer maskuliner Prozeß oder seine Abwehr, die für seine Erregung Distanz fordert und nicht einfach geändert wird, indem man »gutgemeinte« Positionen annimmt, wird durch seine »Ideale« sabotiert.

Seine Frau oder Freundin fühlt sich abgewiesen, nachdem sie geglaubt hatte, daß sie »den perfekten Mann« gefunden hat, der emanzipiert, aber doch männlich ist, und der jetzt offenbart, daß er einen »fatalen Fehler« hat, den beide nun mit Philosophien zu rationalisieren suchen, wie zum Beispiel, daß Männer keine »Leistung zeigen« müssen usw. usw. Dies ist eine oft wiederholte Rationalisierung, die beide äußern, aber keiner von beiden glaubt *wirklich* daran und könnte längere Zeit damit leben, da ständig eine tiefere Spannung und Besessenheit erzeugt wird. Sie entsteht jede Nacht im Bett durch den Sog, der immer gegenwärtig ist, selbst wenn er verneint oder durch Entschuldigungen wie »harte Arbeit«, Sorgen, Müdigkeit oder Unwohlsein vermieden wird. Er ist sich selbst mit seinen emanzipierten Ansprüchen, die es zu einer neuen »Sünde« gemacht haben, die noch bestehende maskuline psychologische Struktur anzuerkennen, in die Falle gegangen.

Über die »Sexualität« selbst zu sprechen, ist eigentlich zwecklos, wenn der Sog oder die Polarisation unverändert bleiben. Als »Heilung« oder als Gegenmittel für die Probleme, die durch die Polarisation geschaffen wurden, »über Sexualität zu reden«, muß fehlschlagen. Die Schuld und das Verlangen, »nett und verständnisvoll« zu sein, verhindern, daß die tieferen Widerstände und das Ungleichgewicht aufgedeckt werden und man sich ehrlich nach ihnen richtet.

Man versucht es mit äußerlichen Lösungen: Man schläft zum Beispiel nicht mehr so häufig miteinander, benutzt künstliche Mittel zur Erregung oder hält sich zurück, bis der Partner, der kein Interesse mehr zeigt, den Sex »wirklich« wieder will. Diese »Lösungen« sind ebenfalls zwecklos. Es verhält sich ähnlich wie beim Alkoholiker, der sein Problem zu »heilen« versucht, indem er die Situationen, in denen er trinkt, ändert.

Was schließlich ganz verrückt macht und sozusagen der letzte Nagel im Sarg der Sexualität ist, sind fehlende Grenzen für Sex, etwas, das über die Jahre entstanden ist – Grenzen, die auch im Tierreich bestehen, wo Sexualität die Reaktion auf Zeiten der »Hitze« ist. Polarisierte Abwehrmechanismen schaffen eine Sexualität ohne Grenzen. Diese »künstliche Hitze« wird angeheizt durch sein unaufhörliches, defensives Bedürfnis nach der Bestätigung seiner Männlichkeit und durch ihr endloses defensives Bedürfnis nach Versicherung von Nähe und danach, »geliebt« zu werden.

Das dysfunktionale Paar steht der grausamen Situation gegenüber, aus zwei Menschen zu bestehen, die das Gefühl haben, daß sie regelmäßig miteinander schlafen »sollten«, obwohl einer oder beide sich stark widersetzen.

Die klischeehaften Meinungen, die ein »gesundes Sexualleben« als wichtigen Aspekt einer guten Beziehung betrachten, treiben das polarisierte Paar noch tiefer in die Verzweiflung, während sie nach den Zutaten suchen, die diesen angeblich erreichbaren, wunderbaren Zustand schaffen und sie zu einem »normalen« Paar machen.

Sex ist nicht gleich Sex, denn derselbe Mann, der zu Anfang unkontrollierbar nach Sex verlangte, als dieser nicht erreichbar war, würde nicht plötzlich Desinteresse zeigen, wenn Sex erreichbar wäre. Er reagiert jetzt auf das drängende, tiefere Verlangen der Frau nach Nähe, das sie erregt und ihm die Lust nimmt.

Wenn es bei dieser Frage um Sex ginge, wäre das Interesse am Sex und das Verlangen danach nicht so flüchtig – an einem Tag drängend, am nächsten Tag völlig abwesend, bei dem einen immer vorhanden und beim anderen nie. Es wäre einfacher, einen willigen, geübten Partner zu wählen und eine sexuell befriedigende Verbindung zu schaffen und zu erhalten.

Die Biologie im Dienst der Fortpflanzung

Wir sind geschädigt, wenn die Biologie zum Werkzeug eines tieferen defensiven Bedürfnisses wird. Wenn Nahrung nicht der Ernährung dient, wird sie unser Meister und beherrscht uns. Wir leben heute tatsächlich in einer Gesellschaft, in der das Essen im selben Maß ein Fluch wie ein Vergnügen ist, da fast jeder ein »Essensproblem« hat. Die Fälle von Magersucht und Bulimie haben fast schon epidemische Ausmaße erreicht, die Besessenheit mit dem Gewicht ist schon fast universal und die Suche nach der perfekten Diät eine nationale Hauptbeschäftigung.

Dies scheint jetzt auch mit dem Sex geschehen zu sein. Zuerst diente er nichtsexuellen Motiven und der »Erholung« (Reduzierung von Spannung, Zerstreuung, Bestätigung, Struktur) und macht uns heute, psychologisch gesehen, verrückt. Auch unsere Gesundheit wird aufgrund von um sich greifenden, immer ernsteren Geschlechtskrankheiten bedroht. Dies soll kein Argument für Treue oder Puritanismus sein (beides sind ebenfalls keine Lösungen), aber nirgendwo sieht man die Wirkungen und Ergebnisse der Polarisation stärker als im Bereich der Sexualität, in der das, was einst ein Quell endlosen Vergnügens zu werden schien, sich nun gegen uns wendet und droht, ein Alptraum zu werden, genau wie es das Essen, das nur noch der Unterhaltung dient (für viele ist es das jedenfalls geworden).

Durch unsere sexuelle Reaktion werden die tiefsten Wahrheiten unseres psychologischen Wesens offenbart, durch das, was uns erregt und was uns die Lust nimmt und durch Distanzelemente, die ein Ausdruck des externalisierten Mannes und der internalisierten Frau sind und sich in der Sexualität ausdrücken. Er bewegt sich unnachgiebig auf die Isolierung zu. Sie bewegt sich unnachgiebig auf die Verschmelzung zu (»Nähe«). Was uns »erregt« und »verschließt« sagt uns schmerzliche Wahrheiten über unsere tiefsten polarisierten Abwehrmechanismen. Und dann kann man noch viel von seiner sexuellen Wahl und den Phantasien lernen und davon, wie sich diese Wahl in unseren sexuellen Reaktionen ausspielt.

Polarisierte Sexualität bedeutet, den anderen zu benutzen, um nichtsexuelle Motive zu befriedigen. Sie mag zeitweise den einen

oder anderen Partner erregen (abhängig davon, wessen zugrunde-
liegende »Bedürfnisse« erfüllt werden, wer durch Verlust bedroht
wird, wer sich kontrolliert, verschlungen oder in der Falle fühlt)
und führt schließlich zu einem Zusammenbruch der Kommuni-
kation, die in Entfremdung und in einem Verlangen nach Flucht
endet.

Wenn er wirklich auf Sex aus war, würde er dann eine willige Partnerin verlassen und einer abweisenden, manipulierenden Frau nachjagen? Oder würde sie einen liebevollen Ehemann verlassen, um sich einem psychopathischen Manipulierer zuzuwenden, der Nähe nur vorgeben kann?

Noch einmal: Die Weisheit des Penis – Eine Teilentschuldigung

In meinem Buch *Man(n) bleibt Mann* habe ich in einem Kapitel mit dem Titel »Die Weisheit des Penis« geschrieben, daß der Penis tiefere Wahrheiten offenbart, die respektiert werden müssen. Müßte ich dieses Kapitel heute neu schreiben, würde ich hinzufügen, daß der Penis und die Dinge, die uns wirklich sexuell »anmachen«, uns am ehrlichsten zeigen, wer wir wirklich sind. Wenn sich jedoch zeigt, daß ein Mann unbewußt eine Maschine ist, die große persönliche, psychologische Distanz und Kontrolle braucht, um erregt zu werden, wird die Erektion ihn sicherlich nicht zu einer Partnerin in eine ausgewogene, konstruktive Beziehung führen. Ein Mann, der von »Objekten« erregt wird, seien es Prostituierte, Klappbilder in Zeitschriften, »geheimnisvolle Madonnen« oder andere »Unpersonen«, muß sich bewußt werden, daß er seine Persönlichkeit wesentlich ändern muß, wenn er eine andauernde, gegenseitig stützende und steigerungsfähige Beziehung erreichen will.

Solange die Sexualität polarisiert bleibt, ist die sexuelle Erregung ein gefährlicher Führer, wenn man eine Wahl trifft oder die »Gesundheit« oder Qualität einer Beziehung einschätzt. Wenn wir sexuell erregt sind, wird unser Bedürfnis nach Distanz und so unser Abwehrbedürfnis zeitweise befriedigt. Wir treffen aufgrund unbewußter Abwehr eine Wahl, nicht aufgrund rationaler oder objektiver Vorliebe. Wir betreten flüchtiges Terrain, in dem wir umhergeworfen werden, wenn sich das tiefere Distanzgleichgewicht wandelt und unser sogenanntes sexuelles Verlangen dramatisch ändert.

Unglücklicherweise sind viele Menschen, besonders Männer, von der ursprünglichen Erregung, daß ihr Distanzbedürfnis befriedigt wird, abhängig und können sich nicht vorstellen, wie man sich ohne diese Erregung binden kann. Wenn sie nicht vorhanden ist, sind wir überzeugt, daß die Beziehung zu Ende ist, obwohl es eigentlich erst der Anfang eines Selbstfindungsprozesses ist.

Unsere sexuelle Erregung ist nicht die Verlockung des Teufels. Aber von denjenigen, die die Realität des psychologischen Geschlechtssogs nicht begreifen, könnte es leicht so interpretiert werden. Es scheint wie ein böser Trick, wenn wir unsere sexuelle Erregung als Richtschnur für Beziehungen benutzen und in Verbindungen hineingezogen werden, die zu Anfang sehr vielversprechend scheinen und dann mit der Zeit immer schlechter werden.

»Gesunder« Sex

Gesunder Sex ist befriedigender Sex mit einem Menschen, mit dem man zuerst Freundschaft geschlossen hat und bei dem sich die Beziehung nicht auf sexuelle Erregung gründet. Dies macht jedoch beträchtliches Wachstum bei Männern und Frauen, weg von der polarisierten Wechselbeziehung, erforderlich.

Weil die zugrundeliegenden Abwehrmechanismen von Männern und Frauen schwer zu ändern sind und es bei der Änderung der Situation um große psychologische Risiken geht, sehnen wir uns nach den einfachen, äußerlichen und mechanischen Lösungen, die Ärzte, Wissenschaftler und Psychologen bereitwillig anbieten. Der Preis für eine solche Flucht vor unserem inneren Ich ist der Preis, den wir dafür zahlen, daß wir uns betäuben lassen. So vermeiden wir, daß wir unseren Schmerz verstehen. Gottes Mühlen mahlen langsam, und wir müssen unausweichlich den Preis dafür zahlen, daß wir uns nicht mit unserem tieferen Sinn auseinandersetzen.

Wir befinden uns heute gewissermaßen in einem sexuellen Alptraum, weil unser Inneres danach schreit, sich zu schützen – und wenn wir die Botschaften nicht richtig übersetzen und interpretieren, sind wir dazu verdammt, Fehler zu wiederholen, immer größere Verzweiflung und ein Zusammenbrechen der sexuellen Kommunikation zwischen Männern und Frauen zu erfahren. Ein wichtiger Schritt ist, daß wir uns von den Illusionen und den unerträglichen Schmerzen der Polarisation befreien können. Das Problem ist nicht der Sex, sondern das defensive Ungleichgewicht und die daraus resultierenden Verzerrungen, wie wir einen Partner wählen und zueinander in Beziehung stehen.

8.

Gott sei gedankt für die Impotenz!
Es ist das einzige, das er nicht kontrollieren kann

Als Tom seine Frau Annette sexuell nicht mehr so stark begehrte, geriet er in Panik. Alles andere in seinem Leben schien gut zu laufen, aber er war impotent und hatte sogar eine »negative Erektion«; sein Penis schien kleiner zu werden, als er normalerweise im schlaffen Zustand war. Er sagte sich, daß er alles hatte – eine liebevolle, sexuell anziehende Ehefrau, die ihn zu bewundern schien, zwei hübsche Kinder, ein drittes war unterwegs, und neulich war er zum Manager einer Autoersatzteilfirma, die rund um die Uhr arbeitete, befördert worden.

Er wollte auf der Stelle Antworten haben, weil trotz der beruhigenden Bemerkungen seiner Frau die Spannung im Bett jeden Abend furchtbar aufreibend war. Er hatte sich nie vorstellen können, daß einmal eine Zeit käme, in der er »Angst« vor Sex haben würde. »Mein Gott«, dachte er. »Ist es das, wovon die Frauen immer gesprochen haben – und das ich immer für eine Ausrede gehalten habe?«

Er wußte, daß seine Frau unter ihren mitleidigen Kommentaren frustriert und verärgert war. Bei ihm entstand wachsender Abscheu vor sich selbst aufgrund seiner Ausflüchte, Manipulationen und direkten Lügen, die er erfand, um abends nicht zur gleichen Zeit zu Bett gehen zu müssen. Entweder »schlief« er früh »ein« oder »arbeitete bis spät in die Nacht« – das heißt, bis seine Frau eingeschlafen war. Manchmal sagte er zu ihr, daß er wirklich mit ihr habe schlafen wollen, aber daß er sie nicht im Schlaf stören wollte. Obwohl sie von »Hunger nach Zuneigung und Nähe« sprach, vermied er es zu reagieren. Er wollte nicht vorgeben, was er nicht fühlte und fürchtete auch, daß jeglicher Körperkontakt zu Sex führen und seine »Impotenz« offenbaren würde.

Nachdem einige Monate so vergangen waren, hatte er eines Morgens eine starke Depression – ein Gefühl, als ob sein Leben vorüber sei. Es würde nichts ausmachen zu sterben, dachte er.

Er suchte einen Urologen auf, um sicherzugehen, daß physiologisch alles in Ordnung sei. Er wußte in seinem Innern, daß es so war, weil er auf zwei verschiedenen Geschäftsreisen mit einer Prostituierten geschlafen und »unglaublich potent« gewesen war. Trotzdem wollte er es überprüfen lassen. Natürlich verliefen alle Tests negativ.

Als nächstes suchte er einen Sexualtherapeuten auf, der sich auf Visualisierungstherapie und Verhaltensänderung spezialisiert hatte. Nach einigen Sitzungen wurde ihm und dem Therapeuten klar, daß das Problem mehr war als nur eine einfache Angst vor sexueller Aktivität. Tom versuchte es offenbar zu sehr aufgrund seiner Illusion von der perfekten Welt, die er »geschaffen« und fast vollständig unter Kontrolle hatte. Er wollte seine tieferen Gefühle oder sein Innenleben nicht erforschen, weil er alles genau so wollte, wie es war.

Nachdem er als einzige Lösung nur noch ein Penisimplantat sah – was selbst seinem technischen und mechanischen Verstand »krank« erschien – ging er, da er erst neununddreißig Jahre alt war, mit großem Widerstreben zu einem Psychologen, der auf Hypnotherapie spezialisiert war, was in Toms Augen ein Pluspunkt war.

Der Therapeut versetzte ihn in Trance. Selbst Toms defensivem Verstand wurde nach nur zwei Stunden Therapie klar, daß er auf einer Welle unterdrückter Gefühle gesessen hatte. Er hatte dies verneint, aber sein Körper, besonders sein Penis, hatte es registriert. Er entdeckte, daß die Beziehung zu seiner Frau durch seine Schuld und seine erzwungenen Versuche, »nett«, »nah« und »fürsorglich« zu sein, genau in die andere Richtung gegangen war. Es war nicht, was er brauchte und womit er sich wohl fühlte. Er lebte die Vorstellung seiner Frau von einer glücklichen Familie aus.

Sein Therapeut erklärte ihm, daß es nicht um die Frage ging, ob die Beziehung gut war oder nicht, sondern darum, daß Toms wirkliches Wesen gegenüber seinem Verlangen, die Phantasievorstellung eines perfekten Familienlebens auszuleben, stark unterdrückt worden war. Die starken, zurückgedrängten Emotionen, die er versteckt hielt, hatten in den letzten Jahren zu starker Gewichtszunahme geführt, zu immer größerer Passivität zu Hause (»Ich fühle mich wie eine Schnecke, die dasitzt und in die Glotze schaut«) und zu seltsamen Verletzungen und körperlichen Schwächen, so daß er sich wie ein alter Mann fühlte. Tatsächlich starrte er manchmal in den Spiegel und sah seinen Vater vor sich, so wie er als alter Mann ausgesehen hatte. Nur sein Penis und seine sexuelle Reaktion protestierten gegen das, was mit ihm als Mensch geschah. Er wurde gezwungen, sich damit auseinanderzusetzen, wer er *wirklich* war und nicht wer er sein wollte.

Obwohl es fast zwei Jahre intensiver Psychotherapie bedurfte, um seinen Selbsthaß, seine Schuld und Angst aufzuarbeiten, konnte Tom seine wirklichen Gefühle wiedererlangen und hatte schließlich in seiner Ehe eine reale Beziehung. Es überraschte ihn, daß die Situation sich nicht verschlechterte, sondern daß seine sexuelle Funktion wiederkehrte und seine Ehe zu neuem Leben erweckt wurde.

Das tiefere maskuline Ich

Die Rüstung der Männlichkeit ist starr. Je defensiver und »männlicher« ein Mann ist, desto tiefer ist er in destruktiven Mustern verfangen, die die Selbstzerstörung für den sehr maskulinen Mann unbewußt »attraktiver« oder weniger bedrohlich als Veränderung machen.

Der Teil seines tieferen Ichs, der die »Wahrheit sagt« – die Dimension seiner Persönlichkeit, die starke Angst erweckt, die Risse in seiner Rüstung sichtbar machen und tatsächlich als seine »Wachstumsstelle« agieren kann, wenn *es* nicht so »klappt«, wie es sollte – ist seine sexuelle Reaktion. Für viele Männer ist dies die einzige Möglichkeit, weil die sexuelle Reaktion schließlich das einzige ist, das der Kontrolle des Mannes Widerstand leistet oder sie übersteigt. Es ist der einzige Weg zurück zur Internalisation, der übrigbleibt, die Konzentration auf seinen Prozeß und die persönliche, nicht isolierte Seite seiner Persönlichkeit anstelle der zielorientierten Leistung. Durch die »Impotenz« kann er eventuell »zu sich selbst Verbindung aufnehmen« und seinem Leben eine lebensbewahrende Richtung geben.

In dem Maß, wie der unbewußte maskuline Prozeß eines Mannes besteht, gibt es eine defensive und unablässige Bewegung dahin, alles in seinem Leben unter Kontrolle zu haben. Unter seiner maskulinen Oberfläche besteht das Bedürfnis, sich zu distanzieren und intellektualisieren, um dem starken inneren Kern, gegen den er sich verteidigen muß, aus dem Weg zu gehen.

Die allgemeine Abwehr ist die Kontrolle, die Art und Weise, wie er sich auf jedem Gebiet schützt. Seine Abwehrmechanismen externalisieren ihn und machen ihn in der Erfahrung seines Lebens, im Verhältnis zu seiner Angst und zu seinem Bedürfnis, tiefere, innere Realitäten zu vermeiden, zielorientiert und mechanisch. In zunehmendem Maß umgibt er sich mit Menschen und Situationen, die er in persönlicher Wechselbeziehung kontrollieren kann.

Das bedeutet nicht, daß er notwendigerweise immer alles *offenkundig* beherrscht. Die Kontrolle manifestiert sich möglicherweise nur dadurch, daß er sich auf Beziehungen und Situationen beschränkt, in denen er emotionale Distanz bewahren und »in Ruhe gelassen« werden kann. Möglicherweise scheint es so, daß seine Frau ihn beherrscht oder daß er »sie tun läßt«, was sie will. Das heißt jedoch nicht, daß er nicht die Kontrolle besitzt. Es ist seine Art, »in Ruhe gelassen« zu werden und sich »den Rücken freizuhalten«.

Er will nicht unter Druck gesetzt oder belästigt werden. Nichts soll seine Arbeitsorientierung oder Zielrichtung behindern. In bezug auf seine Gefühle oder innere Erfahrung sollen keine Fragen gestellt werden. Er gesteht den Menschen um ihn herum wahrscheinlich gewisse Kontrolle zu, wenn dies unbewußt seinem Zweck, emotional unabhängig zu bleiben, dient.

Aufgrund dieses starken Bedürfnisses nach Kontrolle heiratet er die feminine Frau, bei der er sich am Anfang wohl fühlt, weil sie sich ihm aus Angst anpaßt, ihn manipuliert oder »benutzt«, um das zu bekommen, was sie braucht. Sie übt keinen Druck auf ihn aus, sich persönlich einzubringen oder sich so zu »öffnen«, daß seine tieferen Gefühle offengelegt werden, weil sie davor genausoviel Angst hat wie er, trotz ihrer Beteuerungen, daß sie Intimität will. Unbewußt gibt sie ihm die Vorherrschaft, indem sie *reagiert* statt *handelt*, ihre Macht und ihr Ich aufgibt, obwohl dies in ihr unausweichlich Zorn und sogar Haß auf ihn aufbaut. Unbewußt bedeutet ihre weibliche Internalisation, daß sie die offene oder direkte Kontrolle und Macht fürchtet und sich weigert, sie zu übernehmen. Sie hat genausoviel Angst, diese Kontrolle und Macht zu übernehmen, wie er hat, sie zu verlieren. Aufgrund dieser sich gegenseitig verstärkenden Abwehrmechanismen werden sie am Anfang voneinander angezogen.

Der Präimpotenz-Kreislauf

Im Verlauf der Beziehung erzeugt die romantische Paarung zwischen einem maskulinen Mann und einer femininen Frau eine polarisierte Distanzierung. Er verhält sich emotional distanziert, zielorientiert, mechanisch, intellektualisiert, isoliert und »kontrollierend«, während sie sich stärker anpaßt, Bestätigung braucht, Angst hat und in der Wechselbeziehung mit ihm kein eigenes Ich hat. Ihr wachsender Zorn wird dadurch verdeckt, daß sie sich bei ihren ständigen Versuchen, »ihm zu gefallen« und angeblich Wege zu finden, ihm näherzukommen und »intimer« zu sein, sehr »nett« und »liebevoll« verhält.

Seine unbewußte Kontrolle wird so automatisch und umfassend, daß er schließlich zum Tyrannen wird, obwohl er sich dessen vielleicht nicht bewußt ist. Statt dessen empfindet er sich als sehr liebevoll, weil er für seine Frau und Kinder sorgt und alles für sie »tut«. Er führt seine Funktion aus und in gewissem Grad hat er recht. Auf der einen Ebene will und liebt seine Partnerin ihn, weil er so ist. Sie will bewußt oder unbewußt von ihm »versorgt werden«. Gleichzeitig baut sich jedoch in einem anderen Teil von ihr starker Zorn auf, weil sie sich kontrolliert und distanziert fühlt und erniedrigt. Sie hat das Gefühl, »wie ein Kind« oder ein »Nichts« behandelt zu werden.

Sie wird behaupten, daß ihre Bedürfnisse nach Intimität nicht erfüllt werden. Entweder drückt sie ihren Zorn darüber direkt durch periodische Ausbrüche aus, oder sie entwickelt körperliche und psychologische Symptome, zum Beispiel Übergewicht, Leiden, Depression oder Launenhaftigkeit.

Im Bett haben wir also einen Mann, der in Wirklichkeit dominant ist und der sich auf mechanische, emotional distanzierte Weise mit ihr auseinandersetzt, sich bei intimer Wechselbeziehung und Sinnlichkeit unbehaglich fühlt und keine Verbindung zu der Wirkung seines Prozesses auf sie hat. *Er kann leicht manipuliert werden, weil er nicht wissen will, was sie wirklich fühlt.* Seine Frau baut starken Zorn und Frustration auf, oft bis zu dem Punkt, daß sie »ihn« für das »haßt«, was er ist, aber dies nicht zugeben kann, weil sie ihn braucht, obwohl sie ihm die Schuld an ihrem Unglück gibt. Ihr tieferer Zorn wird mit der Zeit stärker und wächst mit seinem Bedürfnis nach Kontrolle. Ihr Zorn tritt offener zutage, wenn sie sicherer wird.

Seine maskuline Externalisierung hindert ihn jedoch daran, sich auf ihre Gefühle ihm gegenüber einzustimmen. Er sieht sie als Objekt und schreibt ihre wachsende Feindseligkeit entweder ihrem Wesen zu oder der Tatsache, daß sie »eine Frau ist«. »So sind die Frauen eben«, denkt er und sagt es oft.

Er ist unfähig zu sehen, was unter der Oberfläche steckt, und daher nimmt er an, daß alles in Ordnung ist, wenn sie sich ihm gegenüber liebevoll verhält und für ihn da ist. Er kann ihren wachsenden Zorn und ihre Wut nicht sehen. Er kann ihre körperlichen und emotionalen Symptome nicht richtig interpretieren und sich zu ihrem wachsenden Bedürfnis nach Bestätigung und zu ihrer Spannung, verursacht durch fehlende »Nähe«, nicht in Beziehung setzen. »Es ist nur ihre Einbildung«, denkt er. Er kann auch nicht den Prozeß der Beziehung sehen, wozu seine Isoliertheit und *ihre* Frustration mit der Intimität zählt.

Während sein bewußtes Ich dies nicht weiß, erkennt sein unbewußtes Ich es. Es führt dazu, daß er das sexuelle Interesse verliert und das sexuelle Vergnügen abnimmt. Möglicherweise macht er sich Gedanken darüber, daß er immer vorzeitige Ejakulationen hat, es vermeidet, sie wirklich zu berühren, oder »schlaff« wird. Er interpretiert dies jedoch nicht als eine Reaktion auf die Wechselbeziehung, in der er manipuliert wird. Während sich in ihr ungeheurer Zorn aufbaut, sieht er wahrscheinlich ihre Spannung oder ihren Widerstand und hört ihr Klagen über endlose psychosomatische Leiden, ihre Schuldzuweisungen, passiven Aggressionen, Launenhaftigkeit und Unsicherheit, aber er kann keinen Schluß daraus ziehen und sich keinen Reim darauf machen. Wahrscheinlich neigt er eher dazu, sich selbst die Schuld zu geben, da der sexuelle Bereich in erster Linie sein Gebiet ist und er sie nicht glücklich macht.

Wenn sie die abhängige, »nette« Erdmutter ist, religiös oder »aufopfernd«, und ihren Zorn auf ihn nicht sieht und ihn verneint, liegt er mit einer Frau im Bett, die einerseits sehr zornig auf ihn ist, aber dennoch »sehr nett«; sie tut ihre Pflicht aufopferungsvoll und klammert sich an ihn, sie kennt ihre wirklichen Gefühle nicht und verneint sie. Sie sagt, daß sie ihn liebt und Mitleid mit ihm hat. Dies verschlimmert nur seine Schuldgefühle. Je mehr Zorn sie tatsächlich fühlt und je weniger sie diesen Zorn zugibt, desto mehr neigt sie dazu, sich an ihn zu hängen und zu versuchen, »ihn zufriedenzustellen«, um diese Gefühle in sich selbst zu verneinen. Oder sie verhält sich bemutternd und dann wieder kindisch. Ihre Reaktion ist unbewußt das Gegenstück zu seinem Verhalten, sie befinden sich in einem immer destruktiveren, polarisierten Kreislauf. *Wenn die Beziehung ihr psychologisches Ende erreicht hat, wird ihr starker Zorn und ihre Manipulation zusammen mit seiner größer werdenden Externalisierung und seinem Drang, Distanz und Kontrolle aufrechtzuerhalten, zum ständigen Sog.* Dies mag lange Zeit übersehen und verneint werden, wenn beide die Wechselbeziehung immer stärker ritualisieren, um eine unstrukturierte, spontane Begegnung miteinander zu vermeiden.

Wenn er nicht mehr »potent« ist, muß man erkennen, daß dies ein Auswuchs der Dynamik und Wechselbeziehung ist und nicht sein Problem. Sein tieferes Ich zieht sich zurück, es schützt sich selbst und sucht Befreiung von einer giftigen und gefährlichen Wechselbeziehung, genau wie ihre »Frigidität« dazu dient, ihn wegzustoßen. Sein unkontrollierbarer sexueller Widerstand drückt seine tiefsten inneren Realitäten aus und ist die einzige Reaktion, die er nicht verneinen, hinter sich lassen, kontrollieren oder wegintellektualisieren kann. Sie zwingt ihn, sich mit der psychologischen Realität auseinanderzusetzen, die er sonst verneinen oder vermeiden würde.

Er ist in einer Sackgasse angelangt, und seine Impotenz ist die endgültige Reaktion auf eine vergiftete Wechselbeziehung. *Es ist potentiell eine lebensrettende und lebensnotwendige Reaktion, wenn sie richtig verstanden wird und wenn seine zerbrechliche maskuline Selbstachtung die Angst, sexuell nicht aktiv sein zu können, lange genug tolerieren kann, um sich so durch die vergiftete emotionale Atmosphäre, in der er sich befindet, führen zu lassen.* Seine Impotenz mag die einzige echte Reaktion sein, die bei ihm noch vorhanden ist, um den Giftgehalt des Soges zu messen und ihm ein Warnzeichen zu sein, da der traditionelle maskuline Mann normalerweise alles »unter Kontrolle« hat.

Die tiefere Dynamik der Impotenz

Auf der einen Seite hat sie das Verlangen, ihm immer näher zu kommen, weil ihre weiblichen Abwehrmechanismen sich nach Verschmelzung oder »Intimität« sehnen und sie Verlassenwerden und Externalisierung fürchtet. Unbewußt spürt er, daß es unmöglich ist, diese Bedürfnisse zu erfüllen, und fühlt, wie bei ihr Zorn entsteht. Er fühlt sich durch ihre Bedürfnisse, die er nicht erfüllen kann, in die Ecke gedrängt und glaubt, in der Falle zu sitzen. Es entstehen Schuldgefühle, weil er sie enttäuscht. Aber auch seine eigenen Bedürfnisse nach Stimulation, Herausforderung und Distanz werden nicht von ihr erfüllt, weil Frustration und Zorn, Gefühle, die die Frau signalisiert, sie zu real erscheinen lassen.

Seine Angst davor, allein zu sein, sein Bedürfnis nach einem Grund, um seine Zwanghaftigkeit und Externalisierung zu rechtfertigen, und seine Schuld hindern ihn daran, sie zu verlassen. Sie verhindern auch, daß er die Bedeutung seines sexuellen Zurückweichens erkennt, denn er sagt sich: »Sie ist eine so wunderbare, liebevolle Frau und eine großartige Mutter«, »Sie opfert ihr Glück für mich« usw. Unter der »Aufopferung«, Mütterlichkeit und »Liebe« liegen jedoch ihre Frustration und die defensive, unterdrückende Bedürftigkeit, was dazu führt, daß er sich verschlungen fühlt. Er hat das Gefühl, in die Ecke gedrängt zu werden, obwohl er dies wahrscheinlich verneint, abgesehen von regelmäßigen Ausbrüchen auf seiner Seite. Er meidet sie auf indirekte Weise. Er fühlt den »Druck« und wird immer distanzierter und verschlossener. Seine sexuelle Reaktion ist einfach eine offene Manifestation seiner totalen Reaktion.

In der Beziehung zu seiner Frau »sitzt« er »in der Falle«. Sie hat ihre Identität in ihrer Beziehung zu ihm verloren, während er sich schuldig fühlt und sich haßt, weil er ihre Bedürfnisse und Normen von Nähe nicht befriedigen kann. Sie »sitzt in der Falle«, weil sie sich kontrolliert, frustriert und »unerkannt« fühlt. Seine Abhängigkeit von ihr und seine Neigung, sie als »Madonna« zu erhöhen, verstärkt den Selbsthaß, der ihn daran hindert, sich mit seinen wirklichen Gefühlen auseinanderzusetzen oder ihnen entsprechend zu handeln.

Wie bei ihr baut sich auch in seinem Innern Zorn auf. Er will ihr nicht nah sein, kann dies aber nicht erkennen oder zugeben. Er sagt sich, daß er sich ihr nah fühlen *sollte*, daß es sein Problem ist, denn sie ist eine liebevolle Frau. *Aber sein Körper weiß, daß er ihr nicht nah sein will.*

Die Kombination von einem maskulinen Mann, der sehr beherrschend ist, sich distanziert und in bezug auf seine Männlichkeit defensiv zwanghaft ist, und einer Frau, die zornig ist und dies verneint, die spannungsgeladen und frustriert ist und Intimität und Bestätigung verlangt, ist tödlich.

Sex ist das Instrument, durch das er seine Männlichkeit beweist, und seine Potenz bestätigt ihr, daß sie geliebt wird. Sie sind mit dem symbolischen Ausleben unerschöpflicher Bedürfnisse beschäftigt, während sich gleichzeitig auf beiden Seiten starker Zorn aufgebaut hat. Keiner von beiden fühlt sich zu diesem Zeitpunkt vom anderen wirklich sexuell angezogen, aber der Sex spielt eine wichtige Rolle, denn *nicht miteinander zu schlafen* oder nicht in der Lage dazu zu sein, setzt sein Gefühl, ein Mann zu sein, außer Kraft. Ihr gibt es das Gefühl, nicht geliebt und umsorgt zu werden, und droht, den Sog offenzulegen. Wenn das sexuelle Interesse aneinander schwächer wird, fühlt sie sich bedroht und machtlos. Sie drängt stärker auf Sex, obwohl sie wahrscheinlich behauptet, daß es keine Rolle spielt, wenn er keine Erektion bekommen kann. Sie wird sich jedoch »als Frau« von seiner »Impotenz« abgelehnt fühlen. Gleichzeitig verhält sie sich jedoch so, als ob sie seine Gehilfin sei, denn es ist für ihre Bestätigung und Sicherheit wichtig, daß er auf sie Lust hat, selbst wenn sie Sex verabscheut.

Wenn er in seiner Funktion gestört ist, verstärkt sich sein Drang danach, sexuell aktiv zu sein – nicht weil er mit ihr schlafen will, sondern weil er sich selbst beweisen muß, daß er es kann. Er muß vermeiden, sich mit dem Sog auseinanderzusetzen, der sonst offenbart würde und der ihn überwältigen könnte. Der eregierte Penis versichert ihm, daß alles in Ordnung ist.

Den Mann, der gegenüber den Qualen der Impotenz am anfälligsten ist, hindert seine traditionelle Moral daran, es auf sexuellem Gebiet einmal mit einer anderen Frau zu versuchen. Er beginnt, sich sexuell auf der Grundlage seiner Reaktion in dieser Situation mit seiner Frau zu identifizieren. Er ist gefangen, weil er es nicht mit einer anderen Frau versucht, um die wahre Ursache seines Problems zu entdecken.

Er spürt ihren Zorn, ihre Bedürftigkeit, er wird durch ihre Unsicherheit erstickt. Sie spürt seine Spannung, seine Angst, sich zu beweisen, seine Zwanghaftigkeit in bezug auf sexuelle Leistung, Angst und Zorn ihr gegenüber, weil er in der Falle sitzt und seine Frau in immer stärkerem Maß zu einer Bedrohung seiner Männlichkeit wird.

Als Konsequenz seiner Externalisierung versucht er Äußerlichkeiten zu manipulieren, um das »Problem« zu »überwinden«. In vielen Fällen wird er ihr »leid tun«, und sie wird alles unternehmen und »nett zu ihm sein«, was sein Gefühl von Schuld und Erniedrigung nur vergrößert. Das Machtgleichgewicht verschiebt sich klar in ihre Richtung, wenn er »dankbar« ist, daß sie »ihn noch liebt«, obwohl er »impotent« ist (d.h.: »Ich liebe dich so sehr, daß ich dich nicht betrügen werde, obwohl du impotent bist.«) Die Tatsache, daß das Problem zu *seinem* Problem wird, ist eine (wenn auch indirekte) Art von Schuldzuweisung. Verschleiert wird damit gesagt: »Es ist *dein* Problem und ich ertrage dich, weil ich ein liebevoller Mensch bin.«

Ihre »hilfsbereite«, »verständnisvolle« Reaktion vertieft seine maskuline Befangenheit und Schuld, sein Gefühl von Verantwortung und Selbsthaß. Seine Verzweiflung, sein Problem zu »überwinden« wird größer. Er wird daran gehindert, sich mit seinem Bedürfnis nach Distanz auseinanderzusetzen und kann sich von dem Gefühl, verschlungen zu werden, nicht befreien, aber er muß es tun, um seine Potenz wiederzuerlangen.

Keiner von beiden sieht seine Impotenz als Teil einer Dynamik. Er glaubt, es sei sein Fehler; sie empfindet es als Zurückweisung. Eine wirklich hilfreiche Reaktion wäre, den Widerstand eines Partners als mögliches Zeichen und Signal für den tieferen Zustand der Beziehung zwischen beiden zu sehen. Wenn eine wirkliche Bindung mit Fürsorge und Liebe auf beiden Seiten besteht, kann die »Impotenz« der Anfang einer Öffnung der Beziehung sein, wobei man erkennt, wie sie erstarrt ist und vergiftet wurde. Es gäbe keine Schuldzuweisung und beide würden verstehen, daß die Krise, mit der sie sich auseinandersetzen, ein neues Gleichgewicht verspricht, eine Neubelebung und Humanisierung für beide Betroffene.

Dem Prozeß der Selbstforschung und Veränderung wird jedoch Widerstand geleistet, weil ein sexuelles Symptom meistens bedrohliche Realitäten offenbart, auf die keiner von beiden vorbereitet ist. Sie haben Angst, den Dingen auf den Grund zu gehen, weil keine andere Grundlage möglich scheint.

Seine Impotenz droht, den Sog in der Beziehung zu offenbaren - die tieferen, unterdrückten Gefühle, Frustrationen und den Zorn, der in polarisierten Beziehungen schnell eskaliert. Möglicherweise trinkt oder ißt er zuviel, um dieser Frage aus dem Weg zu gehen. Einer von beiden wird vielleicht aus demselben Grund früh am Abend müde. Sie klagt über körperliche Symptome, während er sich über Überarbeitung und Druck beschwert. Sie bringen eine Rationalisierung nach der anderen an. Aber eigentlich wissen beide, daß es mit keinem dieser Dinge zu tun hat.

Entsprechend seiner maskulinen Bedürftigkeit ist er mit einer ebenso bedürftigen Frau zusammen. Der Sog des Zorns ist auf beiden Seiten stark, und der Überlebensinstinkt seines tieferen Ichs schreit auf aufgrund seines Zorns, seiner Angst und Sehnsucht nach Befreiung und Wachstum.

Auf der einen Seite schützt er sich durch seine »Impotenz« vor ihr. Andererseits beschützt er seine Frau vor sich. Sein tieferes Verlangen, sie zu verletzen, sie wegzustoßen oder zu »töten«, wird durch sein Symptom abgewehrt, so daß er ihr gegenüber ungefährlich wird. Impotente Männer sind verletzlich und oft so verängstigt, daß sie nicht zornig werden. Sie schämen sich. Sie sind sich sicher, daß sie abgewiesen werden, und das macht sie sehr zahm. Durch seine Impotenz werden sein Zorn und seine Aggression in der Beziehung ungefährlich. Statt dessen fängt er an, sie zu bewundern oder wird sentimental, um zu kompensieren und um sich vor erwarteter Ablehnung und Bestrafung zu schützen. Vielleicht macht er ihr Geschenke oder widmet ihr als Kompensation mehr Aufmerksamkeit, um seine »Dankbarkeit« dafür auszudrücken, daß sie »zu ihm hält«.

Wie die Frigidität, die man als unbewußten Protest und Widerstand dagegen, als Objekt behandelt, kontrolliert, distanziert und benutzt zu werden, sehen kann, ist seine Impotenz ebenfalls Schutz und Protest. Er will nicht benutzt, verschlungen, durch Schuld manipuliert und daran gehindert werden, sich den Abstand zu nehmen, den er verlangt und den er braucht.

Feministinnen wissen, wie Männer der Persönlichkeit und der Entwicklung von Frauen gefährlich werden können. Das Gegenteil trifft genauso zu, aber es ist aufgrund der scheinbaren Macht des Mannes schwieriger zu erkennen. Man kann sich nur schwer vorstellen, daß die »nette«, »liebevolle« und »hilflose« feminine Frau einem Mann gefährlich werden kann. Sie kann für ihn jedoch ebenso ein Gift sein, wie er für sie. Sie verstärkt seine männlichen Abwehrmechanismen, genau wie er ihre feminine Internalisierung oder Machtlosigkeit steigert.

In der Tat ist eine Frau in einer Beziehung für einen Mann gefährlich (und umgekehrt), wenn sie starken Zorn ihm gegenüber aufbaut, versteckt und verneint, obwohl dieser Zorn immer gegenwärtig ist. Er ist hinter der manipulierenden Fassade von »Nettigkeit« und »Hingabe« ständig am Werk. Die mechanische männliche Externalisierung hindert die meisten Männer daran, diese Realitäten zu erkennen oder zu »fühlen«, da sie einen wichtigen Teil der interpersonalen Atmosphäre schaffen.

In der Vergangeheit stellte die Frau in traditionellen Beziehungen kaum sexuelle Anforderungen an den Mann. Sie blieb einfach ein »unerreichbares« Objekt, Impotenz spielte daher eine geringere Rolle. Heute ist die Frau jedoch im bedrohlichsten Sinn zu einem Menschen geworden. Sie drückt die tiefere polarisierte Natur ihres Ichs direkt aus, indem sie auf Nähe und Bestätigung drängt, und sein traditioneller Ausweg, den ihm ihre »Unerreichbarkeit« geboten hatte, ist nicht mehr vorhanden.

Aufgrund seiner maskulinen Konditionierung kann er seine Sexualität nicht als Reaktion auf die Dynamik der Beziehung erkennen. Er sieht, daß die Impotenz von *ihm* ausgeht. Er betrachtet seine Sexualität als etwas Mechanisches und nimmt daher seine Impotenz als Funktionsstörung seiner Ausrüstung wahr, *die* er reparieren will. Er wird alles nutzen, um dies zu erreichen: Hypnose, Medikamente, Phantasievorstellungen usw.

Verstümmelung der männlichen Psyche

Die Medizin ist in ihrer zielorientierten, mechanischen, kontrollierenden, isolierten und intellektualisierten Orientierung männlich, während sie die Wirkung und Realität von Emotionen auf den Körper minimalisiert. Sie steckt mit dem Bedürfnis des Mannes, einer Begegnung mit sich selbst aus dem Weg zu gehen und zu glauben, daß er das Opfer eines »sexuellen

Problems« ist, ausgelöst durch eine physiologische Funktionsstörung, unter einer Decke. Weil die Impotenz ein Produkt seiner Externalisierung ist, verstärkt eine äußerliche oder mechanische »Lösung« des Problems das defensive Muster der Externalisierung auf Dauer. Er bekommt, was er »will«: eine direkte Antwort und die Wiedergewinnung der Kontrolle. Der Handel bedeutet jedoch nur eine zeitweilige Milderung seiner Angst oder »Entlastung« des Potentials von Nicht-Abwehr, Wachstum und Veränderung auf längere Sicht.

Immer häufiger weist die medizinische Fachliteratur auf organische Faktoren hin, die eine sexuelle »Funktionsstörung« verursachen, und bestätigen dem Mann, der dies hören will, daß nichts in der Beziehung zu seiner Frau diese Reaktion hervorruft. Die Industrie für Penisprothesen, Bypass-Operationen am Penis und die Gabe von Hormonen befindet sich daher im Aufschwung. Immer häufiger sieht man Anzeigen für »diskrete Sexualhilfen«, in denen die Werbung »Hilfe« für »Millionen chronisch impotenter Männer« verspricht.

Die psychologischen Ursprünge der Impotenz sind schwer zu erkennen, weil sie überlagert werden. Die Betroffenen sind oft »nette« Menschen, die keinesfalls zugeben können, daß sie zornig aufeinander sind, sich der Nähe widersetzen oder in der Falle sitzen. Die Frau ist »hilfsbereit« und rücksichtsvoll. Sie sorgt sich wirklich um ihn. Im Bett übt sie keinerlei Druck auf ihn aus. Zur gleichen Zeit liebt er sie »wirklich«, »betet« sie sogar »an«. Er will »wirklich« mit ihr schlafen. Sie will »wirklich«, daß er es tut. Sie versucht, ihm auf jede erdenkliche Weise zu helfen. Sie kommen zu dem Schluß, daß es kein psychologisches Problem sein kann. *Das Problem muß physiologische Wurzeln haben.*

Sexualtherapien, Implantate und Verhaltensmethoden helfen den Partnern, eine Konfrontation mit dem Sog ihrer Beziehung, die in der Tat bedrohlich wäre, und mit sich selbst zu vermeiden. Die sexuelle Reaktion des Menschen spiegelt die tiefsten Wahrheiten über sich selbst und über die Beziehung wider. Man kann so viel von ihr lernen. Sie ist ein starkes Barometer, das in dem Maß »bedrohlich« ist, wie tiefere Gefühle und Realitäten verneint werden. Es könnte jedoch zu einer

Vermenschlichung kommen, wenn sie als Spiegel der tieferen Wechselbeziehung verstanden und behandelt würde, als Reaktion, die diesen Sog offenbart und widerspiegelt, statt als Symptom zu gelten, das überwunden und geheilt werden muß.

Aber die Veränderung, die häufig erforderlich ist, ist eine Verwandlung des eigenen defensiven Ichs. Sie ist oft bedrohlicher als das sexuelle Symptom. Impotenz jagt Angst ein, weil sie droht, die größten Lügen, Verdrängungen und falschen Phantasien, an die ein Mann sich klammert, zu offenbaren. *Daher muß er seine sexuelle Reaktion als mechanisch betrachten. Das gestattet ihm, sie zu »reparieren«, ohne sich selbst »reparieren« zu müssen.*

Erwartungsgemäß ist daher für die meisten Männer die medizinische Methode die attraktivere. Je defensiver er ist, desto stärker wird er nach einer mechanischen Lösung verlangen. Die meisten werden also eine mechanische Lösung der Möglichkeit vorziehen, den Sog ihrer maskulinen Persönlichkeit zu offenbaren. *Mechanische Methoden, die organische Ursachen betonen und das Emotionale herunterspielen, halten daher die Psyche des Mannes verborgen. Sie sind der letzte Nagel im Sarg des Mannes und verstärken seine Externalisierung und die Neigung, seine Persönlichkeit zu leugnen.* Weil Impotenz für viele Männer das einzige ist, das sie nicht beherrschen können, weckt sie so viel Angst, daß sie zumindest eine beginnende Motivation, sich selbst zu verstehen, erzeugt. Wenn er dem aus dem Weg gehen kann, sind möglicherweise alle Chancen für sein Wachstum verloren.

Man sagt ihm: »Du hast Angst vor Nähe.« »Du bist feindselig.« »Du haßt Frauen.« »Du bestrafst deine Partnerin.« »Du haßt deine Mutter und verhälst dich deiner Frau gegenüber wie ihr gegenüber.« »Du hast deine Frau in eine Mutterfigur verwandelt.« »Deine Impotenz ist Angst vor Inzest.« »Du vertraust Frauen nicht.« »Du weißt nicht, wie du dich öffnen mußt.« »Du hast Angst davor, verletzlich zu sein.« »Du bist zu mechanisch.« »Du mußt dich immer beweisen.«

Er bekommt all diese ungenügenden und flachen Erklärungen, die indirekt Schuld zuweisen, zu hören. Sie fördern Schuld, Selbsthaß, den Drang, das Symptom zu »überwinden«, die Verneinung der Dynamik der Beziehung und seiner Gefühle und seinen Widerstand, die Beziehung unter einer interaktiven Perspektive zu erforschen.

Impotenz ist der Anfang, nicht das Ende

Wir stehen hier einem Paradoxon gegenüber. Impotenz ist wahrscheinlich die erschreckendste und beängstigendste Sache, die ein Mann psychologisch erfahren kann, und doch schafft und fördert sie für die meisten Männer das einzige Potential, das sie haben, um eine bedeutsame Veränderung und persönliches Wachstum zu erreichen. Für viele ist Impotenz der einzige motivierende Sprung in ihrer Rüstung. Es ist die letzte Hoffnung für Selbstbewußtsein, der einzige Druck, der die Angst eines Mannes erregen kann, um seine Abwehr und Verdrängungen ans Tageslicht zu bringen. Die Impotenz ist daher ein Weg zu seinen tieferen Gefühlen, weil sie sein Ego bedroht, ihn verletzlich macht und ihn motiviert, sich nach Hilfe umzusehen. Andernfalls bleibt er möglicherweise völlig externalisiert.

Die Impotenz hat das Potential, ihn zu seiner ganzen Realität, die verlorengegangen ist, zurückzubringen. Er kann wieder zu sich selbst Verbindung aufnehmen und die »giftigen« Probleme in der Beziehung an die Oberfläche zwingen. Sie gibt dem Mann und der Frau eine Möglichkeit, sich mit ihren tiefsten Ängsten, ihrer Starrheit und ihrem schädigenden Spiel auseinanderzusetzen. Natürlich wird starker Widerstand vorhanden sein. Keiner von beiden will diese Konfrontation, weil eine Veränderung in dem Kontext ihrer Wechselbeziehung möglicherweise hoffnungslos und überwältigend scheint.

Wenn Männer ihre Körpersignale richtig entziffern könnten, wenn ihr defensives Ego nicht im Weg stände, wenn sie ihre Schuld aufarbeiten könnten und wieder zum Wachstum motiviert würden, könnten sie erkennen, daß der Penis ein Überwachungsgerät für die Beziehung ist und die tiefsten Realitäten offenbart.

In diesem Sinn kann man die Impotenz als einen psychologischen Herzinfarkt verstehen, der entweder »töten« kann oder beim Mann zu einem Aufarbeiten seiner Verhaltensmuster führt.

Genau wie der Herzinfarkt das einzige Ereignis ist, daß einen Menschen des Typs A zwingt, sich mit den Mustern auseinanderzusetzen, die ihn zerstören, kann man die Impotenz als den letzten Versuch der Psyche betrachten, die starren Muster zu durchbrechen, bevor ein Mann von seiner Abwehr begraben wird. Genau wie ein Herzinfarkt *potentiell* ein Weg ist, wieder Verbindung zu seinem Körper aufzunehmen, bedeutet die Impotenz die Möglichkeit, sich wieder mit seinem psychologischen, emotionalen, echten Ich auseinanderzusetzen.

Es gibt jedoch einige Männer des Typs A, die so in ihren Gewohnheitsmustern erstarrt sind und sich einer Veränderung so sehr widersetzen, daß sie eine mechanische Lösung, wie sie die Chirurgie anbietet, vorziehen. Ebenso gibt es viele Männer, die eine mechanische Lösung und den »psychologischen Tod« der schrecklichen Aussicht, sich zu öffnen, vorziehen würden. Für jene Männer jedoch, die noch nicht in einem völlig starren, selbstzerstörerischen Muster eingesperrt sind, ist die Impotenz, genau wie ein Herzinfarkt, ein Weg zurück in ein Leben, das besser ist als je zuvor.

Richtlinien zum Verständnis und zur Behandlung der sexuellen Funktionsstörung

1. Eine Beziehung, die Ihre Schuld und Ihren Selbsthaß aufgrund einer »Funktionsstörung« fördert, ist für Sie und Ihre Partnerin emotional vergiftet.
2. Auch wenn ein sexuelles Symptom droht, schmerzliche Wahrheiten über Sie und/oder Ihre Beziehung zu offenbaren, sind es dennoch Wahrheiten. Ihnen muß man ins Gesicht sehen und sich mit ihnen auseinandersetzen, wenn andere destruktive Symptome und Folgen vermieden werden sollen.
3. In dem Maß, wie die sexuelle Reaktion unkontrollierbar ist, ist sie möglicherweise lebensbewahrend und durch das,

was sie über Sie und Ihre tiefere Realität offenbart, wachstumsfördernd.

4. Ihre sexuelle Reaktion zu entschuldigen oder sich deshalb schuldig zu fühlen, ist eine Form von Selbstablehnung und Selbsthaß, die dieselbe Haltung in Ihrer Partnerin fördert — auch wenn sie etwas anderes sagt oder betroffen scheint.

5. Eine Frau, die Sie mag und wirklich als Mensch liebt, wird Ihnen wegen Ihres sexuellen Symptoms weder die Schuld geben noch sie zurückweisen. Sie wird es als gemeinsames Problem sehen, das es erforderlich macht, sich ebenfalls zu offenbaren, zu erforschen und *nicht ihnen* in erster Linie zu helfen, »wieder gesund zu werden«.

6. Wenn Ihre Partnerin Sie aufgrund eines »sexuellen Symptoms« zurückweist oder verläßt, hat Ihr Penis die Beendigung einer destruktiven und manipulierenden Partnerschaft erleichtert.

7. Wenn Ihre Partnerin »Ihnen helfen« will, ohne sich mit ihrem eigenen tieferen Ich in der Beziehung auseinanderzusetzen und damit, wie es mit dem Ihren unentwirrbar verflochten ist, ist ihre »Hilfe« schädlich.

8. Es ist möglich, ein sexuelles Problem zu »heilen«, ohne sich je auf diesen Punkt zu konzentrieren. Das heißt, Ihre Sexualität führt kein Eigenleben. Sie ist Teil Ihrer ganzen Reaktion. Wenn Sie sich ändern, wird »sie« sich auch ändern.

9. Die Dauer für die »Heilung« einer sexuellen Funktionsstörung ist so kurz oder so lang und schwierig wie das Ausmaß des verdrängten Soges, den sie manifestiert. Seien Sie geduldig gegenüber dem Veränderungsprozeß. Sie sind derjenige, der den Preis für Abkürzungen und Ausweichmanöver zahlt. Sie schaden sich selbst und verstärken die mechanische Abwehr, die Ihnen Ihre Menschlichkeit verweigert, indem Sie eine schnelle Lösung suchen.

10. Obwohl die sich schnell beschleunigende Spirale der sexuellen Funktionsstörung vielleicht den Anschein gibt, daß physiologisch etwas nicht in Ordnung ist, sollten Sie sich an die Zeiten erinnern, wenn Sie »geil« waren, obwohl Sie völlig erschöpft, müde oder sogar krank waren — und

wie leicht es Ihnen fiel, eine Erektion zu bekommen. Denken Sie daran, daß es nicht viel braucht, potent zu sein, wenn man wirklich erregt ist.

11. Wahre Stärke und Selbstachtung liegen in dem Willen, sich geduldig und ausführlich mit seinen tiefsten Gefühlen auseinanderzusetzen, egal welche Offenbarung drohen mag.

12. Die Funktionsstörung zu hassen und zu fürchten, heißt, den besten Wegweiser, den ein Mann zu den inneren Tiefen seines Ichs haben kann, wegzuwerfen.

Teil drei:
Emanzipation

9.

Verkappte Erdmütter

»Die meisten sogenannten emanzipierten Leute, die ich kenne, sind voll davon«, bemerkte ein sarkastischer Geschäftsmann, der an einem meiner Seminare über Beziehungen zwischen Männern und Frauen teilnahm, und machte sich deutlich Luft. »Die feministischen Anführerinnen sind ein gutes Beispiel. Diese Frauen haben die schlechtesten Eigenschaften von Männern und Frauen. Sie kennen alle Antworten und egal, was man sagt, nichts wird je ihre Meinung ändern. So, wie ich es verstehe, schalten sie sich ein und greifen den anderen an – angeblich aus ideologischen Gründen, aber es ist nur eine Variation des alten männlichen Rituals des Egotrips – ›Ich bin echt und du nicht – ich bin der Größte und du bist ein Nichts.‹«

»Diese feministischen Anführerinnen sind eine Klasse für sich«, fuhr er fort. »Da gibt's die Schönheit, die versucht, ein Filmstar zu sein, ohne es zuzugeben. Es ist aber offensichtlich. Sie ist immer mit Berühmtheiten zusammen und verabredet sich immer mit den reichsten und erfolgreichsten Knaben. Dann gibt's da den anderen Typ, die jüdische Mutter – die sich immer beklagt und allen immer sagt, wie sie sich ändern müssen und wie sie leben sollen. Es überrascht mich, daß sie einem nicht auch noch vorschreibt, was man essen soll.«

»Ich hab' mir neulich mal eine feministische Zeitschrift angesehen. Es stehen dieselben Anzeigen drin wie auch in den anderen Frauenmagazinen, die *sie* angeblich verabscheuen. Schmuck, Deodorants, Parfüm und der ganze Kram – und die Artikel sind in erster Linie altmodische Variationen des Opferthemas, eine überarbeitete Variation der alten Problematik von den ›armen, unterdrückten Frauen‹.«

»Die ›emanzipierten‹ Männer, die sie als glänzende Beispiele dafür hochhalten, wie Männer sich verhalten sollten, sind genauso unecht, wie die feministischen Frauen, die vorgeben, so makellos zu sein. Sie sind arbeitswütig und furchtbar arrogant – weil Gott auf ihrer Seite ist, und wenn man *ihnen* nicht nacheifert, ist man ein armer Idiot. Man hat das Gefühl, an einem Kirchenabend teilzunehmen, wenn man sie beobachtet – sie sind mindestens genauso heuchlerisch, wenn nicht sogar noch schlimmer – die Kirchentypen *tun* zumindest nicht *so*, als ob sie ihren Glauben offen diskutieren würden. Sie glauben, daß sie alle Antworten kennen.«

»Als, na, wie heißt sie, sich für die Vizepräsidentschaft bewarb und verlor, was hat sie da getan? Sie hat dem männlichen Establishment *die Schuld in die Schuhe geschoben*. Gott bewahre uns vor der weiblichen Herrschaft! Frauen können einfach nicht damit aufhören, anderen die Schuld zu geben – selbst auf dieser Ebene nicht. Ich wollte sie eigentlich daran erinnern, daß es in diesem Land mindestens zehn Millionen mehr Frauen als Männer gibt und daß der Vorteil ganz auf ihrer Seite war und daß es Frauen waren, die sie abgelehnt und durchschaut haben; aber so dumm bin ich nicht, daß ich gegen sie mit Tatsachen argumentieren würde.«

Wenn man den verärgerten Unterton ignoriert, war das, was er sagte, nicht sehr viel anders als das, was die anderen »Nichtbekehrten« sagten, nachdem er fertig war. Obwohl es die meisten vornehmer ausdrückten, herrschte das Gefühl vor, daß »emanzipierte« Leute in Wirklichkeit Heuchler sind, die unter ihren emanzipierten Fassaden Arroganz zur Schau tragen.

Der psychologische Unterbau dieser Reaktion aus dem Innern hat auf einer tieferen Ebene eine Grundlage in der psychologischen Realität.

Die defensive Emanzipation: Tradition in Verkleidung

Wenn Frauen sich durch eine Reaktion auf ihre weibliche Erziehung »emanzipieren«, bleibt der Kern der tieferen weiblichen Bedürfnisse bestehen, wird aber durch einen Satz starr defensiver Gegenhaltungen überdeckt oder verschleiert.

Das Vorhandensein eines weiblichen Kerns und die emanzipierte Schicht darüber erzeugen eine Beziehungssituation zwischen Männern und Frauen, die verrückt macht und schließlich unmöglich wird. Dies erfolgt aufgrund der sich widersprechenden Signale, die durch diese beiden Schichten erzeugt werden, und durch das Gefühl von Frustration und Unvollständigkeit, das die defensiv emanzipierte Frau erfährt, unabhängig von der Art der Reaktion, die sie erhält. Etwas ist immer »nicht ganz in Ordnung«.

Was den Beziehungsprozeß so schwierig macht, ist die Tatsache, daß der weibliche Kern, der tatsächlich die stärkere der beiden Schichten ist, verdrängt und defensiv im Verhältnis von Bindung zu Image verneint wird. Weil die traditionell feminine Frau sich nur als Opfer sehen kann, wird die »verkappte Erdmutter« (eine traditionelle Frau, die sich hinter einer Emanzipationsphilosophie versteckt) sagen, daß sie die Verantwortung für sich selbst übernimmt. Aber ihre emotionalen Reaktionen signalisieren Schuldzuweisung, Zorn und Frustration, Reaktionen, die verwirrend sind, weil oft unklar ist, was sie ausgelöst hat.

Diese scheinbar emanzipierte Frau, die immer noch traditionell weiblich ist, *glaubt* möglicherweise, daß sie das Bewußtsein hat und bereit ist, sich in einer gleichberechtigten Beziehung von Mensch zu Mensch einzubringen. Tatsächlich verwickelt sie ihren Partner wahrscheinlich eher in einer explosiven Spirale verwirrender Botschaften und unmöglicher ausweglosen Konfliktsituationen. Unausweichlich kommt es zum vollständigen und totalen Zusammenbruch der Kommunikation, die so viel zu versprechen schien.

Am besten erkennt man eine verkappte Erdmutter oder einen »verkappten Macho« (einen traditionellen Mann mit einer emanzipierten Fassade) an ihrem *Prozeß* – wie sie sich in einer Beziehung verhalten, nicht daran, was sie sagen oder tun. Was sie sagen oder tun, ist der Inhalt, und der Inhalt ist bewußt kontrollierbar und leicht zu manipulieren, der tieferliegende Prozeß jedoch nicht.

Die Traditionalistin

Paula, eine Finanzplanerin, ist vierunddreißig Jahre alt. Sie mag ihren Beruf und ist der Meinung, daß er etwas über sie aussagt: Sie scheint ein objektiver, vernünftiger Mensch zu sein, der unabhängig von Männern funktioniert, aber dennoch ihre Aufmerksamkeit und Gesellschaft mag. Gleichzeitig ist sie sehr feminin und traditionell in ihrem Prozeß. Sie kleidet sich verführerisch, ist bezaubernd aufgemacht und benutzt Kosmetika, um weich und feminin zu wirken.

In einer Beziehung kommt ihr Traditionalismus an die Oberfläche. In bezug auf Sex wird sie zur Moralistin. Sie ist verärgert über ihren Liebhaber, weil sie das Gefühl hat, daß er zu passiv und unromantisch ist. Dieses Fehlen von Dominanz bringt sie dazu, Sex zu verweigern, aber sie tut dies indirekt. Wenn ihr Freund ihre Brüste berührt, sagt sie, daß es kitzelt und ihr ein Gefühl gibt, das sie nicht ausstehen kann, daß er zu grob ist oder ihr Körper zu empfindsam. Wenn er ihre Scheide berührt, sagt sie, daß es schmerzt.

Sie wählt starke Männer für ihre Beziehungen und »straft« sie dann auf traditionelle Art, nämlich mit körperlichen Symptomen. Sie hat keine Energie und klagt über Müdigkeit. Sie sagt, daß ihr langer Arbeitstag der Grund ist, aber innerlich stellt dies ihren Unmut und Konflikt dar, weil er nicht für sie »sorgt«. Sie gibt es nicht zu, aber sie ist böse, weil es nicht so ist. Nur wenn sie Angst hat, ihren Liebhaber zu verlieren, wird sie sexuell aktiv.

Dies alles sind Proteste, die ihre tieferen Frustrationen und ihren Unmut ausdrücken, der aus ihrem »nichtemanzipierten« Kern stammt. Gleichzeitig würde sie jedoch jeden Mann ablehnen, der sie bäte, weniger zu arbeiten, oder der andeutete, daß sie Energie oder Sexualität verweigere, um zu bestrafen. Daher blockiert sie unbewußt die Kommunikation und ein Teilhaben an Gefühlen, die ihr »emanzipiertes« Ich angeblich will, weil ihr weiblicher Kern auf Kritik oder Meinungen, die nicht positiv sind, überreagiert und sie als Angriff auffaßt, für die sie ihren Mann »bestraft«.

Der weibliche Macho

Marilyn, zweiunddreißig Jahre alt, ist Professorin an einem College und Autorin mehrerer Bücher über Frauenfragen. Oberflächlich gesehen ist sie eine militante Feministin, die bereitwillig bei jedem Anzeichen von Sexismus bei einem Mann in Rage gerät und leidenschaftlich erklärt, daß Frauen nicht von Männern abhängig sein sollten, sexuell aggressiv sein und sexuelle Befriedigung fordern sollten.

Sie ist eine verkappte Erdmutter. Ihr weiblicher Kern wird durch ihre Auffassung offenbart, daß die Männer die Ursache aller Probleme auf der Welt sind. Sie verneint ihre eigene Verantwortung bei der Erzeugung von Zurückweisung und von schmerzlichen Beziehungserfahrungen mit Männern. Immer wenn eine Beziehung zerbricht, sagt, daß sie mit Männern nichts mehr zu tun haben will; aber sie sucht weiter nach einem Mann, an den sie sich binden kann und der ihre feministische Interpretation aller Dinge und ihre »männliche« Unfähigkeit zuzugeben, daß der andere auch recht haben kann, akzeptiert. Sie kann einfach nicht eingestehen, daß sie auch einmal unrecht hat, weil sie dies als Form der Unterwerfung betrachtet.

Regelmäßig, wenn sie mit einem »netten«, »sensiblen« Mann zusammen ist, der ihren scharfen Stil akzeptiert, langweilt sie sich und ist frustriert. Ihre Versuche, Beziehungen zu stärkeren Männern zu haben, schlagen jedoch fehl, da sie sie beschuldigt, unsensibel zu sein und sie beherrschen zu wollen.

Keine Frau treibt einen Mann mit gespaltenen Botschaften »stärker zum Wahnsinn« als der »weibliche Macho«. Diese Frau hat auf die traditionelle Rolle der Frau reagiert, indem sie das zielorientierte, autonome, stark sexuelle, kontrollierende und isolierte Verhaltensmuster des Typs A übernommen hat. Einerseits stößt sie einen Mann in einer Beziehung zurück und reagiert heftig auf jeden Versuch, »sie zurückzuhalten« oder »sie zu beherrschen«. Andererseits entstehen bei ihr Zorn und Wut, weil Romantik und »Nähe« fehlen, wofür sie die Männer verantwortlich macht.

Sie reagiert negativ auf männliche Schwäche und Passivität und will einen Mann, der so ehrgeizig und energisch ist wie sie, reagiert aber zornig auf jeden Versuch, sie in eine Ehefrau zu »verwandeln«. Jeden Anspruch auf ihre Zeit und Freiheit empfindet sie als Druckausübung. Wenn Männer sich zurückziehen, um ihr das zu geben, was sie ihrer Meinung nach will, beklagt sie sich darüber, daß »Männer Angst haben, sich mit den Problemen einer Beziehung auseinanderzusetzen«.

Jeder Versuch, einen echten Dialog über einen Konflikt mit ihr zu führen, muß aufgrund ihres aggressiv-logischen, mechanistischen Stils fehlschlagen. Sie erweist sich als aggressives Opfer, das Schuld zuweist, ihre defensiven Barrieren zu durchbrechen ist unmöglich. Sie zeigt *keinerlei* Willen, ihren Prozeß oder ihren Anteil, an dem, was mit ihr passiert, zu sehen, weil sie sich nur darauf konzentriert, daß sie nicht kontrolliert oder von einem Mann eingeschüchtert wird. Daher muß sie immer recht haben, verneint dies aber. Sie muß gewinnen und auch dieses verneint sie. Die Realität ihres Partners sieht sie nicht oder erkennt sie nicht an. Sie ist überzeugt davon, daß Männer lauter Fehler haben, während Frauen die positive Kraft auf der Welt sind. *Jegliches* »Nachgeben« von seiten der Frau setzt sie mit Unterwürfigkeit und Regression gleich.

Mit ihren Beschwerden über ein Fehlen von Intimität und Nähe, in ihrer Schuldzuweisung, in ihrem Verlangen nach Romantik und in ihrer Kritik an den Männern, daß sie »verschlossen« seien, ist sie die klassische feminine Frau. Sie ist sich nicht bewußt, wie sie dazu beiträgt, die Reaktion, die sie erhält, zu erzeugen. Sie will einen geschickten Liebhaber und beschuldigt ihn, selbstsüchtig zu sein, wenn es ihm nicht gelingt, sie zu befriedigen. Auf sexuellem Gebiet sieht sie sich als perfekte Partnerin, weil sie bereit ist, alles zu tun, aber sie erkennt nicht die Wirkung ihrer Forderungen, die dem Mann die Lust nehmen. Jeder Mann, mit dem sie sich einläßt, wird am Ende beschuldigt, ein selbstsüchtiger, unbegabter oder uninteressanter Liebhaber zu sein.

Als Partner fühlen sich die Männer schließlich defensiv und angeklagt und versuchen, ihr Verhalten ständig zu erklären. Sie laufen auf Eierschalen, um zu beweisen, daß sie keine »Macho-Schweine« sind. Männer arbeiten daran zu beweisen, daß sie in der Lage sind, ihr nah zu sein, obwohl sie es nie »richtig« machen. Sie bleiben erschöpft zurück und haben das Gefühl, auf einer Achterbahn zu fahren – in der einen Minute werden sie akzeptiert und in der nächsten angegriffen.

Ähnlich wie der Macho langweilt sie sich, wenn sie den »netten«, sensiblen Partner bekommt, den sie ihrer Meinung nach will. Dann wendet sie sich dem »verkappten Macho« zu, der sie mit Sicherheit in Rage bringt und den sie beschuldigt, sexistisch und heuchlerisch zu sein.

Die emanzipierte Eiskönigin

Ann, vierunddreißig Jahre alt, war eine traditionelle »Eiskönigin«, obwohl sie Emanzipationsfragen intellektuell zum Ausdruck brachte. Sie hatte eine perfekte, weiblich-schlanke Figur und lange blonde Haare. Sie war schön, reserviert und unwiderstehlich attraktiv für Männer, die sich ihr nur schwer nähern und sie ansprechen konnten. Sie »erregte« Männer, indem sie ihnen den Eindruck gab, daß schon ein Gespräch mit ihr eine Eroberung und Bestätigung bedeute.

Die Eiskönigin hat eine Emanzipationsphilosophie von völliger Gleichberechtigung zwischen den Geschlechtern und könnte ein »sexistisches Schwein« mit einem stechenden Blick vernichten. Hinter diesem Image ist sie jedoch auf der Prozeßebene die traditionell distanzierte Frau, an die schwer heranzukommen ist und die einen Mann nie wissen läßt, was sie denkt oder fühlt. Sie spielt das Spiel »Ich bin geheimnisvoll« perfekt und kann einem Mann Schuldgefühle und das Gefühl geben, aufgrund seines sexuellen Interesses an ihr »schmutzig« zu sein. Unbewußt verlangt sie danach, umworben zu werden, sie macht ihn verantwortlich für die Aufnahme und den Verlauf der Beziehung, und übt dennoch durch ihre Distanz völlige Kontrolle aus.

Auf einer Party zum Beispiel steht sie da und sieht sehr attraktiv aus. Es ist unmöglich zu wissen, was sie denkt oder wie sie reagiert. Ihre Haltung gegenüber Männern ist *sehr feminin* und reaktiv, dennoch ist sie unbewußt machtorientiert und neigt dazu, dieselben männlichen, erfolgsorientierten, mächtigen und konkurrierenden Männer anzuziehen, die ihrer Auffassung nach für die Frauen und für die Welt destruktiv sind.

Männer sind aufgrund der Herausforderung und Unbestimmtheit, die sie projiziert, ständig erregt. Sie wissen nie, woran sie sind. Sie erzeugt in ihnen aufgrund ihres passiven Verhaltens traditionelle Machoreaktionen, erkennt aber selbst nicht, daß sie dies tut.

Männer sind von der Idee besessen, sie ins Bett zu bekommen. Sie bringt die Orientierung von »Herausforderung und Eroberung« in der Wechselbeziehung von Mann und Frau zum Vorschein. Männer bringen sich fast um, um herauszufinden, wie sie ihr gefallen können. Sie gehen aufgrund der Unsicherheit und Erregung, die durch ihre Reserviertheit erzeugt wird, vorzeitig Bindungen ein, weil sie sie »besitzen« wollen. Die Frau treibt sie zum Wahnsinn, weil sie ständig versuchen, aus ihr schlau zu werden, was ihnen nie gelingt.

Einerseits ist ihr Denken emanzipiert: Sie will nicht wie ein Objekt behandelt werden, aber andererseits verhält sie sich genauso und bringt das elementarste »Macho«-Verhalten im Mann zum Vorschein. Dann werden die Männer beschuldigt, sie wie ein Objekt zu behandeln, obwohl ihre Versuche, eine menschliche Beziehung zu ihr zu haben, durch ihre Ablehnung oder Unfähigkeit zu einer freien Wechselbeziehung vereitelt werden.

Die Sogwirkung bei der Eiskönigin ist ihr kalter, zurückweisender Zorn den Männern gegenüber, der sich als Distanz manifestiert. Ihre Passivität produziert ihren Zorn, weil sie sich kontrolliert fühlt; schließlich bekommt sie das Gefühl, daß die Männer sexbesessen, beherrschend und besitzergreifend sind.

Die Eiskönigin ist eine verkappte Erdmutter, weil sie sich selbst »emanzipiert« hat, als sie wirtschaftlich und emotional selbständig wurde. In ihren Beziehungen zu Männern verhält sie sich jedoch weiterhin passiv, beginnt nie einen Kontakt, übernimmt nie die Führung in Gesprächen und trifft keine selbständigen Entscheidungen. Durch ihre »Unabhängigkeit« und ihre feminine Unerreichbarkeit erzeugt sie eine verstärkte Atmosphäre von Erregung. Da sie eher reaktiv als aktiv ist, bringt sie das extreme Machoverhalten in Männern zum Vorschein, die aktiv sein, den Anfang machen und die völlige Verantwortung in der Wechselbeziehung mit ihr übernehmen müssen.

Aufgrund ihrer besonderen Merkmale erregt sie Männer sehr, wird dann aber in Beziehungen schnell zornig, weil ihre passiv-reaktive Eigenschaft dominante Männer anzieht, die sie dann wiederum beschuldigt, sie besitzen und kontrollieren zu wollen. Sie hat keine Verbindung zu ihrem Prozeß und verneint ihn, was dann zu den bekannten Gefühlen führt. Statt dessen sieht sie sich als »perfekter« Mensch, weil sie die elementare feminine Frau ist, die angeblich nichts von einem Mann will. In Wirklichkeit ist sie die perfekte »Schuldzuweiserin«, weil es so schwer ist, ihren Anteil bei der Problematik zu sehen.

Sie »macht Männer verrückt«, da sie versuchen, zwischen ihrem negativen Inhalt und dem feminin-defensiven, reaktiven Prozeß zu navigieren, der Männer »zwingt«, sich »männlich« zu verhalten, wenn sie eine Beziehung zu ihr haben wollen, und viele wollen dies. Beziehungen sind zum Scheitern verurteilt, weil ihre extreme Weiblichkeit sie daran hindert, sich selbst als Teil des Problems zu sehen, und ihre »Unabhängigkeit« versichert ihr in der Tat, daß sie »emanzipiert« ist und daß sie keine Schuld an den Problemen hat: »Ich will überhaupt *nichts* von den Männern,« sagt sie und glaubt es sogar.

Viele berühmte Frauen sind Eisköniginnen und ziehen mit Erfolg die mächtigsten und reichsten Männer in der Gesellschaft an, die in ihrer Verzweiflung, diesen aufregenden Frauen gefallen zu wollen, vor nichts zurückschrecken. Schließlich scheitern sie und erkennen, daß sie ausgenutzt und vernichtet wurden. Diese mächtigen Männer haben ihren Meister gefunden. Sie konnten leicht »besiegt« werden, weil sie nicht den extrem traditionellen Prozeß hinter der emanzipierten Oberfläche erkennen konnten, der sie dazu verdammte, sich lächerlich zu machen.

Die Eiskönigin bleibt mit dem »selbstgerechten« Gefühl zurück, daß es wirklich keine emanzipierten Männer gibt, die ihrer würdig sind. Sie kommt unausweichlich zu dem Schluß, daß »alle Männer gleich sind«. Ihr Prozeß bringt in der Tat alle Männer auf dieselbe Ebene.

Die emanzipierte Frau, die Männer verschlingt

Karen, sechsunddreißig Jahre alt, ist Sozialarbeiterin. Sie kann sich Gehör verschaffen, kann für sich sorgen und zornige Gefühle gut ausdrücken. Sie arbeitet hart, ist großzügig und tut viel für andere. Als erfahrene Therapeutin hat sie gute Kenntnisse über den psychologischen Prozeß und gleicht dies mit einer pragmatischen Orientierung im Leben aus. Sie gibt offen ihre Angst zu, die sie als alleinerziehende Mutter hat und wünscht sich einen »altmodischen Mann«, der gerne für eine Frau sorgt. »Ich werde mich auch gut um ihn kümmern«, sagt sie.

Der tiefere, defensive weibliche Prozeß von Karen und anderen Frauen wird durch ihren erstickenden, verschlingenden Stil Bekannten und intimen Freunden gegenüber deutlich. Sie ist zwanghaft um ihr Wohlergehen bemüht, darum, ob sie »korrekt« gekleidet, ernährt, gesund sind usw. Sie diskutiert ihre Sorgen und Bemühungen, sich als alleinerziehende Mutter um ihre Familie zu kümmern, in allen Einzelheiten. Trotz der ansehnlichen Unterhaltszahlungen, die sie von ihrem Ex-Ehemann erhält, bezeichnet sie Männer häufig als selbstsüchtige, unterdrückende »psychopathische Narzißten«. Traditionelle Schuldzuweisung und das Gefühl, Opfer zu sein, verstecken sich hinter psychologischem Jargon und diagnostischen Bezeichnungen. Sie sieht sich selbst als »sehr großzügig«, aber unbewußt hat sie den Wunsch, daß ihr gegeben wird. Sie wird sehr zornig, wenn die andere Seite den Handel, den sie ohne Verhandlung eingegangen ist, nicht einhält.

Zu Hause übernimmt sie die Kontrolle von Küche und Heim. Niemals entgeht ihr eine persönliche Einzelheit oder ein Stück Information über die Menschen in ihrem Leben. Unter ihrer verschleierten »Hilfsbereitschaft« ist sie sich sicher, daß sie wirklich genau weiß, was andere die ganze Zeit über fühlen und denken. In der Tat kennt sie andere besser als sich selbst. Sie weiß, was am besten für sie ist und was sie tun sollten. Trotz ihrer starken persönlichen Ängste ist sie der Meinung, daß sie Ratschläge erteilen kann, wie man richtig in der Welt zurechtkommt. Schließlich bekommt ihr Partner das Gefühl, beobachtet zu werden. Die ganze Zeit achtet sie wie eine überbeschützende, immer gegenwärtige Mutter darauf, was er die ganze Zeit über tut.

Hinter dem psychologisch aufgeklärten, emanzipierten Image übt sie durch Bemuttern die Kontrolle aus. Sie nimmt im persönlichen Bereich alles in die Hand und versucht, eine Abhängigkeit von sich zu erzeugen.

Es endet damit, daß ihr Partner sich von ihr zurückzieht und es meidet, ihr nah zu sein, weil sie auf traditionelle Art allgegenwärtig, kritisch und verschlingend ist, und er beschuldigt wird, Liebe nicht tolerieren zu können. Er hat das Gefühl, daß er dankbar sein sollte, aber in Wirklichkeit lehnt er sie ab und versteht nicht, warum. Sie behauptet, daß sie keine Dankbarkeit erwarte, noch wolle sie, daß er sich schuldig oder sich ihr gegenüber verpflichtet fühle. Aber sein tieferes Ich sagt ihm, daß sie ihn mit ihrer »Liebe« in Wirklichkeit verschlingt, es ist ihr indirekter Weg, die Kontrolle zu gewinnen und Schuldgefühle zu fördern; darauf reagiert er negativ, nicht auf ihre »Fürsorge« und »Wärme«.

Er reagiert auf ihre Aufdringlichkeit – die ständig zugrundeliegende Botschaft, daß sie Nähe will und ihn überwacht. Sie füttert ihn, wenn er keinen Hunger hat. Sie macht sich Sorgen, bis er irritiert ist. Ihre sich anpassende Allgegenwart und »Hingabe« in Verbindung mit Traurigkeit und Verletztheit, die er in ihr spürt, wenn er sich zurückzieht, zerren an ihm und fördern sein schlechtes Gewissen, weil er »selbstsüchtig« ist.

Regelmäßig fühlt er sich manipuliert, kontrolliert, schuldig und wird zornig auf sie; gleichzeitig wird er jedoch durch die Tatsache getröstet, daß sie immer da ist. Er fühlt keine sexuelle Erregung und wird beschuldigt, seine Mutter in ihr zu sehen, weil er das sexuelle Interesse verliert.

Die emanzipierte Frau, die Männer verschlingt, zeigt eine Fassade von Stärke und Verantwortung, aber der Sog ist traditionell. Er besteht aus Einmischung, der Annahme, in der Beziehung überlegen zu sein, und Unterdrückung, was zu der psychologischen Realität der Situation führt. Wenn er sich »zurückziehen« will und versucht, seine Reaktion zu verstehen, interpretiert sie dies so, daß er ein Mann ist, der nicht weiß, wie man Liebe, Fürsorge und Sorge akzeptiert und der von jeder Frau bedroht wird, die geben will und eine liebevolle Beziehung zu ihm haben will.

Wenn man den Inhalt als Grundlage nimmt, scheint sie recht zu haben. Tatsächlich schreckt er vor ihrer »Liebe« zurück. Sein tieferes Ich jedoch reagiert auf die tiefere Realität, um sich zu schützen. Wenn er beginnt, sich zurückzuziehen und ihr gegenüber reizbar wird, macht sie sich Sorgen, daß er emotionale Probleme hat und ist der Meinung, daß er Hilfe suchen sollte.

Die Frau, die das Verlangen nach Vereinigung sublimiert

Sara ist eine zweiunddreißigjährige Rechtsanwältin, die sich als fairen und gleichberechtigten Menschen sieht. Sie weigert sich, irgend etwas von einem Mann anzunehmen. Sie hat viele Bekannte und bleibt mit ehemaligen Liebhabern befreundet, wenn die Beziehung vorüber ist.

Sie hat eine erfolgreiche Karriere, besitzt ein eigenes Haus, mag Sex, ist ausgelassen und scheint völlig frei von Sorgen über Bindungen und darüber, umworben zu werden.

Diese verkappte Erdmutter scheint dem Modell wahrer weiblicher Unabhängigkeit am nächsten. Ihre Hauptsorgen in einer Beziehung gelten Freiheit, Unabhängigkeit und Freiraum. Männer finden sie besonders attraktiv, weil sie ihnen niemals die Schuld zuschiebt. Am Anfang erscheint sie daher perfekt. Sie mag Sex, ohne irgendwelche Erwartungen zu haben. Sie ist sehr unabhängig und nicht böse darüber, daß Männer nicht für sie sorgen wollen. Sie ist warmherzig, sensibel und humorvoll. Sie lacht gerne. Sie scheint zu gut, um wahr zu sein, und tatsächlich ist da ein Haar in der Suppe.

Kein »echter« Mann kann ihr jemals nah sein, weil sie Angst hat, ihrer Sehnsucht nach Abhängigkeit nachzugeben. Wenn Männer einen bestimmten Punkt von Nähe erreichen, zieht sie sich zurück. Sie behauptet, daß Männer nicht wollen, daß sie sie selbst ist. »Männer haben Angst vor meiner Stärke«, erklärt sie.

Ihre wahre Angst ist die Furcht vor Identitätsauflösung und Abhängigkeit, und daher sublimiert sie starkes Verlangen nach Vereinigung, indem sie sich zwanghaft an verkappte Machos bindet, zum Beispiel an spirituelle Gurus oder ihren Therapeuten, den sie seit sieben Jahren zweimal pro Woche aufsucht. Außerdem glaubt sie an Astrologie und liest parapsychologische Bücher. Sie gibt sich »echten Männern« nicht hin, sondern bindet sich statt dessen an einen Mann, der distanziert und ungefährlich genug ist, um »perfekt« zu scheinen; dann muß sie sich nicht mit ihrer Furcht auseinandersetzen, ihrem Hunger nach Abhängigkeit nachzugeben. Ihr Therapeut, Guru und die Psychologie sublimieren ihr feminines Bedürfnis zu bewundern, zu lieben und sich aufzugeben. Sie gestattet es anderen, von ihr abhängig zu sein, während sie nur von ihren »ungefährlichen« Symbolen abhängig ist.

Ihren femininen Prozeß kann man auch daran erkennen, daß sie alles mit den Worten »nett«, »wunderschön« und »wunderbar« beschreibt. Sie lehnt das Negative ab und sieht das Leben auf fast schwärmerisch positive Weise. Sie sagt, daß jeder, den sie kennt, etwas ganz Besonderes ist. »Ich bin ihr so nah«, »Ich bewundere ihn einfach«, »Wir haben einfach eine magische Verbindung« gehören zu den Lieblingsbeschreibungen ihrer vielen »engen« Freunde. Ihre Sehnsucht nach Nähe handhabt sie »sicher«, indem sie auf so viele Menschen verteilt wird, daß keine Gefahr besteht. Oder sie hat eine Beziehung zu Männern, die versuchen, sie zu kontrollieren, woraufhin sie die Beziehung immer beendet. Statt dessen verwandelt sie sie in »Freunde«.

Sie ist das Extrem der femininen Frau, die von ihrer Furcht, von Männern abhängig zu werden, beherrscht wird und dies nicht weiß. Sie hat Angst vor ihnen und ist zornig auf sie. Sie fürchtet, kontrolliert zu werden und ihre Identität an sie zu verlieren.

Auf der einen Seite *scheint* sie die perfekte Frau zu sein; eine Frau, bei der man sich sicher fühlt und der man vertraut. Sie treibt die Männer und sich selbst jedoch zum Wahnsinn, indem sie eine Beziehung eingeht und sich dann wieder zurückzieht. Sie fordert zu intensiver Nähe auf, aber wenn die Männer anbeißen, zieht sie sich zurück. Nachdem sie den Mann weggestoßen hat, fühlt sie sich wieder sicher und nimmt die Beziehung erneut auf.

Auf einer tieferen Ebene empfindet sie Männer als so gefährlich, daß sie keinerlei Abhängigkeit von ihnen tolerieren kann.

Die emanzipierte Masochistin

Julia, sechsundzwanzig Jahre alt, ist eine attraktive und talentierte Tänzerin, intelligent, realistisch, politisch interessiert und liberal. Sie hat als Tanzlehrerin Karriere gemacht und gibt gelegentlich Vorstellungen mit eigener Choreographie.

Sie ist idealistisch, begabt und stark, aber offenbart ihren weiblichen Kern, indem sie Männer wählt, die sie »beherrschen« und »benutzen«. Sie verliert ihre Stärke und Identität an sie, wenn sie beginnen, für sie Entscheidungen zu treffen, und es ihr gestatten, den größten Teil der finanziellen Verantwortung zu übernehmen.

Dies ist das übliche Szenario bei der »emanzipierten Masochistin«: Sie wählt Männer, denen sie die Kontrolle übergeben kann, um eine feminine Rolle anzunehmen, in der sie an zweiter Stelle steht. Die Männer binden sich aufgrund ihres Erfolges, ihrer Schönheit und ihres Verantwortungsbewußtseins an sie. Sie signalisiert, daß sie kontrolliert und manipuliert werden kann und nicht dagegen ankämpfen wird.

Weil sie so idealistisch ist, würde sie dem Mann, mit dem sie zusammen ist, nie einen Schmerz zufügen. So endet es damit, daß sie sich selbst Leid zufügt. Zu ihrer »Emanzipation« gehört, daß sie den Kampf, den Männer ausfechten, versteht. Sie tun ihr leid, und sie ist der Meinung, daß sie viel unterdrückter sind als Frauen. Daher erwartet sie wenig und gibt alles.

Obwohl ihr »Inhalt« humanistisch und emanzipiert ist, da sie darauf besteht, die volle Verantwortung für alles, das mit ihr geschieht, zu übernehmen, lehnt sie sich in ihrem Prozeß selbst ab. Der Prozeß ist in seiner masochistischen, »leidenden« Eigenschaft traditionell. Sie ist eine verkappte Erdmutter, weil sie in ihren Beziehungen tatsächlich zum Opfer wird. Aber im Gegensatz zu der traditionellen Frau, die Schuld zuweist, gibt sie sich selbst die Schuld und *akzeptiert*, daß sie ausgenutzt wird, statt ihren Zorn herauszulassen.

Sie ist das weibliche Opfer schlechthin. Obwohl sie am Zustandekommen der Situation beteiligt ist, sieht sie sich ironischerweise überhaupt nicht als Opfer. Statt dessen gibt sie sich selbst die Schuld. Sie verhält sich selbstzerstörerisch, weil sie Angst vor ihrer eigenen Macht hat und fürchtet, ihre Weiblichkeit zu verlieren, wenn sie »zu stark« wird. Daher läßt sie es zu, daß man sie ausnutzt und kontrolliert. Nach und nach übernimmt die emanzipierte Masochistin das Wertesystem des Mannes, und in allen Fällen kommt es zu einer ernsten Verschlechterung ihres Potentials für Stärke und Macht und in der Entwicklung ihrer Karriere und ihrer Stellung in der Welt.

Die Frau, die intellektualisiert

Dieser Typ Frau zeigt ihre »Emanzipation« durch das hohe Niveau ihres intellektuellen Bewußtseins. Sie ist sehr belesen, führt Gespräche und diskutiert nichtdefensiv mit großer Kompetenz.

Die Tatsache, daß sie eine verkappte Erdmutter ist, wird immer dann klar, wenn sie eine längerandauernde Beziehung mit einem Mann eingeht. Sofort wird sie mißtrauisch und unsicher, daß er sie möglicherweise nur »benutzt«. Wenn sie sich gekränkt oder in irgendeiner Weise verletzt fühlt, wird sie kalt, weigert sich zu reden und verweigert den Sex. »Du bist genau wie jeder andere Mann – flach und ausbeuterisch«, hat sie mehreren Männern, mit denen sie eine Beziehung hatte, gesagt.

Ihr Intellekt und ihre tieferen emotionalen Reaktionen sind polarisiert. Sie ist in ihrem Denken so emanzipiert, wie sie in ihrem Prozeß feminin ist. Daher finden Männer sie sehr attraktiv, wenn sie mit ihr ins Gespräch kommen, werden dann aber in der Beziehung zunehmend entmutigt, weil ihre spontanen Reaktionen ihre große Furcht und ihr Mißtrauen den Männern gegenüber offenbaren. Wie eine traditionelle Frau bestraft sie sie durch sexuelle Verweigerung für ihre »Verbrechen« und oft wissen sie nicht einmal, warum, denn sie zieht sich zurück, statt eine Sache auszufechten. Wenn sie einmal zornig ist, gibt es keine Diskussion, weil sie überzeugt ist, daß sie sich »nett« und »fair« verhalten hat, während der Mann gefühllos und flach war. Sie versucht, ihren weiblichen Kern mit ihrem intellektuellen Geschick zu kontrollieren, kann dies aber nur aus sicherer Entfernung erfolgreich tun.

Die emanzipierte Verführerin

Gwen, dreiundzwanzig Jahre alt, ist Polizistin. Sie ist kräftig und athletisch und macht den Eindruck einer gesunden, unabhängigen Frau. Karriere, »Draufgängertum« und Unabhängigkeit sind jedoch Haken, mit denen sie Männer ködert, damit sie sich um sie kümmern. Sie will einen Mann, der stärker und erfolgreicher ist als sie, aber sie weiß, daß Abhängigkeit sie in der heutigen Gesellschaft für den Mann, den sie will, unattraktiv macht. Sie ist eine verkappte Erdmutter, da sie die Unabhängigkeit benutzt, um einen Mann dazu zu bringen, sich um sie zu kümmern. Sie weiß, daß Unabhängigkeit die neue Sache ist, die Männer wollen, daher projiziert sie sie.

Wenn er einmal von ihr angezogen ist und sich an eine »emanzipierte Verführerin« gebunden hat, treten ihre tieferen Abhängigkeitsbedürfnisse zutage. Nach und nach »gibt« sie ihre Arbeit »für ihn auf«, weil sie sich durch die beruflichen Anforderungen immer stärker »unter Druck gesetzt« fühlt. Die Beziehung hat »Vorrang«, sagt sie. Sie »gibt« jedoch etwas, das in Wirklichkeit für sie ist – nicht für ihn oder für beide. Ihr traditioneller Kern zeigt sich an dem unwirklichen Extrem ihres unabhängigen Image am Anfang – Selbstvertrauen in seiner reinsten Form, das nicht wirklich sein kann.

Die Retterin

Beverly ist neununddreißig Jahre alt und Verwaltungsassistentin für Grundschulen. Sie vertritt eine stark feministische Meinung und geht mit ihrer Angst, ihre Autonomie zu verlieren, so um, daß sie sich Männer aussucht, deren Leben ernsthaft in Schwierigkeiten ist. Sie kann sie retten und beherrschen, aber wenn die Männer stärker werden, verlassen sie sie – was ihre Auffassung untermauert, daß es gefährlich ist, einem Mann zu nah zu kommen oder ihm irgend etwas zu geben.

Die »Retterin« ist an der Oberfläche stark, unabhängig und emanzipiert, endet aber ständig in denselben Situationen, mit denen sie sich straft. Sie rettet Alkoholiker oder Männer, die durch eine zerbrochene Beziehung verletzt sind, die verloren, ängstlich, passiv und ungefestigt sind. Ihr traditionell weiblicher Kern zeigt sich in ihrer niedrigen Selbstachtung in diesen Beziehungen. Sie handhabt dies, indem sie Männer wählt, die in Schwierigkeiten sind. Dies gibt ihr zeitweilig das Gefühl von Wichtigkeit, wodurch sie vermeiden kann, sich mit ihren eigenen Ängsten auseinanderzusetzen.

Aus Angst verlassen zu werden kann sie sich nicht mit dem Druck und der Angst auseinandersetzen, mit einem Mann zusammen zu sein, der sich entwickelt und den sie nicht kontrollieren kann. Weil sie diejenige ist, die in ihren Beziehungen die Kontrolle ausübt, entsteht schließlich Zorn in den Männern. Sie wird verlassen, ohne zu wissen, warum. Oder sie verläßt die Beziehung gerade dann, wenn der Mann kurz davor steht, wieder stark zu werden, weil sie sich »langweilt«. Sie bringt in einem Mann sehr direkt den Kern männlicher Abhängigkeit zum Vorschein, was die meisten Frauen nicht erkennen. Schließlich wird er sie verlassen, wenn sie ihn nicht vorher verläßt, denn über einen gewissen Punkt hinaus schwach und abhängig zu sein, ist für die meisten Männer unerträglich. Sie ist eine verkappte Erdmutter, weil ihre große Angst, »ihre Macht« an einen Mann zu »verlieren«, sie unbewußt dazu bringt, von unterlegenen Männern angezogen zu werden, die sich schließlich entweder zornig und kontrolliert fühlen und sie verlassen oder sich zusammenreißen. An dieser Stelle verläßt sie sie.

Die Bewunderin

Adrienne ist vierunddreißig Jahre alt und zum vierten Mal verheiratet. Vor kurzem hat sie ihre Lizenz als Grundstücksmaklerin erworben und fließt über vor Plänen für die Zukunft. Sie hat als angestellte Maklerin drei Jahre lang erfolgreich gearbeitet und freut sich darauf, selbst ein Maklerbüro zu leiten.

Ihr weiblicher Kern scheint jedoch durch, denn alles, was sie tut (selbst die Planung ihrer Karriere), dient dazu, die Zustimmung ihres neuesten Ehemannes zu erlangen. Man spürt, daß sie dies alles in Wirklichkeit für ihn tut und nicht für sich selbst. Sie sucht immer seine Zustimmung, will sichergehen, daß er noch »auf ihrer Seite« ist. Sie sagt ihm ständig, wie brillant und begabt *er ist*, selbst wenn er nur einfache Reparaturen im Haushalt erledigt.

Diese Bewunderung ist eine unbewußte Manipulation und ein Weg, die weibliche Kontrolle aufrechtzuerhalten. Die »Bewunderin« *scheint* zu geben, aber sie gibt zu ihren Bedingungen. Sie hat Angst, daß ein Mann vertrieben wird, wenn sie ihre Macht zugibt.

Einen Mann zu bewundern, ist ein Weg, sich ihm zu geben, aber dann beginnt sie, ihn zu hassen, weil er ihr nicht genug zurückgibt – wenn er zum Beispiel nicht lächelt oder ihr etwas Nettes sagt. Unbewußt wird sie aufgrund ihres Gefühls, daß sie für ihn ein »Nichts« ist, zornig.

Schließlich muß sie ihn »verlassen«, um ihre Identität und ihre »Selbstachtung« wiederzugewinnen, und so beginnt derselbe Prozeß mit dem nächsten Mann von neuem: Sie bewundert, gibt sich für seine Zustimmung auf, wird zornig, verläßt ihn und geht zum nächsten Partner über. Sie bahnt sich ihren Weg in die Identität eines Mannes und gibt ihm dann die Schuld daran, daß sie ihre Identität verloren hat und daß er sich nicht für all das, was sie ihm gibt, schätzt.

Die Frau, für die die Emanzipation ein Selbstbedienungsladen ist

Cheryl, fünfundvierzig Jahre alt, ist Managerin einer Versicherungsgesellschaft. Sie ist bekannt dafür, daß sie Frauen dabei unterstützt, finanziell unabhängig zu werden. Sie ist stolz auf ihre Kompetenz und ihren Erfolg in der Geschäftswelt. Wenn sie mit einem Mann zum Essen ausgeht, ist sie immer schnell bereit, die Rechnung zu bezahlen, und behauptet, daß ihr Sex wirklich Spaß macht.

In ihrem unbewußten persönlichen Prozeß jedoch ist Cheryl das Beispiel für einen Menschen, der beides haben will: das Vorrecht, emanzipiert zu sein, wenn es ihr paßt, und die emotionalen Vorteile einer traditionellen Beziehung. Sie würde es nicht zulassen, daß man sie bei einer Beförderung übergeht, »weil sie eine Frau ist«, erwartet aber, daß dies ein Vorteil für sie ist. Es ist wie bei der Frau, die sich um ein politisches Amt bemüht, ohne die notwendigen Qualifikationen zu haben, und ihre Nominierung gewinnt, weil sie eine Frau ist, aber dann einer »sexistischen Machtstruktur« die Schuld gibt, weil es ihr nicht gelingt, die Wahl zu gewinnen.

Dieser Typ Frau stellt die Unabhängigkeit unbewußt in den Dienst ihrer femininen Bedürfnisse; sie verhält sich ähnlich wie ein verkappter Macho, der Sensibilität in die Dienste seiner Motive (zum Beispiel Verführung) stellt. Der Feminismus wird für sie die Möglichkeit, alles zu bekommen. Das traditionelle weibliche Schuldzuschieben und Schuldverursachen dienen dazu, andere in die Defensive zu zwingen und einen Vorteil zu erringen, aber die »Schuldzuweisung« findet indirekt und in verschleierter Form statt – das heißt, es wird eine Atmosphäre erzeugt, in der der Mann das Gefühl bekommt, ständig beweisen zu müssen, »nicht sexistisch« zu sein. Jede Kritik oder Meinung, die nicht hundertprozentig positiv ist, wird raffiniert oder schroff als Angriff auf sie, *weil sie eine Frau ist*, gewertet und behandelt.

Diese Frau kann alle traditionellen weiblichen Vorrechte gewinnen, indem sie sehr manipulierend ist, während sie nur die Verantwortung übernimmt, die sie akzeptiert. Diese Einstellung funktioniert in persönlichen oder geschäftlichen Beziehungen und macht den anderen Menschen durch ihre indirekte »Einschüchterung« machtlos, weil sie ihn als Chauvinisten oder Sexisten bezeichnet.

Wenn sie in einer persönlichen Beziehung mit einem Mann gebeten wird, etwas zu tun, das sie nicht tun will, sagt sie wahrscheinlich: »Mach es selbst, ich bin nicht deine Mutter. Ich bin nicht dazu da, dich zu bedienen.« Der Mann, der nicht weiß, was eigentlich vorgeht, sieht nur, daß er ständig erklärt, verteidigt oder entschuldigt. Das reitet ihn jedoch noch tiefer hinein: Sie sagt ihm, daß er wirklich sexistisch sein *muß*, weil er so »defensiv« ist und immer zu beweisen versucht, daß dies nicht der Fall ist.

Wenn ihr nicht Einhalt geboten wird, endet es damit, daß sie indirekt alles kontrolliert und er sich immer schuldiger fühlt, wenn er sie um etwas bittet oder ihr nicht genug gibt. Ihr Feminismus ist in Wirklichkeit eine Waffe, um die traditionellen Ziele der Erdmutter zu erreichen: indirekte Macht über Männer durch das Verursachen von Schuld, angedeutete oder offene Schuldzuweisung und die Förderung seiner Neigung, sich verantwortlich zu fühlen und sich zu hassen.

Die vollkommen emanzipierte Frau, die den Mann zum Wahnsinn treibt

Alice, neununddreißig Jahre alt, ist Vizepräsidentin eines Unternehmens. Sie ist charmant, lebhaft, leistungs- und erfolgsorientiert. Sie hat viele Reisen unternommen und beeindruckt Männer, weil sie gebildet und kultiviert ist.

Alice gehört jedoch zu der Kategorie der »vollkommen emanzipierten Frau, die den Mann zum Wahnsinn treibt«, weil sie in ihrem Prozeß den absoluten Gegensatz zu ihrem äußeren Image verkörpert. Ihr Prozeß ist klassisch feminin, während ihr Inhalt sehr emanzipiert ist. Sie ist stark, wird aber still und zurückhaltend und lehnt es ab zu streiten, wenn es zu einem Konflikt kommt. Sie ist sexuell aktiv, argwöhnt aber, daß Männer sie »benutzen«. In ihrem Beruf als Direktorin ist sie aggressiv, läßt es aber dennoch zu, daß Männer sie emotional mißbrauchen und weint, wenn sie zornig ist. Sie ist sehr unabhängig, »kennt« jedoch »ihren Mann« genau, weiß wo er ist und was er die ganze Zeit über tut. In dem Augenblick, in dem ein Mann abhängig wird oder seine Verletzbarkeit zeigt, zieht sie sich zurück. Wenn er dies tut, beschuldigt sie ihn, sich vor einer Bindung zu fürchten.

Die Launen und Reaktionen dieses Typs Frau verwirren den Mann und führen ihn in die Irre, weil er, wenn er sich erst einmal gebunden hat, das Gefühl bekommt, daß ihre Reaktionen völlig launenhaft und »unmöglich« zu verstehen sind. Das heißt, daß sie sich ständig zu verändern scheint, wenn die sich widersprechenden Seiten in ihr »willkürlich« zum Vorschein kommen; ihr Kern und die defensive Reaktion gegen diesen Kern bringen sie dazu, auf gegensätzliche Weise zu reagieren, scheinbar von einem Augenblick zum nächsten.

Ohne Verbindung zu den widersprüchlichen Botschaften, die sie vermittelt, kommt sie zu dem Schluß, daß Männer erfolgreiche Frauen eigentlich nicht mögen, oder daß Männer nicht damit zurechtkommen, nicht die Kontrolle auszuüben, aber sie läßt sich nicht einer Beziehung zuliebe kontrollieren.

Die emanzipierte Schwarze Witwe

Mit ihrem »großen Verständnis« für Männer, spinnt die emanzipierte Schwarze Witwe ein Netz aus den altmodischen Zutaten der weiblichen Macht: völlige Bewunderung, Manipulierung seines unersättlichen Egos und völlige Befriedigung der verneinten Abhängigkeit des kleinen Jungen. Auf diese Weise lockt sie ihn in die Falle seines aufgeblasenen Egos. Er ist der Mann, der mit seinen Frauen protzt, mit seinen Triumphen, seiner Macht und seinen »Spielzeugen«, genau wie mit seinem übermäßigen Alkohol- und Drogengenuß, während sie selbst das auffällige Machoverhalten »selbstlos« unter der Vorgabe, problembewußt, emanzipiert und liebevoll zu sein, akzeptiert.

Wie ein Meister der Kriegskunst nutzt die »emanzipierte Schwarze Witwe« seine Energie, damit er sich selbst zerstört, während sie die bewundernde Zuschauerin und treue Anhängerin spielt, um sich nicht mit ihren eigenen Problemen auseinandersetzen zu müssen – mit den Ängsten und Konflikten, die sie mit der Aufrechterhaltung und dem direkten Ausdruck ihrer Identität und Macht hat – zusammen mit dem tiefen Mißtrauen und der Feindseligkeit, die sie Männern gegenüber fühlt.

Die Machos, die sie anzieht, glauben in ihrem Größenwahn, daß sie die Urfrau in ihr gefunden haben – jemanden, der »versteht«, wie man einen Mann liebt und ihm gestattet, er selbst zu sein. Ohne daß beide es wissen, liefert sie das Seil, mit dem er sich erhängen kann. Dieser Prozeß tritt indirekt und unbewußt ein. Ihr fehlendes Selbstbewußtsein und der fehlende Widerstand seinem Verhalten gegenüber zeigen ihm keine Realität oder Grenzen, die ihn zwingen, den aufgeblasenen männlichen Stumpfsinn, in dem er lebt, zu erkennen und zuzugeben. Statt dessen dreht sich die Spirale immer weiter, sein Ego erweitert sich, bis er sich selbst zerstört, woraufhin seine verkappte Erdmutter sich verwandelt und ruhig, kalt und stark als Macht zum Vorschein kommt, die die Zügel des Reiches, das er geschaffen hat, übernimmt.

Sie kann die Frau eines Politikers sein, eines ehrgeizigen Geschäftsmannes oder die Ehefrau eines Arztes – das Weibchen des großen Mannes. Sie bindet sich an Männer, deren Ego so groß geworden ist, daß es kein anderes neben sich ertragen könnte. Es sind Männer, die glauben, daß sie alles haben können und nie lange genug überleben, um ihre Selbsttäuschung zu erkennen. Man erinnert sich an sie wegen des Potentials, das sie besaßen und nicht nutzen konnten.

10.

Verkappte Machos

Xavier hielt sich für einen emanzipierten Mann, aber nur einige Freunde teilten seine Meinung – insbesonders die Frauen, mit denen er zu tun gehabt hatte, sahen ihn anders. Die meisten empfanden ihn als »Machoschwein« in emanzipierter Verkleidung.

Er nahm sich als emanzipiert wahr, weil er von den Frauen, mit denen er sich verabredete, nie Besitz ergriff; er bat sie nie, irgend etwas für ihn zu tun und war immer ehrlich mit seinen Gefühlen. Im allgemeinen lief es darauf hinaus, daß er sagte, er fühle sich nicht wohl dabei, sich zu stark zu binden oder monogam zu leben.

Die Frauen empfanden ihn ganz anders, da er zumindest indirekt klarmachte, daß eine Beziehung sich nach ihm und sonst niemandem zu richten hatte. Während er es als »emanzipiert« betrachtete, daß er eine Frau zum Essen zu sich nach Hause einlud, sie aber nicht mit dem Wagen abholte, empfand sie dies als männliche Arroganz. Obwohl er nicht direkt sexuellen Druck ausübte, war die Botschaft klar: »Entweder gehen wir zusammen ins Bett und haben unseren Spaß, oder ich langweile mich mit dir, wenn wir nur reden und werde dich wahrscheinlich nie wiedersehen.«

Die Tatsache, daß er die Frauen, mit denen er zusammen war, bei einem Restaurantbesuch nie zum Essen einlud, empfand er als »Respekt vor ihrer Selbständigkeit«. Die Frauen faßten dies jedoch als Emanzipationsopportunismus auf. *Er* traf die Wahl – sie beruhte nicht auf Gegenseitigkeit.

Besonders Elissa war furchtbar wütend, als sie sich nicht mehr sahen. »Er ist schlimmer als mein Vater – und der ist ein unverschämter Macho. Xavier macht immer wieder klar, daß er nicht eine bestimmte Frau in seinem Leben braucht, daß die meisten Frauen auswechselbar sind und daß jede Frau, die ihm nah sein will und dies auch sagt, seiner Auffassung nach automatisch ein Anhängsel oder eine Manipuliererin ist, für die er sorgen soll.«

Als sie ihn mit seinem kontrollierenden Machoverhalten konfrontierte, war Xavier verwirrt. »Ich versteh' nicht, was du meinst – nenn mir Beispiele.« Elissa konnte nur antworten: »Das ist ja gerade der Punkt – du kannst es nicht erkennen, und ich werde es dir nicht beweisen. Aber du sollst wissen, daß ich diese Beziehung nicht beende, weil ich einen Mann suche, der mich heiratet. Was ich brauche, ist Kontinuität und emotionale Eingabe, und es ist klar, daß du keins von beidem willst. Vielleicht denkst du, Emanzipation bedeutet: ›Alles, was Freude macht!‹ und ›Alles, was ehrlich ist, ist okay‹ Aber in Wirklichkeit ist es bei dir altmodischer, männlicher Egoismus mit einer emanzipierten Fassade.«

Echte Emanzipation kontra Pseudoemanzipation

Wenn ein Mann sich verändert, indem er eine neue Philosophie, eine neue Ansicht oder Haltung annimmt, ändert er die Äußerlichkeiten und nicht seinen Prozeß – und wird so ein verkappter Macho, ein Mann mit einem ansprechenden, »aufgeklärten«, sensiblen, zornigen oder gleichberechtigten Image – aber sein Kern ist unverändert.

Die Verwechslung von Inhalt und Prozeß, Image und Substanz, wirklicher Veränderung und dem Anschein von Veränderung in der Gesellschaft wird heute, was die Männer betrifft, durch bestimmte Gleichungsformeln verstärkt: »Er ist so ein ›netter‹ Typ, er ist nicht macho«, oder »Er ist kein Macho, er schreibt Gedichte und kocht gern« oder »Er ist ein zärtlicher, sensibler, stiller Typ, der auch weinen kann – er ist kein Macho.« Auch das Gegenteil wird behauptet: »Er ist ein wirklicher Chauvi. Er will, daß seine Frau ihren Beruf aufgibt und *ihre* Karriere vernachlässigt, damit sie zu Hause bei ihrer Tochter bleibt« oder »Er ist wirklich ein Macho. Am liebsten geht er mit seinen Freunden in die Kneipe.«

Der verkappte Macho zeigt seinen männlichen Kern möglicherweise dadurch, daß er seine »Emanzipation« als eine Reihe von Problemen betrachtet, denen er mit äußerlichen Lösungen zu begegnen versucht, indem er äußerliches Verhalten oder Angewohnheiten ändert. Er sucht äußere Lösungen für Probleme, die durch seine Externalisierung verursacht werden. Seine »Emanzipation« wird zu einem Widerspruch in sich selbst, da er dem System die Schuld gibt, den Politikern, der Wirtschaft, den Gerichten, den Frauen, einer sexistischen Gesellschaft, dem Big Business oder dem sozialem Druck. Nach einem »Hoch« zu Anfang, das aus dem Gefühl entsteht, eine Antwort und ein Ziel gefunden zu haben und etwas dafür tun zu können, verschlimmert sich das Problem schließlich. Dies ist die Erfahrung vieler emanzipierter Männer aus den sechziger und siebziger Jahren, die ihre Haltungen und ihre Orientierung gegenüber Frauen und anderen Männern äußerlich änderten und deren persönliches Leben schließlich ein noch größerer Scherbenhaufen war. Ihr veränderter Inhalt war »emanzipiert«, aber der Prozeß, den sie benutzten, um dorthin zu gelangen, war externalisiert. Sie *glaubten* also, daß sie sich veränderten, aber wurden statt dessen unsichtbar und immer tiefer in ihren männlichen Prozeß eingebettet.

Einen verkappten Macho kann man an dem *Wie* und dem *Warum* seines Verhaltens erkennen. Wenn seine Sensibilität gegenüber Frauen sich aus einem intellektuellen Bewußtsein für Frauenfragen entwickelt, mag der Inhalt »emanzipiert« sein, aber die intellektualisierte, selbstkontrollierende, »beweisende« Art und Weise, mit der er es ändert, entspricht dem Machoprozeß.

Er wird zu einem verkappten Macho, zu einer Karikatur dessen, was er bewußt ablehnt. Sein Ego ist mächtiger als je zuvor. Jetzt kennt er die *Wahrheit* und weiß, wie *alle* leben sollten und wie die Welt verändert werden kann.

Er wird in seiner strengen Beurteilung all derer, die *nicht* so sind wie er, kritisch, selbstgerecht und auf passive Weise aggressiv, obwohl er es verneint. Er ist an seine Prinzipien, seine Philosophie und seine Abstraktionen gekoppelt und versucht, andere damit zu kontrollieren. Oft opfert er sogar Beziehungen zugunsten dieser Prinzipien. Er läßt Freunde fallen, die seine Ideologie nicht teilen. Wahrscheinlich erwartet oder fordert er sogar »nichtsexistisches« Verhalten von seinen Kindern. Er beherrscht sie mit seinem Glauben, indem er zwanghaft ihre Spielzeuge überwacht, die Sprache, die sie benutzen und die Ideen, die sie ausdrücken. Vom Inhalt her scheint seine »Emanzipation« aufgeklärt zu sein. Der Prozeß ist jedoch auf zwanghafte Weise vernünftig, kontrollierend, kritisch und autoritär.

Schließlich ist er enttäuscht, wenn nicht sogar schockiert darüber, wie seine »besten Bemühungen« fehlschlagen. Seine Freunde, Kinder und seine Frau oder Partnerin lehnen ihn schließlich ab, und er kann nicht verstehen, daß es nicht seine Ideen sind, sondern sein Prozeß, der Zorn verursacht, genau wie jeder herrschsüchtige Mensch starken Zorn in denen erweckt, die er unbewußt einschüchtert und zu beherrschen sucht; selbst wenn er es nur mit seiner wohlgemeinten Wahrheit tut. Er entfremdet sich, wenn er versucht, sein Leben und das der anderen zu »humanisieren«. Er hat weniger Verbindung als die Machos, die er ablehnt, und weiß erst, daß seine Beziehungen fehlschlagen, wenn er sich völlig isoliert hat.

Der verkappte Macho *kennt alle Antworten*, muß aber schließlich einsehen, daß sie nicht funktionieren. Er wird immer einsamer und isolierter als die »sexistischen« Männer, die er versucht, nicht zu imitieren. Diese Männer haben jedoch in ihrem persönlichen Leben mehr Haftvermögen als er. Schließlich bleiben ihm nur seine Prinzipien, nachdem er alle Menschen vertrieben hat.

Zuerst wird er wahrscheinlich unterstützt, da er sich mit Menschen umgibt, die mit ihm »übereinstimmen«, aber diese Bindung erweist sich als oberflächlich und zeitlich begrenzt, weil sie auf gemeinsamen Abstraktionen und ideologischem Selbstbewußtsein beruht. Sie basiert auf einem gemeinsamen Inhalt, der eine leblose Bindung hervorbringt, die unter wenig Druck abblättert. Zwangsläufig sieht ein Mann den anderen als heuchlerisch, fehlerhaft, »neurotisch«, als Mann, mit dem man nur »schwer reden kann«.

Der verkappte Macho hat sich innerlich nicht verändert, *glaubt* jedoch, daß er es getan hat. Er ist verschlossener, enttäuschter und einsamer als je zuvor. Er versucht, sich zu ändern, indem er noch mehr tut, sich *stärker* anstrengt und es mit einer anderen Sprache versucht. Sein aufgeklärtes Image,

sein Furnier, hat ihm das selbstgerechte Gefühl gegeben, *recht*
zu haben, ein Gefühl, das umfassend, selbstbesessen und un-
durchdringlich ist; aber er spricht jetzt die Sprache des Gefühls, der Nähe, Liebe und Offenheit perfekt.

Der Intimitätsmechaniker

Charles ist ein »Intimitätsmechaniker«. Er abstrahiert Intimität. Er kennt alle ansprechenden intimen Verhaltensformen
und richtet sich nach ihnen. Er glaubt, daß dies aus seinem Innern kommt, tatsächlich wird es jedoch von seinem Intellekt
überwacht. Er arbeitet daran und bemüht sich sehr. Seine »Intimität« ist mechanisch.

Konkret tut er folgende Dinge:

1. Er spricht *über* seine Gefühle. Selbst wenn er »sie zeigt«,
weiß er, was er *tut* und kann sie kontrollieren.

2. Er bemüht sich sehr zuzuhören. Mechanisch *ist* er ein aus-
gezeichneter Zuhörer. Aber es ist schwer festzustellen, wann er
wirkliches Interesse hat und wann nicht, weil er *immer* mit
demselben Grad von Intensität zuhört. Dies beweist, daß seine
Aufmerksamkeit von seinen Gefühlen getrennt ist.

3. Er berührt, um »nah zu sein«, Kontakt herzustellen und
zu zeigen, daß er jemanden gern mag. Auch seine Berührungen
sind defensiv, weil automatisch. Es ist »mechanisches Berühren«. Er sagt immer: »Es ist schön!«, aber diese »schönen Gefühle« zeigen sich nicht wirklich. Er *weiß*, daß Berührungen
»intim« sind und dazu dienen sollen, einander näherzukommen, und darum setzt er sie ein.

4. Er nimmt an Kursen für Väter, Beziehungen, Betreuung
usw. teil. Er erliegt dem »männlichen« Irrtum, daß man lernen
kann, diese Dinge »richtig« zu *tun*; auf eine »Art und Weise«,
die *außerhalb von ihm* existiert. Schließlich wird er von seiner
Partnerin und seinen Kindern beschuldigt, nicht wirklich intim zu sein, und er kann nicht verstehen, warum die Verbindung, an der er so hart gearbeitet hat, so schwach ist.

5. Er hat *immer* Mitleid, ist fürsorglich und »verständnisvoll«. Er scheint unfähig zu sagen: »Das interessiert mich einen
Dreck.« Auf diese Weise stellt er entgegen seinem maskulinen

Kern eine defensive Reaktion zur Schau, die eine gegensätzliche und extreme Karikatur von »Intimität« erzeugt, der selbst traditionellere Frauen nicht entsprechen können.

6. Er ist immer »nett«. Seine Haltungen und Reaktionen sind in ihrer »Nettigkeit« immer voraussehbar und starr.

7. Er erforscht und kennt die »richtigen« Stellen, an denen man eine Frau sexuell berühren kann. Er fragt besorgt, ob sie einen Orgasmus gehabt hat und ob der Sex »für sie okay gewesen ist«. Er arbeitet hart daran, die »empfindsamen« Stellen an ihrem Körper kennenzulernen, damit es ihr »gefällt«. Er glaubt, daß solch »magische« Punkte existieren.

8. Er hat *immer* Augenkontakt zu seinem Gegenüber, wenn er spricht oder zuhört, und versucht immer, Interesse zu zeigen.

9. Ständig gebraucht er die Sprache der Intimität. »Ich fühle mich dir in diesem Moment wirklich sehr nah«, »Ich habe dich sehr vermißt« oder »Ich möchte, daß du an dem teilhast, was mit mir vorgeht.« Für das erfahrene Ohr haben diese Sätze einen mechanischen, emotional hohlen Klang.

Der »Intimitätsmechaniker« hat einen wunderschönen Inhalt, ist aber von seinem »intimen« Verhalten äußerst losgelöst, denn sonst könnte er nie ein so hohes Maß an beständiger »Intimität« so automatisch und direkt aufrechterhalten, besonders wenn man es unter dem Aspekt seiner frühen Konditionierung betrachtet, die in völligem Gegensatz zu dem steht, was er jetzt ist. Es ist zu gut, um echt zu sein.

Der Intimitätsmechaniker endet frustriert und enttäuscht, weil seine Versuche zur Intimität nicht zu der Nähe führen, die er anstrebt. Obwohl seine Partnerinnen ihn schätzen, sagen sie ihm zu irgendeinem Zeitpunkt, wenn sie sich sicher fühlen oder zornig genug sind, daß das, was er tut, unwirklich und mechanisch ist und daß sie sich ihm nicht wirklich nah oder verbunden fühlen. Ihre Wahrnehmung ist korrekt, weil er tatsächlich nach einer Trennung leicht zur nächsten Frau übergehen kann, mit der er sofort genauso »vertraut« und »liebevoll« ist. Dies beweist, daß das Gefühl der Vorgängerin, daß seine Verbindung mit ihr »höchst flach« war, richtig ist.

*Die verräterischen Kennzeichen eines Intimitätsmechanikers
sind, daß er sein »intimes« Verhalten immer unter Kontrolle hat
und daß hinter seinen Taten keine wirkliche Energie steckt. Sie
werden überwacht und sind automatisch und daher defensiv.*

Mr. Perfekt

Er ist erfolgreich und mächtig, »zärtlich« und »intim«. Er
drückt Gefühle aus, ist aber immer noch »ein Mann«, »wenn
es darauf ankommt« – beschützend, entscheidungsfreudig und
hilfsbereit, wenn »eine Frau in Not ist«. Er ist ein Siegertyp,
aber mit emanzipierten Ansichten. Er ist der empfindsame,
verständnisvolle und hart arbeitende verkappte Macho. Er ist
der Held der feministischen Frau, das neue Bild des Super-
manns. Er ist »perfekt«, aber nicht für die Frau oder den
Mann, der versucht, ihm nah zu kommen oder ihn daran hindert, es »auf seine Art« zu machen. Dann wird sein Sog deutlich, und die Probleme fangen an.

»Mr. Perfekt« ist ein verkappter Macho, weil er das Image völliger Überlegenheit und Fehlerlosigkeit leben muß, um sich
selbst zu »beweisen«, um der großen »Schuld« auszuweichen,
zu der er neigt, weil er »macho« und nicht sehr perfekt ist. Er
muß sich von Kritik freihalten und mit seinem Zorn und den
»nicht so netten« Gefühlen umgehen, die unbewußt in seinem
Innern lodern.

Mr. Perfekt ist im allgemeinen ein Einzelgänger und zwanghaft arbeits- und leistungsorientiert. Er versteckt sein Bedürfnis nach völliger Kontrolle, indem er »zärtlich« und »empfindsam« handelt. Aber er wählt Frauen und Freunde, die ihn »bewundern« und die so von Ehrfurcht ergriffen sind, daß sie ihm
nicht in die Quere kommen. Schließlich werden sie jedoch alle
unglücklich, weil er als »verkappter Macho« nie *wirklich* emotional erreichbar ist.

Je weiter Menschen emotional entfernt sind, desto besser
sieht Mr. Perfekt aus. Je näher sie ihm kommen, desto mehr
Schmerz fühlen sie, weil er so externalisiert ist, daß er auf
Dauer wenig oder nichts geben kann. Das »Versprechen«, das
sein Image projiziert, kann nie erfüllt werden.

Seine Kräfte werden in diesem Prozeß ausgezehrt, weil er versucht, für alle Menschen alles zu sein und insgeheim wegen des Leistungsdrucks tiefen Haß aufbaut. Er will, daß alle weggehen und ihn in Ruhe lassen. Sein Image und seine Schuld hindern ihn jedoch daran, dies auszusprechen.

Seine Frau versucht, »geduldig« zu sein und »gibt« sich im allgemeinen »die Schuld«. Sie sagt sich, wie die anderen auch: »Er ist so aufmerksam und nett. Er versucht wirklich alles. Es muß *meine* Schuld sein!« Aber in ihr stauen sich dennoch Depressionen und Zorn auf, weil die Wechselbeziehung zwischen ihnen in Wirklichkeit oberflächlich und »unwirklich« ist, und tatsächlich hat sie nichts oder nur wenig davon. Äußerlich scheint es großartig, aber es ist sehr schmerzhaft. Die anderen verstehen es nicht, wenn sie so depressiv ist. »Du hast doch alles«, sagen sie, und sie fühlt sich noch schlechter.

Seine Kinder versuchen ebenfalls verzweifelt, ihm zu gefallen, um an seiner Perfektion teilzuhaben. Schließlich werden sie passiv und teilnahmslos, weil es Kinder sind, die versuchen, perfekte Erwachsene zu sein, um einem entfernten, »perfekten« Vati zu gefallen.

Seine Frau und seine Kinder zeigen verschiedene Symptome. Möglicherweise ißt sie zuviel, kommt in ihrer Karriere nicht voran oder fühlt sich unerklärlich traurig. Seine Kinder fühlen sich meistens als Versager, weil sie seiner Perfektion nicht entsprechen können. Vielleicht geben sie den Versuch sogar ganz auf und können in ihrem Gefühl von Hoffnungslosigkeit kaum funktionieren.

Er versucht, all diese Probleme wie Supermann zu lösen und fliegt in die verschiedenen Notstandsgebiete. *Aber an dieser Stelle kommt es zum Zusammenbruch.* Es sind keine Probleme, die wie ein äußerliches Problem »geheilt« werden können. Sie sind das Endresultat seines zugrundeliegenden, distanzierten, defensiven Bedürfnisses, »perfekt« zu sein, dem alle anderen Menschen in seinem Leben zum Opfer fallen. Schließlich muß er dem »Schlamassel« gegenübertreten, das seine defensive Perfektion angerichtet hat und für das es keine schnelle »Supermann«-Heilung gibt.

Alle anderen fühlen sich schuldig, weil *sie* Mr. Perfekt im Stich gelassen haben, aber es war *nicht* ihre Schuld, und erst wenn sie über das oberflächliche Image hinaussehen, werden sie keine Schuld und keinen Selbsthaß mehr fühlen.

Falls und wenn er sich wirklich »öffnet«, treten die versteckten Dinge in seinem Lebens zutage. Wahrscheinlich hat er eine junge Freundin, die er versteckt gehalten hat und bei der er ausgelassen und wirklich »er selbst« sein kann. An dieser Stelle sieht man, daß »niemand ihn wirklich kannte«. Man kannte nur das Bild seiner Perfektion. Alle glaubten, daß er perfekt war, aber er versteckte sich, war manipulierend und distanziert. Kein verkappter Macho, nicht einmal Mr. Perfekt, kann es vermeiden, den Preis für seinen verneinten »Macho«-Prozeß zu zahlen.

Der verständnisvolle Mann von Berufs wegen

Kenneth war ein bekannter Psychologe. Er war hochangesehen und galt als brillant. So gut er konnte, wandte er sein berufliches Wissen auf seine Familie an, allerdings mit verhängnisvollem Ergebnis. Seine drei Söhne gingen zu seiner Bestürzung nie andauernde Beziehungen ein und waren alle extrem neurotisch. Seine Frau verbrachte ihre Freizeit mit Einkäufen und Kartenspielen. Sie »trieb ihn zum Wahnsinn« mit ihren »oberflächlichen Interessen« und scheinbar endlosen Klagen und Sorgen um die Kinder, um Geld und die Zukunft.

So sehr er es auch versuchte, war er nicht in der Lage, »die Selbstachtung seiner Frau zu stärken«, wie er es ausdrückte, damit sie eine eigene erfolgreiche Karriere und etwas »Konstruktives« zu tun hätte. Ihre Lebensart verärgerte und verwirrte ihn und er fragte sich, ob sie wirklich die Frau war, die er geheiratet hatte.

Er selbst hatte sich so gut analysiert, daß er sich fragte, was er falsch gemacht hatte. Einfach ausgedrückt war er das Opfer einer häufigen, scheinbar offensichtlichen Schwäche für den eigenen Prozeß geworden. Dieser tiefere Prozeß verwandelte den Inhalt seines Verstehens. Egal, wieviel man weiß – das Ergebnis einer Beziehung entstammt ihrem Prozeß, nicht ihrem »Wissen«, und das konnte er nicht sehen.

Egal ob er Therapeut, Professor, Pfarrer, Arzt oder Friseur ist, der »verständnisvolle Mann von Berufs wegen« hört sich mitleidsvoll und voller Verständnis den Schmerz, die Frustration und den Zorn an, der unausweichlich in Frauen entsteht, weil sie sich in einer polarisierten Beziehung mit einem traditionellen Mann befinden.

Er ist das endgültige *Phantasiesymbol der Vereinigung*, der perfekte »vertraute Verbündete«, der die Frauen nicht verletzen oder enttäuschen wird, solange ihre Verbindung kontrolliert wird und begrenzt ist und er ein Symbol bleibt, kein wirklicher Mensch.

Der verständnisvolle Mann von Berufs wegen gibt Frauen genau das, was sie wollen, nämlich die Phantasievorstellung einer perfekten, »intimen« Beziehung voller Verständnis, Annahme und »Wärme«. Sie ist jedoch nur dann *perfekt*, solange sie auf einige kontrollierbare Gebiete begrenzt ist. Wenn er über diese Grenzen hinausgestoßen wird, wird der verständnisvolle Mann von Berufs wegen genau wie jeder andere Mann, wenn nicht sogar extremer.

Seine Arbeit ist auf bestimmte Menschen beschränkt, auf Patienten, Angestellte, Gemeindemitglieder, zu denen er in kontrollierter Distanz eine Beziehung haben kann und die die großen egoistischen Phantasievorstellungen von seiner Besonderheit verstärken, indem er auf einen Sockel erhoben wird. Für sie ist er der wunderbare »Weise« und die mitfühlende Vaterfigur.

In Wirklichkeit ist er ein verkappter Macho, seine frustrierte Ehefrau und seine Kinder werden dies bestätigen. Er weiß »alles« und hat alle Antworten parat. Er ist zu beschäftigt, um sich wirklich so stark einzugeben, daß er verletzlich ist oder nicht die Kontrolle ausübt. Zu Hause ist er distanziert. Er scheint offen, aber das trifft nicht zu. Er scheint ein großartiger Zuhörer zu sein, aber er ist damit beschäftigt, die Antwort zu finden oder an etwas anderes zu denken, wenn andere reden. Er spricht von Mitleid, Emotionen, Flexibilität und Großzügigkeit, aber es sind Abstraktionen, die er nur aus sicherer Entfernung ausleben kann. In Wirklichkeit langweilt er sich schnell mit anderen außer mit sich selbst.

Ständig hört er von seiner Frau: »Immer hast du Zeit und Geduld für alle anderen, aber nicht für deine Familie. Wenn sie dich einmal so sehen könnten, würden sie dich nie wieder in deiner Praxis aufsuchen.«

Auch er kann seinen Prozeß nicht erkennen. Er ist zu stark damit beschäftigt zu verstehen. Hilflos sieht er wie alle anderen verkappten Machos auch, wie sich sein persönliches Leben auflöst und der polare Gegensatz dessen wird, was seine Kunden, Patienten, Studenten, Gemeindemitglieder oder Anhänger sich vorstellen. Zuhause ist alles schmerzhaft und »verrückt«, während es dort, wo er der »verständnisvolle Mann von Berufs wegen« ist, positiv und rational ist.

Der weiße Ritter des New Age

Frauen sind eine Abstraktion, eine Kategorie, die der »weiße Ritter des New Age« rettet. Sie schätzen ihn aus der Entfernung und als Symbol, aber nicht als Menschen – ähnlich wie Männer, die eine schöne Frau zu schätzen wissen. Er ist eine isoliertere New Age-Variante des traditionellen Machos, der die Frauen eine nach der anderen rettet. Der weiße Ritter des New Age ist ein »guter Kerl«, ein moderner Märchenprinz, der das ganze weibliche Geschlecht retten will.

Seine tönernen Füße werden erkennbar, wenn er versucht, jemandem »nah zu sein«, und eine Beziehung von Mensch zu Mensch aufnehmen will. Je näher er kommt, desto stärker offenbart er seine Unfähigkeit, eine Beziehung aufrechtzuerhalten. Aus der Ferne ist er der strahlende Held, wenn er sich auf einer Rettungsmission befindet.

Er ist eine Variation des Geistlichen, der kämpft, um die Welt zu retten, während seine Frau Depressionen hat und seine Kinder straffällig und drogenabhängig werden. Seine Familie kann er nicht »retten«. Sein »Bedürfnis zu retten« dient nur ihm selbst: Auf defensive Weise projiziert er ein Bild, um etwas zu »beweisen« und seinen eigenen Zorn und seine männliche Feindseligkeit gegenüber Frauen zu verneinen, gegen die Machos traditonell reagiert haben, indem sie zwanghaft beschützend waren.

Der weiße Ritter des New Age lebt von der Zustimmung der Frauen und hängt von ihr ab. Er ist der sprichwörtliche Einzelgänger, der harte Arbeiter, der zwanghaft leistungsorientierte Mann und Konkurrent. Durch seinen ehrgeizigen, männlichen Sog und seine Isolation hat er das starke Verlangen nach der »Liebe« einer Frau.

Er rettet eine Frau nach der anderen und scheint immer eine Frau zu wählen, die »in Not« ist und die er lehrt, wie sie kämpfen muß, um in der Welt draußen zu überleben. Er macht sich jedoch selbst etwas vor, da er entdeckt, daß er ständig die Rolle des Retters übernehmen soll. Seine Gegenwart allein bedeutet, daß sie nie selbständig und stark werden wird, weil die gegenseitig miteinander verflochtenen Bedürfnisse, die die Grundlage der Beziehung bilden, verlorengehen werden. Daher »versucht« sie scheinbar zu lernen, was er »versucht«, sie zu lehren, aber schließlich gibt er auf und übernimmt alle Aufgaben für sie.

Der weiße Ritter des New Age ist der »nette Kerl«, der aufgrund seiner starken, unbewußten »männlichen« Schuld, zu der er keine »Verbindung« hat, leicht manipuliert wird. Sein Abwehrmechanismus zeigt sich auch durch seine starre Unfähigkeit, irgendwelche negativen Gefühle gegenüber Frauen zu haben. Frauen »lieben ihn«, weil er ihre Auffassung, die Opfer anderer Machos zu sein, die nicht so »besonders« sind wie der weiße Ritter des New Age, teilt.

Sein männlicher Kern wird durch die Tatsache offenbart, daß er immer Frauen wählt, die hübsch und sexy sind, um sie zu retten; Frauen, die sich sehr feminin verhalten, ihn bewundern und sich in der Öffentlichkeit ruhig und passiv verhalten, wenn sie mit ihm zusammen sind. »Sexy« heißt für ihn, daß sie einen schönen Busen und ein hübsches Gesicht haben.

Wenn er eine starke und gleichberechtigte Frau trifft, die nicht »gerettet« werden muß, ist sie unattraktiv für ihn. Ihn erregt nur die Frau in Not. Er »versucht«, sie stark und unabhängig zu machen, weiß aber, daß er einen Vertrag auf Lebenszeit hat, um seine tieferen »Macho«-Bedürfnisse zu befriedigen, da weder er noch sie wirklich das Muster der Beziehung ändern wollen. Er will Bestätigung seiner Männlichkeit, und sie will trotz ihrer Karrieresymbole, daß er sich um sie kümmert und auf einen Sockel erhebt.

Wenn die Beziehung einmal besteht, wird die Frau trotz seiner stärksten Bemühungen *immer* abhängiger und kindlicher, indem sie ihn immer mehr in eine Vaterfigur verwandelt. Sie versucht, ihn von Freunden zu isolieren oder anderen engen Beziehungen (selbst von seinen Kindern aus einer früheren Ehe, auf die sie eifersüchtig ist), so daß sie ihn ganz für sich allein hat, damit er Probleme für sie löst und Entscheidungen für sie trifft.

Bis sie ihn soweit hat, vergrößert sie ihre emotionalen, körperlichen und beziehungsorientierten Probleme, um ihn in die Retterrolle zu zwingen. Währenddessen will er unbewußt, daß sie schwach bleibt, so daß er bei ihr nicht verletzlich oder außer Kontrolle sein muß. Er mag ein Mann des »New Age« sein, aber er glaubt immer noch, daß ein Mann »ein Mann« sein sollte.

Seine Haltung anderen Männern gegenüber ist traditionell kritisch, beurteilend und überlegen. Er hält sein Heldenimage aufrecht, indem er Frauen wählt, die »emanzipiert« und »offen« zu sein scheinen, genau wie er, die es aber in Wirklichkeit nicht sind. Er hat Ideen, die emanzipiert und humanistisch sind. Er scheint dem Dialog gegenüber sehr offen, wählt aber unbewußt Situationen, in denen er sich anderen Männern gegenüber weiter überlegen zeigen und der rettende weiße Ritter sein kann.

Der emanzipierte Manipulierer

Von allen verkappten Machos scheint der »emanzipierte Manipulierer« am ehesten, »das beste beider Welten zu haben«. Als »emanzipierter Manipulierer« bekam Walter all die »Belohnungen«, die traditionelle Machos haben wollen, nur bekam er sie schneller und einfacher. Er »verstand« Frauen und ihr »Emanziaptionsspiel« intuitiv und manipulierte es unbewußt, um seine Bedürfnisse zu erfüllen, indem er ein Bild perfekter Emanzipation projizierte.

In der Zeit der ersten Verliebtheit konnte er es vermeiden, Geld auszugeben, Entscheidungen zu treffen oder Verantwortung zu übernehmen, aber er konnte beim ersten oder zweiten Zusammentreffen erwarten, daß sie mit ihm schlafen würde, denn wenn sie wirklich »emanzipiert« war, konnte sie nicht nein sagen. Walter konnte regelmäßig aus der Tatsache Nutzen ziehen, daß die Frauen ihm »beweisen« wollten, daß ihre Emanzipation echt war. Sie bezahlten sogar für *ihn*, trafen die Verabredungen, fuhren den Wagen und übten *keinen* Druck auf ihn aus, sich zu binden, treu zu sein oder irgend etwas Traditionelles zu tun.

Mit seiner »emanzipierten« Sensibilität und seinem »intimen« Verhalten, geschicktem Augenkontakt, der Fähigkeit, sich auf die Bedürfnisse einer Frau einzustimmen, seiner Sensibilität bei der körperlichen Liebe, »Mitleid«, »Geduld«, »Zärtlichkeit« und Kenntnis der Sprache der »Nähe« und des »Teilhabens«, neben seiner liberalen und emanzipierten Haltung, konnten Frauen ihm nicht widerstehen und *erwarteten* nichts von ihm, um zu beweisen, daß sie nicht »wie die anderen« versorgt werden wollten. Wenn er wollte, konnte er *den »Druck sich zu beweisen« aufrechterhalten*, indem er ihnen sagte, daß die meisten Frauen nicht ihre wahren Motive zeigen, bis sie sich in einer Beziehung sicher fühlen. Auf diese Weise konnte er die Frauen ständig in Abwehrhaltung halten, falls sie ihre »bedürftigen«, »abhängigen«, »fordernden«, »schwachen« oder »verschlingenden« Seiten zeigen wollten.

Genauso konnte er beweisen, daß er nicht »männlich« war, indem er ihnen die Kontrolle »gab« und sie die Entscheidungen treffen »ließ«. Sein »Geben« diente dazu, das Bild vom empfindsamen und »intimen« Mann zu verstärken, und befreite ihn davon, Schuld oder Verantwortung zu übernehmen. Nie wurde ihm etwas genommen. Statt dessen *stärkte* es seine Kontrolle, empfindsam, intim und fürsorglich zu sein.

Dieser verkappte Macho erhält seinen Lohn, ohne beschuldigt zu werden, wie es bei Machos traditionell der Fall ist. Er vermeidet Bindungen und erhält die hingebungsvollen »Zuwendungen« der Frauen. Unter der »emanzipierten« Oberfläche ist er der absolute »selbstsüchtige« Mann, der alles bekommt, aber nichts dafür gibt und auch nicht aufgefordert wird zu geben. Er kann die ganze Zeit über isoliert bleiben und sich zur Frau wie zu einem Objekt verhalten – er kann sie sogar beschuldigen, daß sie versucht, ihn mit Schuld zu manipulieren, wenn sie sich darüber beschwert, daß er dies auf irgendeine Weise tut. »Wenn du dieser Meinung bist, sollten wir uns vielleicht nicht mehr sehen«, sagt er ihr. Aber sie will nicht, daß er geht, weil er ein so »besonderer« Mann ist.

Seine »Emanzipation« dient, wie bei allen verkappten Machos, der Erfüllung *seiner* extrem männlichen Bedürfnisse. Sie bestätigt seine Attraktivität und Macht und gestattet es ihm, isoliert zu bleiben und die Kontrolle zu haben.

Aber selbst für ihn gibt es ein Haar in der Suppe. Schließlich »langweilt« er sich, weil er alles ganz unter Kontrolle hat, so daß es keine Herausforderung oder Stimulierung gibt. So geht er von einer Frau zur anderen, bis er eine findet, die ihn herausfordert und die sich nicht manipulieren und kontrollieren läßt. Er »verliebt« sich und empfindet »Erregung«. Jetzt wird er durch seine Manipulation und durch seine fehlende Fähigkeit, eine Beziehung aufrechtzuerhalten, zu dem Ohnmächtigen. An diesem Punkt verkörpert er die psychologische Realität des Machos, das heißt, er wird nur »erregt«, wenn er herausgefordert wird. Er ist machtlos, während er nach Kontrolle und Macht verlangt.

Der emanzipierte zornige Mann

Dieser verkappte Macho steckt in einer Variation der traditionellen weiblichen Rolle. Er hat das Gefühl, daß er ausgenutzt und von den Frauen ungerechterweise beschuldigt wird. Dies erregt Zorn in ihm, was er auch lauthals verkündet. Er versucht seine Logik anzuwenden, um den Frauen zu zeigen, wie die Dinge »wirklich sind« und ihnen zu zeigen, daß sie unrecht haben, aber im großen und ganzen können sie keine Beziehung zu ihm aufbauen.

Er ist ein verkappter Macho, weil er sich auf äußerliche Probleme konzentriert. Wie die Feministinnen schiebt auch er anderen die Schuld zu und will die Gesellschaft verändern, egal was oder wer dies ist. Er empfindet sich als Opfer einer sexistischen Gesellschaft, die die Männer unterdrückt.

Indem er versucht, anderen Männern zu helfen, besonders wenn dies mit seinem Beruf zusammenhängt, täuscht er sie, wenn er »hilft«, weil er sich bei männlichen Probleme auf äußerliche Dinge konzentriert und die Ursache darin sieht, daß die Gesellschaft Männer »mißbraucht«. Auf diese Weise verstärkt er unbewußt genau die Probleme, die er eigentlich »heilen« möchte. Er entwickelt seine eigene Logik eines »abgeschlossenen Systems«, um auf alles eine Antwort zu haben, wie es auch Feministinnen oft tun.

Er hat eine »Schwäche«, die ihn regelmäßig in »Schwierigkeiten« bringt. Er ist »tatsachenorientiert« und legt Verhalten wörtlich aus. Wenn eine Frau gleich mit ihm ins Bett geht und ihr Essen selbst bezahlt, schließt er daraus, daß sie »emanzipiert« ist und das Potential für eine gute Beziehung vorhanden ist. Gleichzeitig empfindet sie ihn als »emanzipiert«, weil *er* sie um nichts bittet. Bei Frauen verwechselt er daher oft Anpassung oder Manipulation mit »Emanzipation«. Er sieht nicht, wie klar er genau das signalisiert, was er erwartet, und wie dies die manipulierende Frau, die sich anpaßt, anzieht. Es ist die Frau, die ihm am stärksten die Schuld zuweisen *wird* und seine schlimmsten, sich selbst erfüllenden Prophezeiungen verstärkt.

Daher ist er in seinen Beziehungen zu Frauen anfällig für Manipulation, weil er unbewußt der sprichwörtliche »kleine Junge« ist, der eine »gute Mutter« sucht, die ihn »versteht«, ihn liebt und seinen Zorn vermindert. Weil seine Meinungen und Ideen so deutlich militant und aggressiv sind, zieht er die manipulierende Frau, die sich anpaßt, an, eine Frau, die sich ganz nach ihm richtet, weil er nichts anderes akzeptieren würde. Weil er jedoch ein verkappter Macho ist, kann er den Prozeß nicht erkennen und fällt auf den »idealen« Inhalt herein, den sie ihm gibt, und erzeugt so immer wieder dieselben Illusionen. »Sie muß wirklich ›emanzipiert‹ sein, weil sie mit mir einer Meinung ist oder zumindest nicht widerspricht«, folgert er am Anfang.

Die Spannung in der Beziehung wächst jedoch schnell, da das grundlegende, defensive Mißtrauen, das seinem Zorn zugrundeliegt, ständig dazu führt, sie auf angemessene Entfernung zu halten, so daß sie immer zorniger und frustrierter wird. »Kannst du nicht mal mit deinem Emanzipationsgerede aufhören und mit deiner defensiven, zynischen Haltung?« hält sie ihm vor. »Ich bin *nicht* so wie all die anderen Frauen. Ich will dich nicht festnageln, also wach auf«, beteuert sie. Aber in Wirklichkeit wird sie wie »alle anderen Frauen«, und seine eigenen »falschen« Interpretationen sind Teil des Polarisationsprozesses, der ihn immer wieder in dasselbe Dilemma führt.

Die Beziehung zerbricht, da er die Probleme ideologisch interpretiert, indem er sich auf »Streitfragen« konzentriert, statt auf den Prozeß. Weiter scheint er nicht gehen zu können. Er spricht von Gleichberechtigung, will aber Distanz, Kontrolle und »recht« haben; und weil er sich »wehrt«, entstehen auf beiden Seiten schnell Zorn, Frustration und Mißverständnisse.

Schließlich verläßt die Frau ihn im Zorn, oder die Beziehung endet »schachmatt« und besteht in erster Linie aus zornigen, »ideologischen« Streitigkeiten, ohne »liebevolle« oder sexuelle Leidenschaft.

Der totalitäre Humanist

Auf einer Geburtstagsparty für seinen siebenjährigen Sohn wurde Benjamin, ein humanistisch gesinnter Hochschulpsychologe, gekleidet in Cordhosen und Tennisschuhe, unwissend und starr zur Karikatur seiner nichtsexistischen, gleichberechtigten, »fairen« Prinzipien den Kindern gegenüber, die sein Sohn eingeladen hatte. Er und seine Frau Beverly, eine Sozialarbeiterin und »Heilerin«, standen beide auf »Liebe« und »Fürsorge«, wie man leicht an den vielen Zitaten auf Schildern, die die Wände ihres Heims zierten, ablesen konnte.

Zu Beginn der Party spielten sie »Blinde Kuh«. Um sicherzugehen, daß alles »fair« zuging, wurde die Augenbinde bei den kleinen Kindern fest verknotet, dann wurden sie im Kreis gedreht, bis sie sich nicht mehr orientieren konnten. Unabhängig von ihrer Größe oder ihrem Alter erhielten sie keinerlei Hilfe bei der Suche nach der Kuh, obwohl sie für einige Kinder zu hoch hing. Die anderen Kinder standen »ruhig« in einer Reihe und warteten, bis sie dran waren. Eigentlich hatten sie keine Lust auf das Spiel, aber Benjamin und Beverly bemerkten dies nicht.

Es ging weiter mit »Topfschlagen« und Bonbonsuchen. Jedes Kind, unabhängig von seinem Alter, durfte dreimal zuschlagen. Das Geburtstagskind verfehlte dreimal und brach in Tränen aus. Es wollte einen weiteren Versuch, da es ja schließlich sein Geburtstag war. Als es hysterisch schrie und sich auf dem Boden herumwälzte, belehrte ihn seine Mutter: »Also, Sean, verlier nicht die Kontrolle über deine Gefühle. Du *weißt*, was passiert, wenn du dich so aufführst.«

Der Sohn lief weinend in sein Zimmer. Sein Vater, der jetzt selbst kurz vor einem Wutausbruch stand, sagte in strengem Ton: »Du hast letzte Nacht nicht genug geschlafen. Du bist einfach müde.« Die Eltern steckten die Köpfe zusammen: »Wir dürfen dieses verwöhnte Verhalten nicht bestärken, wir dürfen nicht zulassen, daß er noch einmal an die Reihe kommt«, aber dann erlaubten sie aus Unmut und Eigennutz doch, daß Sean noch einmal drankam. Die Atmosphäre auf der Party hatte sich jetzt völlig verändert. In der Zwischenzeit hatten sich die anderen Kinder draußen, wo es kalt war, aufgestellt, um Topfschlagen zu spielen. Sie standen ruhig und teilnahmslos da, verhielten sich aber »wohlerzogen«.

Nun kam der Jongleur. Die Kinder langweilten sich und waren verwirrt, sie wollten für sich alleine spielen, aber Daddy sagte: »Nein, wir haben es so geplant.«

Sein Prozeß war militaristisch, obwohl seine Worte »aufgeklärt« klangen. Seine Frau, die sich wegen des Chaos immer mehr aufregte, wandte sich an ihren Mann, der die Entscheidungen treffen sollte. »Was ist als nächstes an der Reihe?« fragte sie wiederholt, und ihr Mann wurde durch seinen aufgestauten Zorn nur noch wütender.

Vielleicht ist dieser »totalitäre Humanist« die deutlichste und dennoch verschlossenste, unbewußte Parodie der traditionellen Männlichkeit. Er ist der »emanzipierte« Mann, der voller politischer, wirtschaftlicher und sozialer Philosophien ist, aber sein traditioneller Machoprozeß offenbart sich durch folgende Tatsachen:

1. Er glaubt offensichtlich, daß er *alle* Antworten kennt.

2. Er weist alle anderen unaufgeklärten Männer, die nicht mit ihm übereinstimmen, vorbehaltlos zurück.

3. Wenn jemand nicht mit ihm übereinstimmt, erreicht er sofort eine Ebene selbstgerechten Zorns.

4. Er kennt alle Antworten, und keine Diskussion hat je seine Meinung in bezug auf irgendein Problem geändert; meistens läßt er es nicht einmal zu, daß eine solche Diskussion fortgesetzt wird.

5. Wenn seine geheime Phantasievorstellung sich erfüllte, würden all die zum Schweigen gebracht, die anderer Meinung sind als er – nämlich die »Nichthumanisten«.

Er befreit die Welt: Er rettet Frauen, Minderheiten oder die Armen mit seinem Machoprozeß. Er beurteilt Menschen nach den Meinungen, die sie äußern, und hat nur mit denjenigen zu »tun«, die mit ihm einer Meinung sind. Er gerät schnell und stark in Rage.

Ausnahmslos stimmt die Frau, mit der er zusammen ist, entweder mit ihm überein, oder er »lehrt« sie die »Wahrheit«, das heißt, ihr Bewußtsein wird durch ihn gehoben. Was er als Aufgeschlossenheit in ihr sieht, ist in Wirklichkeit oft altmodische, weibliche Anpassung.

Wenn eine Frau dieselbe Überzeugung oder Stärke hat wie er, scheint ihm sexuelle oder romantische Leidenschaft zu fehlen, weil die Dominanz, Kontrolle oder Heldenrolle, die er braucht, um sexuell erregt zu werden, nicht vorhanden ist. Daher sucht er eine passive Frau, die sich anpaßt. Wenn sie sieht, daß er sich nicht binden will, oder wenn ihr Zorn zu groß wird, weil sie immer stark und starr kontrolliert wird, verläßt sie ihn und gibt all die Ideologien und Philosophien auf, in denen er sie mit viel Mühe unterwiesen hat.

Der totalitäre Humanist ist ein Mann, der die Frau zum Wahnsinn treibt, da sein Inhalt, der idealistisch, human und menschenorientiert ist, im Widerspruch zu seinem Prozeß steht, der beurteilend, arrogant, »verschlossen«, intellektualisiert und kritisch ist. Daher ist er, genau wie der altmodische Macho, den er haßt, nur von denen umgeben, die mit ihm einer Meinung sind, und von Frauen, die ihn für seine »Brillianz« und seine Überzeugungen zu »bewundern« scheinen und sich ihm unterwerfen.

Wie alle Machos hat er nie echten persönlichen Kontakt. Die Kommunikation mit anderen ist abstrakt und tatsachenorientiert. Es gibt keinen Kommunikationsfluß. Beurteilungen und Interpretationen werden oberflächlich getroffen, sie basieren auf Äußerlichkeiten, wie zum Beispiel auf Meinungen von Menschen und ihren oberflächlichen Äußerungen. Wenn er beispielsweise einen betrunkenen Stadtstreicher auf der Straße sieht, diagnostiziert er den Mann als Opfer der Wirtschaft. Ein »falsches« Wort, und der Betroffene wird von ihm negativ beurteilt. Die Tatsache, daß er Frauen herablassend behandelt, indem er sie als unterdrückte Opfer sieht und sich ihnen gegenüber auch so verhält, scheint ihm in keiner Weise sexistisch. Daher ist sein Privatleben ständig ein Scherbenhaufen aus brisanten Mißverständnissen, Zurückziehen, Beschuldigungen und Gegenbeschuldigungen. Diese Beziehungen sind eine Karikatur der traditionellen Wechselbeziehung zwischen Mann und Frau, weil er sich unbewußt auf »logische«, distanzierte und kontrollierende Weise mit ihr auseinandersetzt, während sie hungrig nach Bestätigung und »Liebe« sucht.

Er sieht seine Wirkung nicht und schafft eine zerbrechliche, unsichere, mechanische Atmosphäre, ähnlich wie sie auf einer Kirchenversammlung vorherrscht, wenn die Gespräche auf derselben »netten«, »idealen« Ebene stattfinden und niemand den allgemeinen Grundsätzen widerspricht.

Das starke männliche Ego des »totalitären Humanisten« offenbart sich auf folgende Weise:

1. Er erkennt eine andere Meinung *niemals* als »berechtigt« an, sagt niemals: »Ich verstehe deinen Standpunkt.«
2. Seine Interpretation und Wahrnehmung von Menschen und Ereignissen ist schwarz-weiß.
3. Seine Gefühle sind keine Emotionen, es sind Ideen: Wenn er sagt: »Ich fühle...«, meint er eigentlich, »Ich glaube...«
4. Er hält nie eine Beziehung zu einer Frau aufrecht, die eine andere Auffassung hat und daran festhält.
5. Er bestreitet energisch, »macho« zu sein, weil er »macho« äußerlich oder mechanisch als bestimmten Ausdruck von

Haltungen oder Meinungen interpretiert. Daher ist er gegenüber Meinungen, die ihn betreffen, völlig verschlossen.

6. Er scheint zuzuhören, aber er hört und nimmt nichts auf, das seine Auffassung ändert. Unbewußt hat sich sein »Macho«-Ego auf ein Höchstmaß erweitert.

7. Er nimmt sich selbst als anspruchslos wahr, aber er wirkt arrogant, überheblich und selbstherrlich, ihm fehlt das Spielerische.

8. Er kennt *alle* Antworten.

9. Seine unausgesprochene Botschaft an diejenigen, die nicht mit ihm einer Meinung sind, lautet: »Du verdienst es nicht, auf diesem Planeten zu leben.«

10. Er wird leicht zornig oder zieht sich von denen zurück, die nicht mit ihm einer Meinung sind.

11. Seine Beziehungen basieren auf miteinander geteilter Ideologie und sind daher zerbrechlich, selbstbewußt, intellektualisiert und außer Kontrolle.

12. Er kann »Schwäche« oder »Unvollkommenheit« in sich selbst oder anderen nicht tolerieren und definiert »Bedürfnisse« als Schwäche. Wenn er eine Beziehung zu einer Frau hat, kann er sogar ihr selbstzerstörerisches Verhalten fördern, indem er Druck auf sie ausübt und fordert, daß sie nach denselben Prinzipien wie er reagieren soll. Zum Beispiel rät er ihr, ihrem Arbeitgeber einmal richtig die Meinung zu sagen: »Ich finde, du solltest nicht zulassen, daß dein Chef so mit dir spricht oder dies tut«, obwohl er die Situation gar nicht ganz überblickt.

Er wird wütend, wenn seine Partnerin nicht »logisch« genug ist, sieht aber nicht, daß seine eigene Logik ihm als Waffe für Distanz, Kontrolle und Überheblichkeit dient. Er erkennt nie an, daß *seine* Logik aufgrund seines Prozesses fehlerhaft ist. Er ist »überrascht«, wenn seine Beziehungen zu einer Reihe von »irrationalen« Begegnungen heruntergekommen sind, die immer mehr außer Kontrolle geraten.

Insgesamt verneint er die »Macho«-Haltung, obwohl er eine extreme Form dieser Haltung verkörpert. Er ist der klassische männliche Egoist, so irregeführt, daß er glaubt, Gott und die Wahrheit auf seiner Seite zu haben.

Frauen und Männer erhalten viel mehr Mitleid, Ansprache, Offenheit, Fürsorge und Energie von dem traditionellen Macho, der nicht vorgibt, etwas anderes zu sein, als von dem totalitäteren Humanisten, der ein stark polarisierter, giftiger, verkappter Macho ist.

Der egalitäre Mann, der sich isoliert

Egalitarismus in einer Beziehung ist eine Abstraktion und kann nur von einem isolierten Standpunkt aus aufrechterhalten werden – und dieser isolierte Prozeß unterminiert den »idealen« Inhalt.

Sheldon ist ein »egalitärer Mann, der sich isoliert«. Er und seine Frau haben beide eine steile Karriere gemacht. Er ist bemüht, sie *nie* um etwas zu bitten, das sie in irgendeiner Weise behindern würde. Wenn sie zusammen sind, neigt er dazu, passiv zu sein und keine Entscheidungen zu treffen. Er wird nie laut, wenn er zornig ist, und versucht nie, sie zu stark zu kontrollieren.

Unbewußt hat Sheldon eine Frau gewählt, die selbst zu unsicher ist, um ihn um einen Gefallen zu bitten. Für ihn bedeutet »egalitär« zu sein unbewußt, isoliert zu bleiben. Er ist ein »verkappter Macho«, weil er distanziert und emotional unverbunden ist und die Beziehung aus der Ferne manipuliert. Gleichberechtigt zu sein ist seine Taktik der geringsten Anstrengung und des geringsten Widerstandes, die ihn von Bindung und Schuld befreit.

Während der Inhalt seines Verhaltens »egalitär« ist, sagt sein Prozeß: »Laß mich in Ruhe.« Seine Strategie sagt ihm, daß er keine Verpflichtung eingeht, wenn er sie um nichts bittet, und daß sie ihm keine Schuld zuschieben kann, so daß er unverbunden bleibt und sich alle Möglichkeiten offenhält. Wenn er sie um *etwas* bäte (zum Beispiel: »Könntest du für mich zum Markt gehen?«), würde dies zuviel Bindung und Verpflichtung bedeuten, daher unterläßt er es. *Sein äußeres Verhalten scheint »emanzipiert«, ist aber in Wirklichkeit sehr macho.*

Egalitäre Männer, die sich isolieren, leben in Beziehungen, die intellektualisiert sind, distanziert und stark kontrollierbar.

Emotionale Beziehung und sexuelle Leidenschaft fehlen. Beide, er und seine Partnerin, sind damit beschäftigt, »anspruchslos«, »höflich« und »unabhängig« zu sein. Beide werden zu Arbeitstieren, weil der spielerische, spontane Teil ihrer Wechselbeziehung tot ist. Statt dessen geben sie viel Geld für Unterhaltung aus, für Restaurantbesuche, Reisen, Theater usw., Dinge, die sie zwanghaft planen, um das Fehlen von Energie und Beziehung zwischen ihnen zu verstecken.

Aus diesen defensiven Gründen verhält sich der egalitäre Mann, der sich isoliert, in der Beziehung nichtsexistisch. Eine derart »perfekte« Gleichheit wäre in einer nichtdefensiven Beziehung, in der Emotionen und Bedürfnisse isolierte Kontrolle verbieten, unmöglich.

Dieser Typ Mann offenbart seine wahre Natur dann, wenn er außerhalb seiner Beziehung nach der emotionalen Verbindung, Energie und sexueller Erregung, nach der er sich sehnt, sucht. Ausnahmslos wählt er die traditionell »bewundernde«, »feminine« und »abhängige« Frau, die »sexy« ist und ihn erregt.

Während er sich selbst als emanzipiert empfindet, weil er nicht auf traditionelle Weise mit Frauen umgeht, ist sein Verhalten eine sozial anerkannte Verkleidung für Isolation. Daraus resultieren starke Spannung, Frustration und Zorn bei ihm, weil er sich nach der »Bewunderung«, »Kontrolle« und »sexuellen Leidenschaft« sehnt, die aus dem Zusammensein mit der sehr »femininen« Frau entstehen. Dies will er jedoch *ohne* Bindung und Verpflichtung, daher sucht er danach außerhalb seiner »festen« Beziehung.

Der Selbsthasser

Der Machoprozeß produziert aufgrund der Konditionierung des maskulinen Mannes, die Initiative zu ergreifen, Leistung zu zeigen und Verantwortung zu übernehmen, Schuld und Selbsthaß. Wenn etwas nicht klappt, wird er von diesen Gefühlen erfüllt. Dies ist unausweichlich eine innere Erfahrung für alle traditionellen Männer.

Der emanzipierte »Selbsthasser«, ein verkappter Macho, läßt seinen Selbsthaß unbewußt in Funktion treten, indem er eine

Frau zur Partnerin wählt, die zornig, angriffslustig und kritisch ist und das Banner des Feminismus und der Emanzipation benutzt, um ihn ständig damit zu schlagen.

Ursprünglich wählt er sie aufgrund ihrer Ideale und ihrer scheinbaren Kraft als Partnerin. Dann wird er zum Prügelknaben für sie, wodurch er für seine tiefverwurzelte Schuld sühnt.

Er versucht, sie zu befriedigen, sie zu unterstützen, intim und sinnlich und all das zu sein, was sie angeblich will. Sie beschuldigt die Männer, daß sie diese Fähigkeiten entweder zurückhalten oder nicht dazu in der Lage sind. Aber auch er bewährt sich am Ende nicht und wird dann zu dem Mann, den sie am meisten kritisiert und angreift.

Mit der Zeit wird er immer passiver, resignierter und »verständnisvoller«. Er sagt sich, daß ihr Zorn und ihre Angriffe auf ihn ihren Schmerz und ihre Verwundung verschleiern, daß er ihre Wunden »heilen« und ihr zeigen wird, daß Männer verständnisvoll und liebevoll sein können, daß es Ausnahmen gibt und daß er dazugehört. Dies tritt jedoch nicht ein – statt dessen verstärkt sich die Intensität ihres Zornes.

Weil er ein verkappter Macho ist, interpretiert er sie wörtlich und mechanistisch und setzt sich auch so mit ihr auseinander. Er kann nicht sehen, was offensichtlich ist, nämlich daß ihre ständigen Wutausbrüche aus der Tatsache resultieren, daß er hinter seinem »netten« Inhalt genauso wie alle anderen Männer ist. Sein »Fehler« ist, daß er dies verneint und in die Falle der männlichen »Allmacht« tappt, in dem Glauben, daß er die »Wunden« ihrer Vergangenheit heilen kann und anders als alle anderen Männer ist.

Schlußfolgerung

Kein Mensch entspricht tatsächlich genau den im einzelnen beschriebenen Typen. Viele »emanzipierte« Menschen haben mehrere, verschiedene Merkmale. Alle beschriebenen Prototypen sind jedoch ähnlich anschaulich und sollen meine Auffassung und meine Überzeugung widerspiegeln, daß das Bild scheinbarer »Perfektion«, das von vielen angeblich emanzipierten Menschen pro-

jiziert wird, psychologisch defensiv, unwirklich und potentiell irreführend für andere und für die Betroffenen selbst ist. Der falsche Glaube und das falsche Streben, daß der Inhalt den Prozeß und das Image die Substanz ersetzen kann, um eine neue psychologische Realität zu schaffen, werden gefördert. Der Sog der Geschlechter kann nicht einfach umgewandelt werden, indem Äußerlichkeiten verändert werden, und dennoch werden und wurden wir ständig dazu verführt zu glauben, daß dies möglich sei. Die Wirkung dieser Vorstellung ist für viele Menschen auf verschiedenen Bewußtseinsebenen schädlich. Sie werden am Anfang stimuliert und »emanzipiert«, und sitzen schließlich durch die Illusionen, die sie geschaffen haben, mehr in der Falle als je zuvor.

11.

Der Schmerz und der Kommunikationszusammenbruch der scheinbar Emanzipierten

Cynthia und Martin hatten beide erfolgreiche Karrieren als Rechtsanwälte gemacht. Sie kamen beide im Leben gut zurecht, waren kompetent in finanziellen Dingen und bei der Erziehung ihres siebenjährigen Sohnes.

Sie machten gemeinsam Jogging, fuhren Ski und waren Mitglieder eines Tennisclubs, für den sie an Turnieren für gemischte Doppel teilnahmen. Wenn sie Freunde bei sich zu Hause hatten, projizierten sie das Bild der perfekten Emanzipation. Jeder kochte seine Lieblingsrezepte, bediente die Gäste und spülte ab, ohne sich darum zu kümmern, ob es männliche oder weibliche Aufgaben waren.

Wenn sie alleine waren, war ihre persönliche Wechselbeziehung, der unbewußte Prozeß ihrer Beziehung, jedoch traditioneller als der ihrer altmodischen Eltern, deren Werte und Stil der Wechselbeziehung sie als »sexistisch« und destruktiv ablehnten. Besonders Martin ging nirgendwo hin, ohne Cynthia zuerst Bescheid zu geben, ihr genau zu sagen, wann er wieder zu Hause wäre und was er in der Zwischenzeit tun würde. Selbst wenn sie zusammen zu Hause waren und Martin sich im Keller mit einem seiner vielen Hobbys beschäftigte, hatte er Schuldgefühle, weil er Cynthia vernachlässigte, und machte sich Sorgen, daß sie möglicherweise verletzt oder böse sein könne, weil er sie »ignorierte«. Er rief nach ihr, um sicherzugehen, daß alles in Ordnung sei. Cynthia erklärte ihm, daß dies nicht nötig sei und daß sie sich überhaupt nicht unsicher fühle, wie er offenbar glaubte.

Martins Vater, dessen konventionelle Haltungen Martin verabscheute, war regelmäßig allein mit Freunden fischen oder jagen gegangen, als Martin noch ein Kind war, ohne sich »schuldig zu fühlen«, daß er Martins Mutter und die Kinder zurückließ. Martin dagegen ging nie ohne Cynthia irgendwohin und konnte es sich nicht vorstellen, ohne sie Urlaub zu machen. Am Ende ihres ersten Ehejahres hatte Martin seine eigenen Freunde und seine Lieblingsaktivitäten wie Softball und Football ganz aufgegeben, weil er sie nicht mit Cynthia teilen konnte. »Sie ist mein bester Freund«, erklärte er rational, »und ich will sie bei mir haben.«

Cynthia, die die »altmodischen« Werte ihrer Mutter ablehnte, war in ihrem Prozeß sogar noch traditioneller. Sie wußte immer, wo Martin war, und erinnerte sich an alles, was er ihr sagte. Wenn möglich, begleitete sie ihn und wartete oft im Auto, wenn er Geschäftliches zu erledigen hatte. Sie hatte keine eigenen Interessen oder Freunde und war damit »zufrieden«, nur mit Martin zusammenzusein. In Wirklichkeit hatte sie ihre eigene starke und eigenständige Identität seit ihrer Heirat ausgehöhlt.

Die versteckten Konflikte in ihrer Beziehung offenbarten sich am deutlichsten im Bett. Cynthia hatte sich einmal beklagt, daß sie beim Geschlechtsverkehr Schmerzen habe, daher hatte Martin es ganz aufgegeben, sie sexuell zu bedrängen. Statt dessen masturbierte er regelmäßig, während Cynthia mit sehr wenig sexullem Kontakt auskam. Obwohl sie sich insgeheim wünschte, »genommen zu werden«, und Martin seine Passivität und Hemmungen übelnahm, erwähnte sie es nie, weil sie kein Problem daraus machen wollte.

Beide erklärten rational »im emanzipierten Stil«, daß sie den anderen nicht »unter Druck setzen« wollten und daß »Sex nicht so wichtig war«, obwohl beide deshalb erhebliche versteckte Frustrationen und Zorn in sich trugen. Obwohl sie der Meinung waren, daß sie emanzipierter als ihre »puritanischen« Eltern seien, waren sie in Wirklichkeit sexuell weniger aktiv als diese. Cynthia befreite sich von ihren Spannungen, indem sie Zubehör für den Haushalt einkaufte, das Haus makellos in Ordnung hielt und sich mit Schokolade vollstopfte und deshalb hinterher Schuldgefühle hatte. Martin »erleichterte« seine Spannungen durch übersteigerte Arbeitslust und Beschäftigung mit Geldangelegenheiten.

Regelmäßig lösten Kleinigkeiten eine zornige Explosion aus. Cynthias tiefer Groll, weil Martin immer der »nette Kerl« war, und ihr Gefühl von Langeweile kamen dann zum Vorschein. »Wir sind wie ein altes Ehepaar«, beklagte sie sich. Martin hieb zurück und sagte, daß Cynthia ein »herrschsüchtiges Miststück« sei. Schnell entschuldigten sie sich beieinander, bestätigten sich ihre »Liebe« und nahmen ihr altes Muster wieder auf.

Der Inhalt ihrer Beziehung in bezug auf Übernahme von Verantwortung und geschlechtliche Rollenerwartungen war fast gleichberechtigt und perfekt. Ihr Prozeß im täglichen Leben jedoch, der traditioneller als der ihrer Eltern war, verursachte Schmerzen, führte zu Teilnahmslosigkeit und erzeugte aufgestauten Zorn, den sie verneinen und verstecken mußten. Insgeheim dachten beide darüber nach, wie es wäre, die Beziehung aufzugeben, und waren verwirrt und frustriert, daß etwas, das so »perfekt« schien, ihnen kein gutes Gefühl gab.

An einem Silvesterabend torkelte Cynthia angetrunken in ihr elegantes Badezimmer und sah, wie Martin am Telefon beim »Telefonsex« masturbierte. Martin fühlte sich erniedrigt, aber Cynthia reagierte positiv und mitfühlend. »Mein Gott, ich weiß genau, wie du dich fühlst«, sagte sie. Diese zufällige Begegnung erwies sich als Wendepunkt, der eine dramatische und positive Verschiebung brachte, so daß sie sich mit ihren wirklichen Gefühlen auseinandersetzen konnten.

Betrachten wir einmal den Fall des siebenunddreißigjährigen Leonard, Besitzer eines eleganten Hotels und Restaurants, der seine Frau nach vierzehn Jahren Ehe verließ. »Sie hatte an allem etwas auszusetzen: daran, wie ich arbeitete, mich vergnügte, mich ihr gegenüber verhielt oder wie ich im Bett war. Ich glaube, sie mochte absolut nichts an mir.« Der Tropfen, der das Faß zum Überlaufen brachte, war, daß sie ihm erzählte, ihr Analytiker habe ihr gesagt, daß Leonard die Ursache für ihren Nervenzusammenbruch wäre. »An dem Wochenende bin ich gegangen und habe mir geschworen, mich nie mehr mit einer Frau einzulassen, die emotional abhängig ist und mir die Schuld daran gibt.«

Er begann, sich mit verschiedenen »unabhängigen, attraktiven und starken« Frauen zu verabreden, bis er eines Abends Donna, Direktorin einer nahegelegenen Agentur für urbane Neuentwicklung, im Restaurant traf. Sich selbst gegenüber beschrieb er sie als die »erwachsenste Frau, die ich je getroffen habe.« Das beiderseitige Interesse war groß, weil auch Donna die »kleinen Jungs«, mit denen sie sich abgegeben hatte, satt hatte: »passive, ›emanzipierte‹, ›nette Kerle‹«, die, sagte sie, »gar keine gleichberechtigte Beziehung eingehen wollten, sondern sich wünschten, daß ich für sie sorge.« Bei Leonard hatte sie das Gefühl, jemanden getroffen zu haben, der alles hatte. Er war erfolgreich, großzügig, offen, individualistisch, sinnlich, ausgelassen. Er »will mich nicht kontrollieren und will nicht, daß ich für ihn die Leitung in die Hand nehme.«

Die ersten Wochen ihrer Beziehung waren idyllisch, bis sie ihren ersten Streit während eines Urlaubs in Las Vegas hatten. Donna bat Leonard, ihr Geld für die Spielautomaten zu leihen, da sie ihre Reiseschecks im Hotelzimmer vergessen hatte. Sie gewann 100 $ und als Leonard »aus Prinzip« seine 20 $ zurückverlangte, wurde sie wütend und führte sich wie ein »verletztes kleines Mädchen« auf. Sie sagte aufgebracht: »Du trägst das ganze Geld mit dir herum, du hast die Flugzeugtickets und Kreditkarten. Du kontrollierst alles.«

Dies war ein Auslöser für Leonard, und er reagierte verärgert. »Hier ist dein verdammtes Flugzeugticket. Hier hast du eine Kreditkarte. Ich habe genug von der Verantwortung.« Bis zum nächsten Morgen sprachen sie nicht mehr miteinander. Am Morgen danach drängte Leonard nach Kommunikation und einem »Beweis« für Donnas Behauptung, daß er sie kontrolliere. »Das würdest du nicht verstehen«, sagte sie. »Wenn du nicht selbst siehst, wie herrschsüchtig du bist, wie du Frauen abzulehnen scheinst und ihnen mißtraust, kann ich dir auch nicht helfen.« Als Leonard weiter nach einem »Beweis« für ihre Behauptung drängte, zog Donna sich zurück und weigerte sich, darüber zu sprechen. »Das gibt doch keinen Sinn«, wiederholte er mehrere Male. Einmal begann Donna wegen Leonards ständiger Fragerei nach »Tatsachen« und der Anschuldigung, daß sie versuche, ihm Schuldgefühle zu geben, zu weinen, und Leonard gab nach und sagte: »Okay, lassen wir das, wir wollen uns den Rest unseres Urlaubs nicht verderben.« Leonard schlief am Whirlpool ein, Donna fühlte sich zurückgewiesen und beschuldigte ihn, »sich einfach auszuschalten« und sie

»auszusperren«. Jetzt wußte Leonard nicht mehr, was er sagen oder von der rapiden Verschlechterung ihrer Kommunikation halten sollte.

An diesem Abend beschloß er, ihr zu sagen, was ihm an ihrem Sexualleben nicht gefiel. »Du liebst oralen Sex, behauptest aber, daß du es für mich nicht tun kannst, weil Männer dich in der Vergangenheit schlecht behandelt haben, dich benutzt haben und dir den Komplex gaben, deshalb ›unterwürfig‹ zu sein. Ich kann mit der Entschuldigung nichts mehr anfangen. Du versuchst ja nicht einmal, etwas dagegen zu tun — und ich will nicht dafür bestraft werden, was irgendein Kerl dir mal angetan hat.« Leonard fuhr fort: »Was mich betrifft, glaube ich, daß du mich sexuell beherrschst, weil du genau weißt, wieviel mir an oralem Sex liegt. Du benimmst dich genau wie meine ehemalige Frau.«

Ihr letzter Streit entbrannte, als sie darüber nachdachten zusammenzuziehen. Leonard war der Meinung, daß sie nach einem Haus suchen sollten, das sie sich mit Donnas wesentlich geringerem Einkommen leisten konnten, damit sie die Miete und Lebenshaltungskosten zu gleichen Teilen übernehmen konnten. »Wenn wir ein Haus nehmen, das ich mir leisten kann«, sagte er, »sieht es so aus, daß ich den Löwenanteil übernehme.« Als Donna verärgert antwortete: »In meiner Karriere will ich unabhängig sein, aber in meinem Privatleben wünsche ich mir einen Mann, der keine Angst davor hat, für mich zu sorgen«, zog Leonard sich völlig zurück. »Ich traue ihr nicht«, dachte er bei sich. »Ich hab keine Ahnung, was sie will.«

Nur sechs Wochen nach einem euphorischen Anfang zwischen zwei scheinbar emanzipierten Menschen waren Leonard und Donna in einer nichtkommunikativen, traditionellen Wechselbeziehung polarisiert, in der sich beide gegenseitig die Schuld zuschoben. Donna empfand Leonard als »selbstsüchtig, kontrollierend und unsensibel« und Leonard betrachtete Donna als »manipulierendes kleines Mädchen, das anderen die Schuld gibt«. Der Prozeß beim Umgang mit Konflikten war sehr polarisiert geworden, da Leonard mit »kalter, distanzierter Logik angriff« und Donna sich zurückzog und ihn »bestrafte«, indem sie Zuneigung und Sexualität verweigerte. Wenn sie sich

zurückgezogen hatte, wollte sie, daß Leonard sich um sie be-
mühte und ihr den Hof machte, aber er weigerte sich. »Du
gibst mir an allem die Schuld? Du erzählst mir, daß ich Probleme habe, daß ich Frauen hasse und daß ich die Beziehung zu
meiner Mutter aufarbeiten muß. Den Schuh zieh ich mir nicht
an!«

Was am Anfang eine »perfekte«, gleichberechtigte Beziehung
zu werden versprach, zersplitterte, so daß sie nicht einmal
mehr in der Lage waren, eine einfache Unterhaltung am Telefon zu führen, ohne daß sich ihr Temperament erhitzte und
einer von beiden zornig den Hörer auflegte. Die Mißkommu-
nikation am Ende der Beziehung war so groß wie die perfekte
Verständigung am Anfang.

Ihre Beziehung brach zusammen, weil Leonard und Donna
in Wirklichkeit nur scheinbar oder defensiv emanzipiert waren, aber tatsächlich in ihrer Abwehrhaltung im Kern völlig
»traditionell« waren. Ihre »Emanzipation« war aus defensivem
Zorn heraus entstanden, als Reaktion auf Erfahrungen in der
Vergangenheit. Übersteigerter Selbstschutz versteckte sich hinter Philosophien von egalitärem Idealismus. Leonard war in
seinem unbewußten Prozeß noch immer traditionell männlich, während Donna sehr feminin war. Sie konnten dies in
dem anderen klar erkennen, verneinten es aber für sich selbst
und waren nicht in der Lage, es zuzugeben oder anzuerkennen.
Wie die meisten traditionellen Paare endete ihre Beziehung mit
Schuldzuweisung, ohne daß sie sich bewußt waren, wie beide
den Schmerz und den Kommunikationszusammenbruch beim
anderen verursachten. Statt dessen gaben sie sich gegenseitig
die Schuld an der »Heuchelei«, den »Komplexen« und der
»Verlogenheit« des anderen.

Tatsächlich versteckte Leonards »Emanzipation« sein männliches Bedürfnis, Frauen auf Distanz zu halten, Nähe zu mißtrauen, Kontrolle und Autonomie aufrechtzuerhalten und seine Logik und Ideologie als Waffe zu benutzen. In einem Konflikt griff er unbarmherzig mit »Vernunft« an, wie ein Rechtsanwalt, der einen Zeugen erschüttert, und bezeichnete Donna
dann als »irrational« und »verrückt«, wenn sie verletzt und
zornig reagierte.

Donnas Weiblichkeit zeigte sich, indem sie ihm die Schuld gab und sich zurückzog, sie zeigte sich an ihrer passiven Manipulation und ihren Versuchen, Leonard Schuldgefühle zu geben, indem sie weinte und ihn beschuldigte, sie einzuschüchtern oder sogar latent grausam zu sein. »Du machst mir Angst mit deinem Zorn. Er ist so furchterregend. Du wirst noch mal die Kontrolle darüber verlieren.« Nach jedem Streit verweigerte sie Zuneigung, Kommunikation und Sex. Tatsächlich war sie in dieser Beziehung »genau wie« Leonards ehemalige Frau. Als sich die Beziehung weiterentwickelte, kam auch ihr tieferes Verlangen, »umsorgt zu werden«, zum Vorschein, aber sie rechtfertigte dies als romantischen Drang.

Die scheinbar Emanzipierten

Die Qual und der Zusammenbruch der Kommunikation zwischen den »scheinbar Emanzipierten« illustriert, wie der Beziehungsprozeß auf den »schönen« Inhalt einwirkt, ihn umwandelt und schließlich aufhebt und zerstört. Die Gefühle in einer Beziehung nach dem anfänglichen Phantasie-»Hochgefühl«, das zu Beginn einer Romanze vorhanden ist, werden durch ihren Sog, den unbewußten Kern der Geschlechter, erzeugt und nicht durch den Inhalt oder das »Was« einer Beziehung.

Nach und nach werden die Inhaltsgrundlage der anfänglichen Attraktion, die Symbole, Worte und Bilder durch den unbewußten Prozeß ausgehöhlt. Die Menschen, die sich für emanzipiert, offen und fair hielten – und potentiell ein wunderbares Paar waren – bleiben enttäuscht und verbittert zurück. Sie tappen in die Falle des Selbstbetrugs und glauben, daß sie Erfüllung und Erfolg in einer Beziehung durch ihre Ideale und Vorstellungen finden können. Wenn sie niemals über diese Schwächen hinaussehen, kommen sie schließlich zu falschen und defensiven Schlüssen: »Beziehungen sind hoffnungslos«, »Ich finde einfach nicht den richtigen Partner« oder »Es gibt keine guten Partner mehr.«

Obwohl einige Menschen besser zueinander passen als andere, ist der »Richtige« immer noch zum großen Teil eine Phantasievorstellung und Illusion. Menschen scheinen aus der Entfernung »richtig« zu sein, wenn man sich nur auf den *Inhalt* bezieht und der tiefere Geschlechtsprozeß noch nicht eingesetzt hat. Abhängig davon, wie defensiv der tiefere Prozeß ist, wird die Beziehung in Mitleidenschaft gezogen und schnell verändert. Schließlich sehen alle Beziehungen gleich aus.

Emanzipationsbewegungen, die die Änderung des Inhalts als Schlüssel zur Gleichberechtigung betonen, haben nicht nur von dem Wachstumspotential von Beziehungen abgelenkt, sondern auch ernsten Schaden zugefügt, indem sie es zu einer »Sünde« erklärten, den eigenen traditionellen Prozeß anzuerkennen. Die »scheinbar Emanzipierten« werden defensiv und starr irregeführt. Sie entwickeln eine starke Wachsamkeit gegenüber dem Bild von sich selbst, das führt dazu, daß sie anderen die Schuld zuschieben und sich von allen zurückziehen, die ihre idealistischen und aufgeblasenen Überzeugungen bedrohen. Sie treiben andere zum Wahnsinn und verbreiten aufgrund des Gegensatzes zwischen ihrem befreiten Inhalt und ihrem traditionellen Prozeß sich widersprechende und unmögliche Doublebind-Botschaften. Es ist *dieser* Riß in ihnen selbst, der sie in »hoffnungslose« Beziehungen führt, und *das* ist es, was ihre wiederholte Enttäuschung verursacht, die sie schließlich noch weiter hinter einem defensiven Selbstschutz verschließt, während ihre Ideale noch reiner und emanzipierter werden.

Es gibt verschiedene Formen »falscher« oder »scheinbarer« Emanzipation, die alle zum »Schmerz und Kommunikationszusammenbruch« der »scheinbar Emanzipierten« führen. Der Inhalt, der attraktiv, vernünftig und humanistisch ist, ist der Verführer oder das Netz, das andere hereinzieht. Der Prozeß ist das »Gift«, das die Beziehung verzerrt und sie dann zerstört. Niemand ist hinter seinem Image verlorener, defensiver und abgestumpfter als die »scheinbar Emanzipierten«.

Zorn als Ursache der »scheinbaren Emanzipation« des Mannes

Er ist in einer traditionellen Ehe oder Beziehung, in der all seine »besten Bemühungen« dazu führten, daß ihm die Schuld gegeben wurde, kontrollierend, kritisch, kalt und selbstüchtig zu sein, »ausgebrannt«. »Nichts konnte sie zufriedenstellen. Je mehr ich es versuchte, desto mehr versagte ich«, sagt er wahrscheinlich. Mit dem Aufschrei »Nie wieder!« kommt er zur Emanzipation. Wie die weibliche Feministin fühlt er sich mißbraucht und ausgebeutet und will nichts mehr mit »abhängigen Frauen« zu tun haben. Aber er hat nichts an seinem *Wesen* geändert. Nur seine Haltungen und Erwartungen sind anders geworden.

Dieser Mann, dessen Zorn Ursache für seine »Emanzipation« ist, stellt sich eine starke, selbständige, wirtschaftlich unabhängige, vernünftige, »erwachsene« Frau vor, die ihm auf halbem Weg entgegenkommt. Weil er sich jedoch nicht wirklich verändert hat, zieht er statt dessen seinen polaren Gegensatz an, eine traditionelle Frau mit einer »emanzipierten« Fassade. Beide bleiben desillusioniert zurück, da ihre Beziehung den alten Beziehungsmustern immer ähnlicher wird.

Die männliche »Emanzipation aus Zorn« kann auch eintreten, wenn ein Mann ein enges Verhältnis zu einer »verschlingenden« Mutter hatte und nie psychologisch mit ihr gebrochen hat. Er wünscht sich noch immer, daß jemand sich um ihn kümmert und will daher nicht für einen anderen Menschen »verantwortlich« sein. Viele dieser Männer haben ein männliches Erscheinungsbild, das unbewußt entstand, damit sie das Verlangen des kleinen Jungen und seine Bindung an die Mutter verneinen und ihm etwas entgegensetzen können. Das äußere Bild ist das eines selbständigen, verführerischen Mannes.

In beiden Fällen denkt dieser »scheinbar emanzipierte« Mann, daß er eine Frau nicht »kontrollieren« will. Obwohl er »emanzipiert« scheint, ist er tatsächlich distanzierter, mißtrauischer, verschlossener und unangreifbarer als je zuvor. Unter seiner Oberfläche ist er männlicher, obwohl er glaubt, daß das Gegenteil zutrifft. Er wird daher ständig überrascht, wenn seine Beziehungen sich wie in der Vergangenheit polarisieren und dies auch mit immer schnellerer Geschwindigkeit vor sich geht.

Zorn als Ursache der »scheinbaren Emanzipation« der Frau

Auch sie hat eine Vergangenheit von Beziehungen, die sie mit dem Gefühl, kontrolliert zu werden, zurückließ, Beziehungen, in denen ihre »Bedürfnisse nach Intimität« frustriert wurden und sie ihren Partner als nichtkommunikativ und »kalt« empfand. Er »gab mir das Gefühl, nicht gebraucht zu werden«, sagt sie.

Sie kann zu einer militanten Feministin werden: eine Frau, die in einem geschlossenen System Schuld zuweist und die auf unzählige Art und Weise sagt: »Kein Mann wird je mein Leben wieder beherrschen.« Weil es eine »scheinbare Emanzipation« ist, eine Reaktion, die aus Zorn entstanden ist, ist die Frau »verschlossen« und nicht in der Lage zu erkennen, wie ihr tieferer defensiver Prozeß die Reaktionen, die sie erhält, angezogen und gefördert hat. Sie kann nicht wachsen, sondern wird in ihrem schuldzuweisenden und reaktiven Prozeß immer traditioneller, obwohl sie die ganze Zeit glaubt, sich zu emanzipieren.

Schuld als Ursache für die »scheinbare Emanzipation« des Mannes

Der traditionelle Mann, der für seine männliche Selbstachtung stark von der Bestätigung einer attraktiven Frau abhängig ist, der für ein hohes Maß an unbewußter Schuld und Verantwortung in einer Beziehung anfällig ist, »emanzipiert« sich aus diesem starken Sog von Schuldgefühlen und Verantwortungsgefühlen heraus.

Seine »Emanzipation« wird projiziert, indem er »nett« zu Frauen und nicht »chauvinistisch« ist, weil dies »falsch« und »erniedrigend« wäre, und indem er Frauen in ihrem »Kampf« um Freiheit und darin unterstützt, sich als ausgebeutete Opfer der Männer zu sehen. Obwohl er glaubt, daß er dadurch kein Macho ist, ist er es stärker als je zuvor, da er seine eigenen Bedürfnisse verneint, sich als »Retter« sieht und bereitwillig dazu neigt, sich beschuldigen zu lassen und sich wegen seiner »sexistischen Fehler« schuldig zu fühlen.

Seine Vorstellung von »Emanzipation« sieht so aus, daß er von Frauen kein traditionelles Rollenverhalten verlangt und sich »belehren« läßt, auf welch vielfältige Art er ein »Chauvinist« war. Wie der Macho aus früherer Zeit, nur verstärkt, drückt er keine eigenen Bedürfnisse aus, weil er sich schuldig fühlt, wenn er um irgend etwas bittet, denn es könnte als selbstsüchtig, fordernd oder kontrollierend interpretiert werden.

Seine Emanzipation ist jedoch genaugenommen nur »scheinbar«: eine intellektualisierte Rückentwicklung in eine noch starrere Machohaltung, die ihn ermüdet und manipuliert zurückläßt. Er ist verwirrt, wenn er dieselbe zornige Reaktion erfährt und beschuldigt wird, distanziert zu sein, nachdem er sich wieder in einer Beziehung gebunden hat. Er glaubt, daß er emanzipiert ist, aber da er sogar noch starrer männlich ist als zuvor, obwohl er an der Oberfläche »nett« scheint, zieht er die Bedürfnisse des »kleinen Mädchens« an und bringt sie zum Vorschein. Diesen kann nicht entsprochen werden, weil er unbewußt die Frau wählt, die »ihm das Gefühl gibt, ein Mann zu sein.« Das ist sein *eigentlicher* Wunsch.

Statt daß er bei ihrem Kampf um Stärke behilflich sein kann, wird sie immer mehr zur traditionellen femininen Frau: Sie ist launisch, ihr fehlt Energie, sie beklagt sich ständig über körperliche Leiden, ist eine zwanghafte Esserin, ist sexuell »frigide« und zeigt passive Aggression (wie Verzögerung, Zuspätkommen und »Hilflosigkeit«). Wahrscheinlich ist er enttäuscht, aber er hat diese Situation selbst geschaffen, indem er sie als kleines Mädchen und Objekt behandelt hat. Seine mechanische Orientierung ist unter »Nettigkeit« versteckt. Daher staut sich bei ihr auf traditionelle Weise Frustration und Zorn auf.

Seine Motivation, sich zu emanzipieren, war eine Selbsttäuschung. Es war eigentlich eine Anpassung, die auf *seinem* Bedürfnis basierte, als der ritterliche Mann betrachtet zu werden, den die Frauen schätzen, weil er »wundervoll« und beschützend ist. Seine Betroffenheit dient seiner eigenen Befriedigung und nicht *ihrer* Situation.

Selbstverneinung als Ursache der »scheinbaren Emanzipation« der Frau

»Männer sind für mein Glück, meinen Orgasmus oder meine Erfüllung nicht verantwortlich«, sagt sie, wenn sie mit einem Mann zusammen ist. Häufig fragt sie ihn: »Bist du dir ganz *sicher*, daß du dich auch wirklich wohl fühlst?«

Genau wie der traditionelle Mann aus einem starken Bedürfnis nach weiblicher Zustimmung heraus »scheinbar emanzipiert« ist, wird diese »scheinbar emanzipierte« Frau durch sehr traditionelle weibliche Elemente motiviert: niedrige Selbstachtung, Selbstverneinung und Furcht vor Zurückweisung. Sie versucht, auf neue Art zu gefallen, indem sie »emanzipiert« ist und keinen »Druck« auf Männer ausübt, wie es »andere Frauen tun«.

Zu ihrer Emanzipation gehört, daß sie völlig die Verantwortung für sich übernimmt. Unbewußt läd sie »denselben selbstsüchtigen«, kontrollierenden Mann in ihr Leben ein, der sie scheinbar nicht kontrolliert, weil er es nicht tun muß. Das heißt, ihre Unfähigkeit, ihn um etwas zu bitten, und die Schuldgefühle, die entstehen, wenn sie glaubt, daß sie fordert, führen schon dazu, daß sie völlig beherrscht wird. Sie zahlt für sich selbst und oft auch für ihn. Wenn sie sexuell nicht befriedigt wird, gibt sie sich selbst die Schuld und sorgt dafür, daß seine Bedürfnisse erfüllt werden. Sie übt keinen Druck auf ihn aus, sie zu heiraten, sorgt aber dafür, daß sie jederzeit für ihn erreichbar ist. Sie macht den Anfang im sexuellem Bereich, auf finanziellem Gebiet usw., um Verantwortung zu übernehmen, aber ihr Prozeß ist noch immer selbstverneinend.

Weil ihr Prozeß eine Variation der weiblichen Masochistin aus der Vergangenheit ist, wird sie benutzt und wie ein Objekt und eine bemutternde Figur behandelt, statt gewürdigt zu werden. Sie wird wirklich zum Opfer, da die Art Männer, die sie anzieht, sie zwangsläufig verletzen, sie verlassen und ihre »Erregung« schließlich woanders suchen. Bis zum bitteren Ende gibt sie jedoch nie dem Mann die Schuld, sondern fühlt sich verantwortlich, weil sie ihm die Schuld zuschiebt, ihn verschlingt und ihn so »vertreibt«. Weil ihr Kern traditionell ist, zieht sie den polaren Gegensatz an und leidet darunter.

Wenn die »scheinbar Emanzipierten« aufeinandertreffen

Am Anfang wissen sie einander zu schätzen und sind erleichtert, eine »wirkliche« und gleichberechtigte Beziehung zu haben. Wenn die tiefere Polarisation einsetzt und die Beziehung umwandelt, versuchen sie, darüber zu reden – sie führen endlos lange Diskussionen. Dennoch verschlechtert sich die Beziehung trotz ihrer starken Bemühungen, und sie sind überrascht, wie traditionell ihre Streitereien werden. Er fordert Raum, sie fordert Nähe und Bindung. Er fühlt sich verschlungen, sie fühlt sich distanziert. Sie ist oft zornig, während er erklärt und sich schuldig fühlt. Sie sagen sich, daß diese Reaktionen verrückt und unnötig sind, aber tatsächlich sind sie das logische und unausweichliche Ergebnis des polarisierten Soges, der die wahre Natur ihrer Wechselbeziehung erzeugt.

Die »scheinbar Emanzipierten« werden ständig durch ihre emanzipierte Ausstattung in die Irre geführt. Wenn sie nicht erkennen können, was unter der Oberfläche liegt, werden sie mit der Zeit immer polarisierter, um sich selbst zu verteidigen, während ihr äußeres Verhalten immer »emanzipierter« wird. Sie werden von diesen extremen Gegensätzen in sich selbst zerrissen. Dies führt dazu, daß ihre Beziehungen immer zerbrechlicher, flüchtiger, erschöpfender und schließlich hoffnungslos werden. Unbewußt machen sie es allen unmöglich, ihnen nah zu kommen. Sie sind das Opfer ihrer eigenen defensiven Täuschung geworden. Aber je schlimmer es wird, desto weniger können sie es erkennen, weil die äußerlichen Gefühle und Vorstellungen und der tiefere Prozeß extrem und gegensätzlich geworden sind, und sie glauben wollen, daß sie das sind, was sie sich selbst zu sein scheinen.

12.

Warum Frauen einen Mann immer noch nicht zum Tanzen auffordern

Gary, achtundzwanzig Jahre alt, ist ein attraktiver, athletischer Mann, der sich sehr mit Männerfragen auseinandersetzt. Er beschäftigt sich verstärkt mit der »männlichen Emanzipation« nach einer Reihe von schmerzlichen Begegnungen mit Frauen während seiner Universitätszeit im mittleren Westen; es wurde zu einer fixen Idee, nachdem einer seiner Freunde, David, von dem »feministischen Mob«, wie er es nannte, »gelyncht« worden war.

David hatte eine sexuelle Begegnung mit einer Frau, die er auf der Party einer Studentenverbindung getroffen hatte, und wurde von dieser jungen Frau wegen versuchter Vergewaltigung angezeigt. Er hatte sie zu ihrer Wohnung auf dem Campus gefahren, und nachdem sie sich im Auto leidenschaftlich geküßt hatten, lud sie ihn auf ihr Zimmer ein. Durch den Alkohol ermutigt zog er sich in ihrem Apartment die Hose herunter und sagte in befehlendem Ton: »Los, nimm ihn in den Mund!« Die Frau begann zu schreien, die Polizei brach in ihre Wohnung ein und nahm ihn fest.

Nach einer Gerichtsverhandlung, von der in allen Zeitungen berichtet wurde, wurde er von der Universität geworfen und erhielt eine sechsmonatige Gefängnisstrafe. Zu seiner Verteidigung sagte er, daß sie im Auto sehr leidenschaftlich gewesen waren und auf dem Nachhauseweg »Witze gerissen und über Sex geredet hätten« und daß er nicht die Absicht gehabt habe, körperliche Gewalt anzuwenden. »Ich nehme an, daß ich durch ihr Gerede über die Gleichheit von Männern und Frauen und durch die offene Art, wie sie über den Orgasmus von Frauen als Emanzipationsfrage sprach, einfach kopflos war. Ich weiß, daß ich ziemlich betrunken war, aber als ich meine Hose runterzog, habe ich mit ihrem Verstand gespielt –

ich wollte sehen, was sie machen würde, wenn man direkt wurde.«

»Wenn sie mir gesagt hätte, daß ich meinen Schwanz wieder wegstecken soll, hätte ich es wie ein Schaf getan. Ich habe wirklich nicht damit gerechnet, daß sie wie ein verängstigtes Kind schreien würde. Aber versuch mal, das einem Gericht klarzumachen. Ein Mann wird immer schuldig gesprochen, wenn er sexuell die Initiative übernimmt.«

Davids Tragödie verfolgte Gary und versetzte ihn in Wut. Er sah ein, daß Davids Verhalten extrem beleidigend und dumm war und scheinbar einen Angriff darstellte, aber er kannte David gut genug, um mit Sicherheit sagen zu können, daß er harmlos war und unter keinen Umständen einen Finger rühren würde, um eine Frau zu verletzen. Tatsächlich war David dafür bekannt, daß er alles tat, um ritterlich und beschützend zu sein. Gary wußte auch, daß David im Unrecht war und seiner Meinung nach unreif und unverantwortlich gehandelt hatte, aber wie die ganze Angelegenheit von den Feministinnen auf dem Campus ausgeschlachtet wurde, schien ihm sehr unfair zu sein. Ihnen schien es nur darum zu gehen zu beweisen, daß Männer gemeine Vergewaltiger sind.

»Wo bleibt die Menschlichkeit bei dieser Sache?« fragte er sich. »Das hätte auch ich sein können. Ich trumpfe manchmal auch auf. Einer muß es tun, sonst passiert gar nichts. Wenn ich so etwas höre, wünsche ich mir fast, schwul zu sein.«

In einem Experiment wollten er und zwei Freunde in einem Versuch beweisen, daß feministische Frauen Heuchlerinnen sind. Sie beschlossen, in verschiedene Bars für Singles zu gehen und dort nur herumzusitzen, ohne ein Gespräch mit einer Frau anzufangen. Sie warteten darauf, daß eine Frau zuerst handeln würde – sie ansprechen, ihnen einen Drink kaufen oder sie zum Tanzen auffordern würde. An drei Abenden eines Wochenendes wartete jeder für sich dreizehn Stunden lang, gutgekleidet, gepflegt, und sah dabei so »harmlos« wie möglich aus. Nicht einer wurde von einer Frau angesprochen. In einem Zeitungsbericht erzählte Gary sogar, »daß einige Frauen mich ansahen, als ob ich ein widerlicher Kerl sei, weil ich nur dasaß und nichts tat.«

Die Verzerrung der Probleme zwischen den Geschlechtern

Männer beschweren sich, daß trotz fünfzehnjähriger Emanzipationsbemühungen Frauen dazu neigen, sich bei Verabredungen und romantischen Bindungen noch immer traditionell zu verhalten. Frauen haben noch immer Schwierigkeiten, eine Beziehung von sich aus zu beginnen oder sich um einen Mann zu bemühen, ihren Anteil an Rechnung zu bezahlen, bei einer Verabredung die Entscheidungen zu treffen oder einen Mann zum Tanzen aufzufordern. Warum?

Die Frage offenbart die Neigung, Probleme zwischen den Geschlechtern zu trivialisieren, und zeigt die irreführende, ja sogar schädliche Wirkung der weiblichen und männlichen Emanzipation. Durch die Politisierung der Streitfragen wurde der komplexe Prozeß des Wachstums und des neuen Gleichgewichts zwischen den Geschlechtern viel zu sehr vereinfacht. Es wurde die Illusion erweckt, daß Veränderung eine Sache von Wollen und Bewußtsein ist. Vielleicht sagt er: »Sie will einen Beruf ausüben und eine Karriere haben wie ein Mann. Sie will Unabhängigkeit und das gleiche ›Privileg‹, also sollte sie auch dieselben Risiken und Verantwortung übernehmen.« Oder es wird behauptet, daß Männer einfach aufhören müssen, Frauen als Unterlegene und als Objekte zu behandeln, und daß Frauen einfach nur die Macht ergreifen müssen. *Es scheint so einfach zu sein für eine Frau, einen Mann zum Tanzen aufzufordern,* aber es stimmt nicht – genauso wenig, wie es für einen Mann »einfach« ist, eine Frau *nicht* zum Tanzen aufzufordern, wenn er sie anziehend findet.

Es *sieht einfach* aus, aber emotional ist es sehr schwer. Ja, es stimmt – jede Frau kann einen Mann zum Tanzen auffordern, und viele tun es. Sie rufen einen Mann an, um sich zu verabreden oder beginnen ein Gespräch – einmal. Dann erwarten sie, daß der Mann das Ruder übernimmt. Selten fahren sie mit dem Muster, die Initiative und die weitere Verantwortung zu übernehmen, fort.

Bei Männern besteht dann die Tendenz, die Frauen als Heuchlerinnen zu bezeichnen. Sie glauben, daß sie absichtlich an dem traditionellen Verhalten festhalten, das für sie bequem ist oder ihren Zweck erfüllt, aber die Konsequenzen vermeiden wollen. Sie sehen, daß Frauen nach den Privilegien der »Emanzipation« verlangen und gleichzeitig an ihren weiblichen Vorrechten festhalten, wenn es ihnen paßt.

Genauso hört man, wie Frauen sich darüber beklagen, daß Männer gerne die Vorteile eines zweiten Gehalts in der Familie genießen, aber Arbeiten im Haushalt ganz aus dem Weg gehen oder nur einen geringen Anteil übernehmen. Frauen und Männer spielen gleichermaßen die Schwierigkeit von Veränderung beim anderen Geschlecht herunter.

Judy und Allan sind ein Paar Mitte dreißig, das seit sechs Jahren zusammenlebt. Judy sagte, daß sie sich immer geweigert hatte, Allans Sachen zu bügeln. »Es würde mir nichts ausmachen, wenn es nur wenig wäre, aber er übertreibt. Alles, was er trägt, muß gebügelt werden – sogar seine Arbeitshemden. Außerdem arbeite ich genauso hart wie er an meiner Karriere. Ich merke allerdings, daß ich immer anfange zu nörgeln, wenn er seine Sachen selbst bügelt. Ich sage nicht viel dazu, aber ich habe immer das Gefühl, daß er es zur falschen Zeit oder im falschen Zimmer tut. Ich hätte wirklich nicht geglaubt, daß es ihm soviel ausmacht. Ich habe sogar gedacht, daß es ihm ein gutes Gefühl gibt, auf diese Weise unabhängig zu sein. Aber neulich abends war der Kamin im Wohnzimmer an, und er wollte dort bügeln. Als er alle Vorhänge zuzog, fragte ich ihn warum – draußen war Vollmond, und es sah so schön aus. Er sagte: ›Du glaubst doch nicht etwa, daß ich die Vorhänge offen lasse, damit die ganze Nachbarschaft sehen kann, was ich tue?‹«

Es ist eine erstaunliche Ungerechtigkeit von Männern und Frauen, Mitglieder des anderen Geschlechts wegen ihrer Emanzipationswidersprüche als »heuchlerisch« zu bezeichnen. Dies würde bedeuten, daß der Befreiungsprozeß lediglich eine Änderung bestimmter Äußerlichkeiten ist. Judy und Allan haben sich nicht wirklich verändert. Allan bügelt seine Sachen selbst, und Judy hat ihre Karriere, aber beide sind in ihren tieferen Reaktionsmustern noch traditionell. Das Wachstum, durch das diese äußere Gestik mit dem inneren Fluß übereinstimmen würde, ist noch nicht eingetreten.

Zum gegenwärtigen Zeitpunkt der Wechselbeziehung zwischen Männern und Frauen in unserer Gesellschaft ist es für die meisten eine äußerliche Geste, wenn eine Frau einen Mann zum Tanzen auffordert und nicht eine voll integrierte »natürliche« Reaktion. Sie muß absichtlich den Versuch unternehmen. Selten ist er in ihrem Innern verwurzelt. Daher kann sie es einmal wagen, aber weil sie befangen ist, wird sie es nicht wieder tun. Es ist ein Verhalten, zu dem sie sich zwingen konnte, aber es entspricht nicht ihrem inneren Ich. Sie fühlt es nicht tief genug. Sie arbeitet daran, emanzipiert zu sein, und das ist etwas anderes als eine integrierte, spontane Reaktion, die eintritt, wenn das Wachstum echt ist. Wenn es automatisch ein Teil von ihr wäre, müßte sie sich keine Mühe geben, und es wäre einfach, damit fortzufahren, nachdem sie es einmal getan hat. Es wäre ein natürlicher Teil ihres Verhaltensrepertoires, den sie nicht einmal bemerken würde.

Man kann jemanden nötigen, seine Äußerlichkeiten zu ändern. Für viele Menschen ist das das einzige, worauf sich die Emanzipation beläuft. Es ist keine echte Erweiterung oder Befreiung von einem verurteilten Verhalten. Die tieferliegenden Abwehrmechanismen können nicht so leicht geändert werden.

Eine Frau, die einen Mann zum Tanzen auffordert, ist Symbol für einen sehr schweren Änderungsprozeß. Der Kampf, den Frauen durchstehen müssen, wenn sie sich offen um einen Mann bemühen, der sie anzieht, ist gleichbedeutend mit dem Kampf der Männer, passiv zu sein und keinen Annäherungsversuch zu unternehmen, wenn sie sich für eine Frau interessieren.

Es ist für eine Frau nicht leicht, die Kontrolle zu übernehmen, genausowenig wie es für einen Mann leicht ist, die Kontrolle aufzugeben. Es ist nicht einfach für Frauen, ihre Angst zu überwinden, genausowenig wie es für Männer leicht ist, ihre Angst zuzugeben. Es ist nicht leicht für Frauen, die volle Verantwortung für ihre Sexualität zu übernehmen, genausowenig wie es für Männer leicht ist, ihr Interesse an Leistung und ihr Verantwortungsgefühl aufzugeben, wenn der Sex nicht

»funktioniert«. Sie können es immer nur für kurze Zeit tun. Weil es ihrer tieferen, konditionierten Reaktion fremd ist, hat es jedoch im allgemeinen wenig Wucht.

Genauso schwer wie es für einen Mann ist, eine attraktive Frau nicht anzustarren, ist es für eine Frau schwer, einen Mann im Aufzug direkt anzusehen. Männer fragen sich: »Warum sehen die Frauen mich nie an? Warum schauen Frauen in die Luft oder auf den Boden, wenn ich im Büro zum Aufzug gehe, nehmen den leeren Aufzug oder vermeiden jeden Augenkontakt?« Es ist sehr leicht für Männer, eine Frau, die sie nicht kennen, zu betrachten – von oben bis unten – und es ist genauso schwer für eine Frau, dies offen bei einem Mann zu tun. Umgekehrt ist es für einen Mann schwer, es nicht zu tun. Er kann absichtlich den Versuch unternehmen, nicht hinzusehen, aber in seinem Innern ist er angespannt und wird »verrückt«, weil er es tun will. Und eine Frau kann absichtlich den Versuch unternehmen, einen Mann anzusehen, aber in ihrem Innern kämpft sie mit ihrem Impuls wegzusehen, egal wie attraktiv sie ihn möglicherweise findet.

In der Tat ist das, was für den maskulinen Mann unwiderstehlich ist, für die feminine Frau in der Wechselbeziehung zwischen Männern und Frauen sehr schwierig und umgekehrt. Kurz gesagt: Es ist der Kampf der Kommunikation zwischen Mann und Frau, von Mensch zu Mensch. *Was dem einen Geschlecht leicht und einleuchtend erscheint, ist für das andere fremd, schmerzhaft und furchterregend, und dieses Bewußtsein muß auf einer tieferen Ebene von beiden Geschlechtern begriffen werden, aber nur wenigen scheint es zu gelingen.*

Wenn wir das traditionelle romantische Modell verlassen und versuchen, mit dem anderen Geschlecht auf anderer Basis als vorher eine Verbindung herzustellen, betreten wir das psychologische Ödland von Unsicherheit, Verwirrung und Angst. Neue Verhaltensformen, die wir versuchen und die von unserer geschlechtlichen Konditionierung isoliert sind, »sind irgendwie nicht richtig«.

Einen Mann zum Tanzen aufzufordern, scheint für Männer einfach zu sein, weil Männer es tun. Sie projizieren: »Ich kann dich zum Tanzen auffordern, also kannst du es auch tun.«

Sie haben das Gefühl, daß die Ablehnung oder der Widerstand einer Frau Beweis dafür ist, daß sie eine Heuchlerin ist oder ein Beispiel dafür, »beides zu wollen«. Frauen begehen denselben Fehler mit Männern. Weil es für sie zum Beispiel einfach ist, nah zu sein und Bindung zu suchen, können sie nicht verstehen, warum ein Mann sich so stark widersetzt. Sie kommen also zu dem Schluß, daß es der Egoismus, Chauvinismus und böse Wille des Mannes ist. »Ich kann dir nah sein und du könntest es auch, wenn du nur wolltest und dich mehr bemühtest. Es ist ganz einfach, wenn du es nur zuläßt«, sagt sie ihm nüchtern. Aber es hat dieselbe Wirkung, als wenn ein Mann zu einer Frau sagt: »Du solltest Sex und Beziehungen ganz locker sehen. Denk doch einmal nicht an Bindung und Nähe, sondern sieh es einfach als Vergnügen!«

Tatsächlich sind diese Veränderungen nicht leicht, und es ist ein Fehler der Projektion zu glauben: »Ich kann es tun. Warum kannst du es nicht?« Der Grund, warum es dem einen Geschlecht leichtfällt, liegt darin, daß es mit seinen Abwehrmechanismen übereinstimmt. Bei dem einen ist es tief verankert, während es dem anderen fehlt. Das andere Geschlecht hat polargegensätzliche Abwehrmechanismen. Die Geschlechter stehen sich in ihren Reaktionsmustern genau diametral gegenüber, besonders im Kontext der traditionellen Beziehung zwischen Mann und Frau, weil deren aufreibende Natur die Unterschiede zu vergrößern scheint.

Daher ist es für eine Frau viel schwerer, anhaltend und auf lange Zeit so direkt machtorientiert zu sein wie ein Mann. Es reibt sie auf. Es ist schwerer für sie, sich ganz auf die Entwicklung und Anhäufung offener Kontrolle und Selbständigkeit zu konzentrieren und sich dabei wohl zu fühlen. Ihr tieferes Ich sucht nach Bindung, es sei denn, daß sie schon stark gegen sich reagiert hat. Genauso schwierig ist es für den traditionellen Mann, Unterwürfigkeit und Machtlosigkeit für sich zu akzeptieren.

In meiner Praxis habe ich mit einer Reihe hochgebildeter Karrierefrauen gearbeitet, die in Beziehungen noch immer auf die Initiative der Männer reagieren wollen und große Angst haben, dies zu ändern.

Was die Beziehung zwischen Mann und Frau betrifft, übernimmt der tiefere Sog die Führung. Obwohl es einfach scheint für diesen Typ Frau, sich zu behaupten und sich in ihrer Wechselbeziehung mit Männern wohl zu fühlen, ist dies nur selten der Fall. Sie kann es bewußt versuchen, aber es fällt ihr nicht leicht. Vielleicht bekennt sie sogar offen, daß sie in ihrem Privatleben einen Mann will, der »sich um sie kümmert«, obwohl sie in ihrer Karriere erfolgreich ist.

Zusätzlich besteht ständig auf seiten der Männer und Frauen gleichermaßen die unterschwellige Furcht vor Veränderung, und diese ist auch berechtigt. So sehr uns Wachstum und Veränderung als abstrakte Ideale gefallen, empfinden wir sie als bedrohlich. Wir leisten Widerstand, weil unser eigentliches Gefühl als Mann und Frau verlorengehen kann. Wenn ein Mann zum Beispiel traditionelle männliche Reaktionsmuster ablegt, geht auch das Gefühl verloren, »ein ›richtiger‹ Mann zu sein.« Auf einer tieferen Ebene steht daher viel mehr auf dem Spiel, als oberflächlich erkennbar ist. Unsere Konzentration auf die Symbole der Emanzipation hat unser Bewußtsein getrübt, wie schwierig – ja sogar erschreckend – dieses »Loslassen« der geschlechtlichen Selbstdefinition tatsächlich ist.

Die Erleichterung, die viele »emanzipierte« Frauen erfahren, wenn sie schließlich eine Beziehung zu einem Mann eingehen, bei dem sie sich wirklich »als Frau fühlen«, zeigt, wie schmerzhaft es ist, unsere Rolle als Mann und Frau loszulassen oder zu verändern. Bis diese Veränderungen wirklich in unser Selbstverständnis auf der tiefsten Ebene eingearbeitet sind, besteht das starke Verlangen, zu unserem alten Gefühl als Mann und Frau zurückzukehren, wenn dies auch vielleicht zeitweilig unterdrückt wird. Wir sehen heute, daß dies überall geschieht. Die »natürliche« Frau, die keinen BH und kein Make-up trug und flache Schuhe bevorzugte, ist in den meisten Fällen nur noch eine Erinnerung an die sechziger und siebziger Jahre. Sogar Karrierefrauen nehmen ihr altes, feminines Verhalten wieder auf, genau wie Männer es auf ihrer Seite auch tun; die grauen Anzüge und Krawatten werden wieder aus dem Kleiderschrank geholt, das Haar wird kürzer und die neuen Macho-Superhelden werden in den Kinos wieder verehrt und bewundert.

Trotz jahrzehntelanger Emanzipationsbemühungen werden Frauen immer noch von »Siegern« oder erfolgreichen Männern erregt und von »Schwäche« und von »Verlierern« abgestoßen. Den attraktiven Mann umgibt immer noch eine Aura von Überlegenheit, Stärke und Unabhängigkeit. Männer ermutigen starkes, unabhängiges Verhalten in Frauen, aber verlieben sich dann in die süße, »bewundernde«, unterwürfige, »feminine« Frau. Sie können nur ein gewisses Maß an aggressivem, dominantem Verhalten in Frauen tolerieren, bevor sie sich zurückziehen. Daher bezeichnen diese Frauen Männer als Heuchler, genau wie Männer es tun, wenn sie sehen, daß attraktive Frauen Erfolgssymbole bewundern.

Diese Neigungen teilen uns mit, daß sich die tieferen Reaktionen nicht wirklich verändert haben. Aber das ist kein »Emanzipationsverbrechen« und sollte nicht dazu dienen, Schuld oder Selbsthaß zu fördern. Wir beschuldigen Frauen, Heuchlerinnen zu sein, weil sie von Männern angezogen werden, die Sieger oder offenbar sehr männlich sind, und wir beschuldigen Männer, sexistisch zu sein, weil sie sich noch immer um die weiche, freundlich lächelnde Frau bemühen. Aber wir fordern das Unmögliche, wenn wir erwarten, daß Menschen einfach durch einen Akt des Willens ihr tieferes Ich und ihre geschlechtliche Konditionierung verwandeln können.

Wir haben unsere tiefere geschlechtliche Abwehr, die uns Sicherheit gegeben hat, heruntergespielt, indem wir versucht haben, sie durch eine »Bewußtseinsmachung« der Geschlechter auszulöschen. Damit Männer und Frauen sich binden können, scheinen wir jedoch noch immer den romantischen Sog zu brauchen, der Erregung in uns erzeugt, der ihr das Gefühl gibt, »hingerissen zu sein«, und ihm das Gefühl, »ein Mann zu sein«. Dies hängt von der Polarisation und ihrer Stärke ab. Diese Polarisation erzeugt eine sich gegenseitig verstärkende, unbewußte Zugkraft, die gegen wirkliche Veränderung arbeitet. In der Tat wurzeln die meisten der sozialen und ökonomischen Strukturen unserer Gesellschaft in den Motivationen der geschlechtlichen Polarisation – das Verlangen der Männer und Frauen, »männlich« bzw. »feminin« zu sein. Es scheint noch immer die meisten Frauen zu erregen abzunehmen, genau wie Geld zu verdienen oder »zu gewinnen«, die Männer erregt.

Wenn wir über den tieferen Kampf und die Widerstände hinwegsehen und sie zu sehr vereinfachen, schaffen wir eine Situation, die uns verrückt macht und die auf Einschüchterung basiert. Zuerst beschuldigen wir das andere Geschlecht, sich aus Böswilligkeit nicht ändern zu wollen, wobei wir davon ausgehen, daß Änderung möglich ist, wenn nur der Wille vorhanden ist. Das zwingt sie dazu, ihr wahres Ich zu verstecken und das äußerliche Verhalten zu ändern. Dies macht den Prozeß der Transparenz und des Wachstums, den wir suchen, noch schwerer, wenn nicht sogar unmöglich.

Die Wurzeln des geschlechtlichen Verhaltens sind unbewußt und dienen dem Selbstschutz. Folglich müssen wir den enormen Widerstand gegenüber tiefgreifenden Veränderungen erkennen und die Widersprüche und Regressionen der Geschlechter großzügig akzeptieren. In der Tat können wir uns besser kennenlernen, wenn wir den Kampf und die Widersprüche unserer Partner beobachten, weil sie unsere eigene »dunkle Seite« widerspiegeln. Da romantische Attraktion auf Polarisation basiert, fördern Männer und Frauen unwissentlich das extreme Verhalten des anderen, gegen das sie kräftig protestieren.

Eine Sache, die offensichtlich zerstörender als die traditionell defensive Reaktion ist, ist eine pseudo- oder defensiv emanzipierte Reaktion. Sie verwechselt die äußerlichen Symbole der Veränderung mit den tiefgreifenden Fragen und macht es schwierig, eine erfüllende Beziehung zu erreichen, wenn die betroffenen Parteien nicht schon ihre Fähigkeit für eine wirkliche Bindung aufgrund der doppelten Schichten von Abwehrmechanismen, bei denen die neue Schicht auf der »alten« Abwehr liegt, die nicht durchbrochen werden kann, insgesamt zerstört haben.

Das beste, auf das wir zu diesem Zeitpunkt hoffen können, ist die Anerkennung unseres Prozesses und unseres Widerstandes gegenüber Veränderung und der Wille, die Verantwortung für unseren Anteil daran zu übernehmen. Es ist sehr wichtig, den Plan richtig zu lesen, zu wissen, womit wir kämpfen, so daß wir als Ergebnis einer neuen defensiven Selbstgerechtigkeit nicht anderen die Schuld zuschieben, weil sie sich nicht so ändern, wie wir uns es wünschen und es angeblich selbst getan haben.

Wir können versuchen, wo immer es möglich ist, Sicherungen einzubauen, die uns Raum geben, diese tieferen traditionellen Teile, die wir nicht so leicht ändern können, darzustellen; wir können einige der zerstörerischen Resultate verhindern, indem wir unseren eigenen Geschlechtsprozeß erkennen und sagen: »Ich weiß, daß es an mir liegt und daß ich ein altes Muster wiederhole, das noch nie funktioniert hat. Trotzdem kann ich nichts dafür, aber ich bin mir dessen bewußt und werde nur mir selbst die Schuld geben.«

Mit anderen Worten: Wir sind vielleicht nicht in der Lage, sofort große Veränderungen zu erreichen, aber wir können die sorgfältig gehüteten Muster, die sich so schwer ändern lassen, erkennen und uns bewußt auf die unausweichlichen Resultate oder auf den Preis, den wir zahlen müssen, vorbereiten, und schieben *keinem anderen* die Schuld zu. Ein Mann kann zum Beispiel keine romantische Bindung haben, ohne schließlich Schuld zu erfahren, weil er sich verantwortlich fühlt. Auf seiten der Frau kann es zu einem Drängen auf Bindung zusammen mit Zorn und Verwirrung kommen, weil sie sich kontrolliert fühlt oder Angst hat, sich selbst zu verlieren. Der Kommunikationszusammenbruch droht heimlich und ist unausweichlich. Es ist ein großer Schritt nach vorn, wenn man langsam erkennt, daß die Reaktionen und Gefühle, die wir in all diesen Situationen haben, unausweichlich das Ergebnis dieser gegenseitig polarisierten und gewählten Verbindung sind, und nicht etwas, das mit uns geschieht und von dem anderen verursacht wurde oder das Ergebnis eines »Fehlers« ist.

Diejenigen, die die Grenzen, Paradoxa und Widersprüche der Veränderung, die wir alle erfahren, anerkennen und respektieren können, werden am wenigsten enttäuscht und verbittert sein. Sie sind auf lange Sicht fähig, andauernde und befriedigende Beziehungen zu schaffen. Es entsteht ein stärkeres Gefühl von Respekt und Geduld mit dem Partner, sowie ein größeres Gefühl von Selbstachtung und richtiger Umgang mit den eigenen Grenzen.

Männer und Frauen können sich dann gegenseitig leicht führen und geduldig unterstützen und versuchen, einen Weg zu neuer Verständigung und neuem Verständnis auszuarbeiten, der frei von Schuldzuweisung, Schuldgefühlen und verdrängtem Zorn ist, aber voller Verständnis, Toleranz und Großzügigkeit.

Teil vier:
Der Mann und sein eigenes Ich

13.

Gefühle: Wann sind sie echt, und wann kann man ihnen trauen?

Milton und Sally waren beide davon überzeugt, daß sie ihre Gefühle kannten. Das Problem war jedoch, daß ihre Offenheit miteinander sie immer mehr auseinandertrieb, statt sie einander näherzubringen.

Sally sagte zum Beispiel: »Ich habe das Gefühl, daß du mich immer wegstößt. Ich werde zornig und bin enttäuscht.« Milton erwiderte: »Ich bin auch frustriert, ich hab' das Gefühl, daß alles, was ich tue, nie genug oder befriedigend für dich ist.«

Ein anderes Mal sagte Sally: »Ich brauche dich jetzt. Komm' und umarme mich.« Dies geschah scheinbar immer dann, wenn Milton dazu einfach nicht in der Stimmung war. Obwohl er sich ihr anpaßte, fühlte er sich irritiert und sagte dies auch manchmal, was Sally wiederum so stark verletzte, daß sie für den Rest des Tages nicht mit ihm sprach.

Manchmal sagte Milton abends: »Ich muß allein sein. Ich möchte heute abend in dem anderen Zimmer schlafen. Es hat nichts mit dir zu tun. Es ist mein Bedürfnis – es hat nur mit mir zu tun.« Dennoch fühlte Sally sich abgewiesen, und manchmal weinte sie deshalb. Wenn Milton dies sah, bekam er Schuldgefühle, so als ob er Sally verletzt hatte. Wenn er ihr dies sagte, reagierte sie so: »Du und deine verdammte Schuld. Ich fühle mich einfach von dir im Stich gelassen, das ist alles, aber ich will nicht, daß du dich schuldig fühlst. Kann ich dir nicht mal das sagen? Ich will deine Schuldgefühle nicht. Schuldgefühle bedeuten nur, daß du zornig bist.« Milton antwortete frustriert: »Ich sage dir ja auch nur, was ich *fühle*. Ich dachte, daß du das erwartest.« Sally erwiderte: »Mein Gott, ich fühle mich so schlecht, weil ich dir dies antue«, worauf Milton antwortete: »Ich *will* nicht, daß du dich meinetwegen schlecht fühlst. Ich leide nicht darunter. Ich kämpfe nur mit mir und versuche, dir zu sagen, was ich durchmache.« Statt in diesem offenen Austausch Trost zu finden, entfremdeten sie sich nur stärker voneinander.

Sally versuchte einmal, den Spalt bei diesen Unterhaltungen zu überbrücken: »Warum hören wir nicht einfach auf zu reden und gehen zusammen ins Bett.« Milton reagierte wie auf einen Angriff: »Wenn du so etwas sagst, habe ich das Gefühl, daß du mich überhaupt nicht kennst. Du weißt genau, daß das das letzte ist, worauf ich Lust habe, wenn ich mich so fühle.« »Was ist nur mit uns los?« fragte Sally. Milton antwortete: »Ich weiß es nicht. Ich habe so hart daran gearbeitet, zu wachsen und alles mit dir zu teilen, aber es scheint immer schlimmer zu werden. Ich sage dir, was ich fühle, und statt daß uns das einander näherbringt, wird der Spalt zwischen uns immer größer.«

Nachdem Milton seine Gefühle Sally gegenüber ausgedrückt hatte, war er überzeugt, daß sie das eigentlich nicht wollte, und Sally wurde immer frustrierter, weil sie das Gefühl hatte, heimlich angegriffen zu werden. Sie glaubte, daß Milton sie wegstoßen wollte, statt sich verletzlicher und näher zu zeigen.

Die »Freiheit«, Gefühle zu zeigen

Eine vorherrschende Meinung, insbesondere über Männer, lautet, daß Wachstum für sie die Freiheit und Möglichkeit bedeutet, Gefühle auszudrücken, weil Männer traditionell ihre Emotionen unterdrückt haben. Diese Rechtfertigung von Emotionen verschleiert ein wichtiges Problem, nämlich, daß die Kommunikation von defensiven Gefühlen möglicherweise schlechter ist als der Ausdruck von keinerlei Gefühlen.

Als Frauen begannen, sich zu emanzipieren, verliehen sie ihren Gefühlen Ausdruck. Was zutage trat, waren Zorn und Schuldzuweisung, defensive Ausbrüche, die aus den Repressionen, erzeugt durch die weibliche Konditionierung, an die Oberfläche kamen. Waren die Männer wirklich die Unterdrücker der Frauen, oder war es ihre Konditionierung, die ihre Fähigkeit zerstörte, die Kontrolle und Macht zu übernehmen, weil dies Angst in ihnen erzeugte? Schließlich haben die meisten Männer die Frustration erfahren, mit einer Frau zusammenzusein, die sich Entscheidungen widersetzte oder unfähig schien, Entschlüsse zu fassen, selbst wenn sie inständig darum gebeten wurde.

Wenn Männer erst einmal »Verbindung zu ihren Gefühlen aufnehmen«, merken sie, daß sie dasselbe Potential haben, defensive, selbstgerechte Emotionen auszudrücken. Diese Emotionen stoßen sie nur noch weiter in Mißtrauen, Isolation und Selbstschutz, statt sie als Menschen zu befreien.

War es die Gesellschaft oder waren es die Frauen, die Männer unter Druck setzten, die maskuline Versorgerrolle anzunehmen, die sie unter sexuellen Leistungsdruck setzten oder sie daran hinderten, Verletzlichkeit auszudrücken, Freundschaften mit anderen Männern zu entwickeln, Ängste und Bedürfnisse zuzugeben? Oder war dies ein Nebenprodukt ihrer maskulinen Konditionierung, Teil des Trainings, das einem Mann das Gefühl gab, ein Mann zu sein?

War es in der Tat ein echtes nichtdefensives Gefühl, dem man vertrauen kann und das Verständigung und Lebensprozeß erleichtert? Wann wird man durch den Ausdruck von Gefühlen nur noch mehr gefangengenommen und stärker entfremdet? Wenn wir sagen, daß Männer Verbindung zu ihren Gefühlen aufnehmen sollen, was meinen wir eigentlich damit?

Ein Mann sagt zu seiner Frau: »Ich fühle mich verschlungen und manipuliert von dir, und das macht mich zornig. Du versuchst immer, mir Schuldgefühle zu geben. Ich habe meine eigenen Gefühle nicht anerkannt oder respektiert, aber ich lasse es nicht zu, daß *du* oder irgendein anderer mich daran hindert, das zu fühlen, was ich fühle, und wirklich zu sein.« Damit beschreibt er die Nebenprodukte seiner eigenen Abwehr, etwas, das zum großen Teil durch seine Sozialisation geschaffen wurde, nicht etwas, das *sie ihm antut.* Obwohl er vielleicht unbewußt eine Partnerin gewählt hat, die diese Neigungen verstärkt, hat sie nicht seinen Hang dazu geschaffen.

Der Mann, der gegenüber einer Frau, die an ihm überhaupt nicht interessiert ist, große Liebe und Leidenschaft ausdrückt und sagt, daß er noch nie derart tiefe Gefühle gefühlt hat, fühlt wahrscheinlich keine Liebe oder Leidenschaft, sondern die Phantasieerregung, ein »weibliches Objekt« zu begehren, das er nicht haben kann. Reicht es daher aus, daß er sich dabei wohl fühlt, seine Verletzlichkeit und seine Emotionen auszudrücken, besonders wenn er nicht positiv oder liebevoll auf jene Menschen reagiert, die in seinem Leben *sind* und die ihn *mögen* und *lieben*, ihn aber nicht »erregen«, so daß er ihnen gegenüber keine große »Liebe« fühlen kann? »Sich traurig zu fühlen« und dies auch auszusprechen, weil er eine Frau »liebt«, die ihn zurückweist, ist das wirklich der Ausdruck von Gefühlen?

Wenn ein Mann sehr zornig ist, weil seine Kontrolle bedroht wird und dieser Ausdruck von Gefühlen ein Weg ist, sich zu distanzieren und die Kontrolle wiederzugewinnen, reicht es dann aus, daß er sich selbst rechtfertigt und sagt, daß er das Recht hat seine Gefühle auszudrücken?

Wenn traditionell konditionierte Männer zum ersten Mal zu ihren Gefühlen »Verbindung aufnehmen« und sie ausdrücken, stellen sie sich oft als Narzißten heraus, das heißt, ihre Emotionen haben wenig mit der objektiven Realität ihres Lebens zu tun. Ihre Gefühle sind »distanziert« und defensiv. »Mit ihnen Verbindung aufzunehmen« und sie auszudrücken ist daher schlimmer, als Gefühle überhaupt nicht auszudrücken, weil dies einen Mann weiter entfremdet und isoliert. Was er wirklich braucht, nämlich Verbindung und nichtdefensive, echte Auseinandersetzung und Nähe, wird behindert. Nachdem er diese Gefühle ausgedrückt hat, kommt er möglicherweise zu dem falschen Schluß, daß Frauen »gar nicht wissen wollen, was ein Mann fühlt«. Dies erzürnt ihn und entfremdet ihn noch stärker und verstärkt seine mißtrauische Abwehrhaltung.

Ein Gefühl muß nichtdefensiv sein, wenn es Verbindung und »Vermenschlichung« oder »Personalisierung« hervorbringen soll. Wenn das Gefühl aus polarisierten und defensiven maskulinen Bedürfnissen stammt, treibt es ihn stärker in die Ecke als vorher, weil er sich jetzt »bewiesen« hat, daß andere nicht wollen, daß er menschlich ist.

Zweifellos muß der Begriff, mit Gefühlen »in Verbindung zu treten« und sie auszudrücken, untersucht werden.

Gefühlen, denen man nicht trauen darf

Polarisierte Emotionen

Die Konditionierung der Männer hat die Repression bestimmter Bedürfnisse, Reaktionen und Gefühle zur Folge, die insgesamt sein Gefühl von Männlichkeit produzieren, zusammen mit der Neigung, entweder defensiv zu überreagieren oder überhaupt nicht zu reagieren.

Defensive Autonomie

Ein Mann denkt: »Niemand kümmert sich um meine Bedürfnisse und darum, wie ich mich fühle.« Je traditioneller maskulin er ist, desto stärker werden seine Abhängigkeitsbedürfnisse unterdrückt, so daß derartige Gefühle entstehen. Anzuerkennen, daß man andere braucht, der Wunsch, umsorgt zu werden, Gefühle von Hilflosigkeit, Schwäche oder Angst sind Reaktionen, die oft verneint und blockiert und daher nicht bewußt erfahren werden.

Die Repression von Abhängigkeitsbedürfnissen gibt dem Macho seine »selbstgemachte« Einzelgängerhaltung, die die defensive Projektion hervorbringt, daß »niemand sich wirklich um meine Bedürfnisse kümmert« oder »niemand weiß, wer ich bin oder was ich fühle.« Seine Wahrnehmung der anderen, die sich angeblich nicht um ihn kümmern oder ihn nicht kennen, ist eine Prophezeiung, die sich selbst erfüllt – das unausweichliche Resultat dieser Repression. In Wirklichkeit hat er sich wahrscheinlich mit Menschen umgeben und hat derartige Beziehungen zu ihnen, daß dies die Folge ist. Vielleicht interessieren sie sich tatsächlich *nicht* dafür, was er braucht, aber genau aus diesem Grund hat er sie ausgesucht. Ihre Beziehung zu ihm bezieht sich auf seine Leistung, sein Image und seine »Stärke« und auf das, was er für sie tun kann, aber er hat sie gewählt, weil sie die Rolle verstärkt haben, die er spielen mußte, um sich selbst als Mann zu bestätigen. *Sie tun ihm dies nicht an. Es wurde durch seinen Prozeß erzeugt, den sie nähren.*

»Mit seinen Gefühlen Verbindung aufzunehmen« resultiert möglicherweise aus einer selbstbedauernden, selbstgerechten

Rechtfertigung seines Unmuts und Zorns und produziert noch mehr Distanz und Isolierung, wenn er nicht über die unmittelbare Erfahrung hinaus eine Gesamtperspektive sieht. Daher kann man *diesen* Gefühlen nicht vertrauen. Sie stellen ihm eine Falle, indem sie seine schon negative Auffassung noch verstärken, daß Menschen einander benutzen und daß »die Welt ein Dschungel ist«. Die häufige Erfahrung der Männer, sich in einer Beziehung erstickt und verschlungen zu fühlen, besteht in dem Maß, wie seine defensive Selbsteindämmung oder Autonomie, die in ihm eine fortschreitende Intoleranz gegenüber Nähe *überhaupt* erzeugt, vorhanden ist.

Die Repression von Abhängigkeit erzeugt eine starke Bewegung weg von Verbindung und das Verlangen, sich von allen persönlichen Beziehungen zu lösen, von denen er abhängig ist, besonders im Streßzustand. Das defensive Gefühl »Ich brauche weder dich noch irgendeinen anderen« entsteht, wenn er sich verletzt fühlt. Das Bedürfnis nach »Raum« – nach Selbständigkeit und danach, Nähe zu vermeiden – verstärkt sich mit der Zeit als Ergebnis dieser Repression ebenfalls, und jeder Mensch, den er nicht kontrollieren und von dem er sich nicht distanzieren kann, gibt ihm das Gefühl, verschlungen zu werden.

Defensive Rationalität

Seine maskuline Konditionierung führt dazu, daß er sein Leben auf distanzierte, unemotionale oder mechanische Weise erfährt und interpretiert und sie als »rational« oder »logisch« auffaßt. Seine »Logik« ist jedoch Teil seines defensiven Selbstschutzes und wird daher zu einer Waffe, die er benutzt, um anzugreifen, zu beherrschen und sich selbst zu distanzieren.

Er schafft »sichere«, »logische«, mechanistische Antworten, um komplexe persönliche Wechselbeziehungen und Prozesse zu erklären. Er sieht diese »Rationalität« nicht als eine private oder autistische Logik, die dazu dient, sich von persönlichen Beziehungen zu isolieren. Durch sein Denken oder seine »Logik«, die, oberflächlich betrachtet, vielleicht korrekt ist, fühlen sich andere abgespeist, mißverstanden und angegriffen (aber nur, weil er seine menschlichen Wechselbeziehungen mechanisch und selektiv auffaßt, nicht persönlich). Er belehrt seine Kinder »zu ihrem eigenen Vorteil«, ohne zu erkennen, daß sie ihn nicht einmal »hören« und sich von ihm durch seine unsensible Kommunikation entfremdet fühlen. Er spricht zu sich selbst, obwohl er der Meinung ist, mit ihnen zu sprechen.

Sein starr defensiver Gebrauch der Rationalität und sein Stil, »vernünftig zu sein«, führen dazu, daß er ungeduldig wird und auf das überreagiert, was er als »Irrationalität«, »Unvernunft« oder »Verrücktheit« der anderen sieht, die seinen Vorrat an fertigen Antworten, Ratschlägen und Lösungen, die er für jedes Problem sofort bereithält, nicht akzeptieren. Dies führt dazu, daß er wegen der »Hoffnungslosigkeit«, mit den vielen »irrationalen« Menschen in seinem Leben zu kommunizieren, d.h. mit seinen Kindern, seiner Frau oder anderen, mit denen er sich so starr und nüchtern einläßt, irritiert und verzweifelt ist.

Außerdem führt die Repression seiner eigenen Emotionen zu mißtrauischen Gefühlen gegenüber den emotionalen Reaktionen anderer. Wenn seine Frau weint oder seine Kinder ängstlich oder durcheinander sind, neigt er dazu, ihre Reaktionen nicht zu berücksichtigen, ihnen nicht zu glauben und betrachtet sie als Manipulation. Einer meiner Patienten, ein Mann in mittleren Jahren, Vater von fünf Kindern, hatte sich völlig von ihnen entfremdet, indem er ständig ihre emotionalen Sorgen anzweifelte und sie herunterspielte. Wenn sie ein persönliches Problem beschrieben, bestand er darauf, daß es doch nicht so schlimm sein könne – oder daß sie sich das ganze nur ausdachten.

In Beziehungen ist seine Logik bedeutungslos, entfremdend und »irrational«, obwohl er seinen Standpunkt »beweisen« kann und »recht« hat. Das heißt, seine »Logik« mag ihm sinnvoll erscheinen, ist aber in ihrer oberflächlichen oder eindimensionalen Qualität in Wirklichkeit verrückt, da sie in dem Beziehungsprozeß einen Kurzschluß herbeiführt. So wird offenbart, daß er nicht auf die Menschen in seinem Leben »eingestimmt« ist, und nicht weiß, wer sie sind. Zudem ist er nicht in der Lage zu sehen, wie seine kalte Logik teilweise dafür verantwortlich ist, daß die emotionalen, verzweifelten oder »verrückten« Emotionen der anderen, die sich frustriert, angegriffen und durch seine losgelöste Rationalität weggestoßen fühlen, gefördert werden. Dies bestätigt ihm, daß »alle anderen verrückt sind« – nur er selbst nicht.

Im defensiven maskulinen Prozeß ist der Intellekt eine Waffe, und die Intellektualisierung ist ein Schutz vor Gefühlen. Er abstrahiert und »denkt«, um persönliche Seiten seiner Persönlichkeit zu distanzieren. Es kommt zu einer Zwangsvorstellung von der »Wahrheit«, Korrektheit und zu dem Glauben, daß die Entdeckung von »Antworten« dazu dienen kann, sein Leben zu verbessern, andere zu überzeugen und »die Welt zu verändern«.

Defensive Aggression

Die maskuline Konditionierung führt dazu, daß Männer ihre Verletzlichkeit und »ihre Angst fürchten« und defensiv verneinen, Angst blockieren oder sie in gespielte Tapferkeit, in defensiven Widerstand oder eine völlige Verneinung der Realität umwandeln. Dies führt zu einer selbstzerstörerischen Überreaktion auf Situationen, die sein defensives Bedürfnis zu beweisen herausfordern oder bedrohen: »Ich habe keine Angst«, »Ich bin kein Feigling«, »Ich bin kein Schlappschwanz« und »Ich *bin* ein Mann«. Es stimmt traurig, wenn man an die vielen starr defensiven jungen Männer denkt, die in jungen Jahren entweder zum Krüppel geworden sind oder sogar ihr Leben verloren haben, aus dem Bedürfnis heraus, ihre Furchtlosigkeit zu beweisen (»Ich hab' keinen Schiß!«).

Dieses defensive Bedürfnis, sich zu beweisen und Angst zu verneinen, verdrängt den Instinkt zu überleben und besiegt ihn. Es erzeugt impulsive, selbstzerstörerische Neigungen und defensives Zurschaustellen von »Mut« und »Furchtlosigkeit«. Dies drückt sich zum Beispiel in der Verwicklung in gewalttätige Zusammenstöße aus nichtigem Anlaß aus, wo nichts anderes auf dem Spiel steht als das Image oder das »Bedürfnis, sich zu beweisen«. Dieses Bedürfnis kann auch so aussehen, daß er ein unangemessenes Risiko auf sich nimmt, indem er zum Beispiel eine gefährliche körperliche Herausforderung annimmt.

Es kann auch dazu führen, daß er an defensiven, rücksichtslosen Handlungen und Gewohnheiten teilnimmt, in denen er sein verzerrtes Gefühl von Unverletzbarkeit oder Furchtlosigkeit darstellt.

Er macht weiter, wenn er sich zurückziehen sollte. Er tut dies direkt in Form von sinnloser, körperlicher Konfrontation oder indirekt durch einen hyperaggressiven, zielorientierten Stil, der durch unbarmherzigen, unersättlichen Ehrgeiz und das ständige Bedürfnis, sich zu messen und besser als andere zu sein, charakterisiert wird.

Die defensive Aggressivität besteht in dem Maß, wie verneinte oder unterdrückte Furcht vorhanden ist. Weil er sie nach außen projiziert und sie in anderen sieht, kommt er zu der Auffassung, daß »das Leben gefährlich ist«, »Menschen einen verletzen und übervorteilen, wenn sie nur können« und »die Welt ein Dschungel ist«.

Defensive Selbstbehauptung

Das defensive Bedürfnis zu kontrollieren, das für Männlichkeit charakteristisch ist, ist teilweise eine Reaktion auf tieferliegende Passivität und Unterwürfigkeit, die der Mann fürchtet und in sich selbst verneint. Je stärker die Abwehr ist, desto schneller und umfassender ist seine negative Reaktion auf alles und jeden, von dem er glaubt, daß er ihn kontrollieren oder ihm die Kontrolle wegnehmen wird. Im Verhältnis zu seiner Männlichkeit ist das Bedürfnis nach Kontrolle unersättlich und wird ständig größer.

Unbewußt lebt er in einer polarisierten Welt der »Kontrolle oder des Kontrolliertwerdens«. Er stellt *sich selbst* eine Falle, da sich sein Lebensraum verengt und sich nur auf die beschränkt, die seine Kontrolle tolerieren. Im zunehmendem Maß ist er von Menschen umgeben, die es aufgrund ihrer Ängste und Unsicherheit akzeptieren können, beherrscht zu werden, obwohl dies in ihnen starken, unsichtbaren Zorn ihm gegenüber erzeugt. Auf einer Ebene fühlt er dies, und es schürt sein Mißtrauen und sein Bedürfnis, andere zu kontrollieren, weiter an.

Defensive Selbstbehauptung bedeutet auch, daß er ihnen sein Ego (Ideen, Meinungen und Entscheidungen) in immer stärkerem Maß aufzwingt und anderen Meinungen gegenüber intolerant wird oder unfähig ist, sie zu hören oder aufzunehmen. Sein Ego bläst sich grenzenlos auf, bis niemand mehr »Zutritt« hat. »Krankhafte Selbstsucht« ist für Männlichkeit bezeichnend und hängt von der Stärke der maskulinen Abwehr ab.

Defensive Sexualität

Im Verhältnis zu seiner maskulinen Abwehr ist er von Sex besessen, während seine Sinnlichkeit unterdrückt wird. Paradoxerweise beschäftigt er sich stark mit Sex, hat aber Angst vor intimer Berührung und widersetzt sich ihr, es sei denn, daß sie instrumental ist und zum Geschlechtsverkehr führt.

Diese unterdrückte Sinnlichkeit ist zum Teil verantwortlich dafür, daß er ein großes Bedürfnis nach Raum hat und die starke Neigung, sich von anderen bedrängt und eingeengt zu fühlen, besonders wenn man ihn berührt, ihn streichelt oder an sich drückt.

Da seine drängende Beschäftigung mit Sex defensiv ist, nimmt sie nicht ab, wenn sie befriedigt ist. Die Zwanghaftigkeit wird immer stärker. Das Bedürfnis ist jedoch nicht auf Sex an sich gerichtet, sondern auf die Reduzierung von Spannungen, die durch seine Isolation geschaffen wurden, auf Kontakt und Kontrolle und die Bestätigung seiner »Männlichkeit«.

Extreme und gegensätzlich-extreme Gefühle

Ein häufiges Nebenprodukt der maskulinen Konditionierung ist ein Zyklus extremer emotionaler Hoch- und Tiefgefühle. Es sind »Achterbahn«-Gefühle oder extreme Reaktionen, die Männer erfahren, Gefühle, denen man nicht trauen darf und die nicht zur Handlungsgrundlage werden dürfen. Je stärker externalisiert ein Mann ist, desto ausgeprägter sind die Schwingungen in seiner Selbstwahrnehmung. Sie gehen von arroganter Überheblichkeit (»Ich bin der Größte«) zu depressiver Selbstverachtung (»Ich bin nichts«).

Romantische Hoch- und Tiefgefühle sind eine Form dieses Achterbahnphänomens. Wenn Phantasien befriedigt werden und ein Mann sich sicher und bestätigt fühlt, erfährt er ein »Hoch«. Wenn die Realität einsetzt oder Probleme ihn bedrohen, lösen sich seine romantischen Gefühle auf, und er erfährt starke gegensätzliche Reaktionen aus Zorn und Mißtrauen.

Diesen Achterbahngefühlen darf man nie vertrauen, wenn es um die Realität oder darum geht, Entscheidungen zu treffen, weil sie zwangsläufig kurzlebig sind und sich ins Gegenteil verkehren. Sie zur Handlungsgrundlage zu machen, ist damit vergleichbar, wichtige Entscheidungen zu treffen, wenn man betrunken ist.

Ineinandergreifende Gefühle

Wie wir die Reaktionen, die wir erleben, erzeugen und fördern, während wir anderen die Schuld geben, ist Teil des Phänomens der vom Geschlecht abhängigen ineinandergreifenden Gefühle: Emotionen, die defensiv sind und denen man daher nicht trauen darf.

Die feminine Frau beklagt sich: »Du öffnest dich nicht und ich habe das Gefühl, daß du mich zurückweist«, aber sie ist nicht in der Lage zu erkennen, wie ihre Art der Kommunikation mithilft, den Mann auszuschließen. Die geringste negative Reaktion von seiner Seite wird von ihr defensiv als Angriff oder Kritik gewertet, auf die sie mit Weinen, Zurückziehen oder Beschuldigung reagiert, wodurch sie ihn immer stärker »verschließt«. Oder sie beklagt sich, daß er nicht genug mit ihr redet und nicht wirklich glücklich scheint, wenn er bei ihr ist, ohne zu erkennen, wie ihre Neigung, zu *reagieren* und nie den Anfang zu machen oder eine Wahl und Entscheidungen zu treffen, eine Atmosphäre erzeugt, die für ihn »langweilig« ist, weil er keine Stimulierung erfährt.

Umgekehrt *gibt* er *ihr die Schuld* daran, nicht zu wissen, was sie will, wenn er dazu neigt, Entscheidungen auf der Stelle zu treffen und sich innerlich weigert, sich zu beteiligen oder mit ihr zusammenzuarbeiten, wenn er etwas tun muß, das *sie* will. Entsprechend kritisiert er sie dafür, zuviel einzukaufen, wenn seine Tendenz, »immer zu arbeiten« ihre Neigung fördert, auf Frustration materialistisch zu reagieren.

Diese ineinandergreifenden Gefühle sind wechselseitig schuldzuweisende Reaktionen, die nicht in Betracht ziehen, daß der eigene Prozeß teilweise genau die Reaktion gefördert hat, auf die man negativ reagiert.

Zorn auf Frauen

Die Konditionierung der Männer, bei Frauen den Anfang zu machen und die Verantwortung zu übernehmen, »damit was läuft«, produziert unausweichlich Schuldgefühle, wenn es nicht klappt. Wenn er einmal »Verbindung zu seinen Gefühlen« hat, ist die Entfernung von maskuliner Schuld und Verantwortungsgefühlen zu ablehnenden Gefühlen gegenüber Frauen, die er als schuldzuweisend und manipulierend empfindet, nur kurz.

Es reicht nicht aus, in defensivem Zorn zu sagen: »Ich werde es nicht zulassen, daß eine Frau mir noch einmal die Schuld gibt, mich manipuliert und benutzt.« Sein maskuliner Abwehrprozeß hat teilweise diese Erfahrung angeregt und erzeugt, weil er sich nur von Objekt zu Objekt auseinandersetzen konnte. Wenn der defensive Prozeß sich nicht ändert, wird sich dieses Muster ständig wiederholen. Erst wenn er erkennt, wie sein Prozeß die emotionale Realität erzeugt, die er erfährt, wird er nicht mehr alle Frauen im Zorn wegstoßen wollen. Er tut dies möglicherweise nicht bei Frauen, denen er glaubt, daß sie völlig unabhängig sind. Aber in diesem Fall ergeben sich eine Reihe anderer Probleme aus seiner verzerrten Phantasieauffassung von der Existenz der »perfekten«, selbstsicheren Frau.

Frauen haben Männer nur in dem Maß manipuliert, ihnen die Schuld zugewiesen oder sie verschlungen, wie die Männer das Bedürfnis hatten, Frauen zu wählen, die bewundernd und unterwürfig sind und leicht zu »kontrollieren«. Bis dieser Prozeß, der mithilft, seine Erfahrung zu schaffen, verändert wird, hält ihn der defensive Zorn auf Frauen gefangen, isoliert ihn und macht alles nur noch schlimmer. Daher darf man diesen Gefühlen nicht vertrauen, weil sie den Mann in seinen Beziehungen zu Frauen immer vorsichtiger machen.

Verzerrte Überreaktionen auf das andere Geschlecht

Die polarisierte Konditionierung erzeugt defensive Verzerrungen in der Wahrnehmung des anderen Geschlechts und Gefühle, denen man nicht trauen sollte.

Das drängende und unerschöpfliche Bedürfnis der Frauen nach Nähe, das aus der weiblichen Internalisierung entsteht, führt dazu, daß sie Männer als zurückhaltend und viel verschlossener und distanzierter wahrnehmen, als sie es potentiell sind, genau wie die »Angst« des Mannes »vor Nähe« dazu führt, daß er Frauen als viel bedürftiger, verschlingender und druckausübender sieht, als sie es in Wirklichkeit sind. In dem Maß, wie eine Frau defensiv feminin ist, erzeugt seine Externalisation teilweise ein »Vakuum«, das ihre »Bedürftigkeit« erhöht und fördert.

Es ist eine irreführende Abwehrhaltung, die ihn in eine Falle lockt, wenn er sie als verschlingend wahrnimmt oder sie ihn als distanziert sieht, ohne daß beide erkennen, wie der eigene Prozeß die Reaktion, die sie erhalten, übertreibt.

Im allgemeinen bringt die polarisierte Abwehr der Geschlechter folgende Wirkungen hervor: Ihre unterdrückte Aggression bringt sie dazu, Männer als gefährlicher, feindseliger und zorniger wahrzunehmen, als sie es sind, genau wie seine unterdrückte Angst und übertriebene Aggressivität ihn dazu bringt, sie als zerbrechlicher zu sehen, als sie es ist. Dies führt dazu, daß er defensiv beschützend ist und ihre Kämpfe ausficht, wenn sie dies leicht selbst tun könnte und eigentlich nicht will, daß er es für sie tut. Außerdem führt es dazu, daß er sich weigert, ihr seine »wahren Gefühle« zu zeigen, aus Angst, daß er sie »überwältigt«; auch dies ist das Ergebnis seiner übertriebenen Wahrnehmung, in der er sie als übermäßig verletzlich und zerbrechlich sieht.

Aufgrund ihrer unterdrückten Sexualität gibt sie ihm die Schuld, sexuell besessen zu sein und sich nicht beherrschen zu können, genau wie er aufgrund seiner unterdrückten Sinnlichkeit irritiert auf ihre »Forderungen nach Zärtlichkeit und Berühren« reagiert.

Seine unterdrückte Selbständigkeit führt dazu, daß sie ihn als viel bedürfnisloser empfindet, als er ist, und dazu, daß er auf ihren Wunsch nach Nähe überreagiert. Er empfindet ihr Bedürfnis als kindisch.

Ihre unterdrückte Selbstbehauptung und seine unterdrückte Unterwürfigkeit führen bei ihr zu dem Gefühl, daß er sie kontrollieren will, während er sie ablehnt, weil er immer die Entscheidungen treffen muß.

Dadurch werden auf beiden Seiten sich selbst erfüllende Prophezeiungen erzeugt und verstärkt. Jeder erzeugt und fördert genau die Reaktionen, die er ablehnt und fürchtet, und gibt dann dem anderen die Schuld; dies führt unausweichlich zu Entfremdung und Feindseligkeit zwischen den Geschlechtern.

Verkappte Gefühle zwischen den Geschlechtern, die dem Ich dienen

Verkappte Emotionen, die dem Ich dienen, führen dazu, daß Männer und Frauen scheinbar etwas für den anderen fühlen, aber dies tatsächlich im Dienst der Bedürfnisse des eigenen Selbstbildes steht.

Eine Frau fühlt Mitleid und Fürsorge und hat das Verlangen, ihn zu ›nähren‹, oft wenn er dies überhaupt nicht will. Sie gibt ihm etwas, wonach er nicht verlangt, ist aber der Meinung, daß sie es für ihn tut. Sie reagiert zornig und verletzt, weil er nicht positiv oder mit Wertschätzung auf etwas anspricht, das er nicht wollte und von dem er sogar abgestoßen wird.

Die Art von Mitleid und die verständnisvollen Gefühle, die er wirklich will (zum Beispiel, daß seine »un-schönen« Gefühle wie Zorn, Langeweile oder sexuelle Gefühle für andere Frauen mitfühlend akzeptiert werden), läßt sie ihm nicht zuteil werden. Sie will ihm Mitleid geben, wenn es ihren Bedürfnissen paßt, nicht seinen.

Desgleichen hegt er beschützende Gefühle (zum Beispiel »helfen« zu wollen und »für sie dazusein«), von denen er glaubt, daß sie für sie sind, obwohl sie in Wirklichkeit seinen eigenen defensiven Zielen dienen. Durch ihre negative Reaktion auf diese Gefühle, fühlt er sich verletzt. In Wirklichkeit mag sie sich genau das Gegenteil gewünscht haben, aber er konnte ihr Verlangen nicht hören, weil es nicht seinen Bedürfnissen diente.

Sie verbringt Stunden in der Küche, um ein Essen vorzubereiten, das er nicht will. Er fühlt sich unter Druck gesetzt, es zu essen und zu genießen. Andererseits arbeitet er hart und lange »für sie«, wenn sie es lieber sähe, daß er mehr Zeit zu Hause verbrächte. Oder er tut Dinge, um sie sexuell zu »erregen«. Sie dienen aber in Wirklichkeit seiner Befriedigung, nicht ihrer, aber sie fühlt sich unter Druck gesetzt zu reagieren.

Die traditionelle Geschlechterkonditionierung führt dazu, daß Männer und Frauen sich gegenseitig das geben wollen, was unerwünscht ist. Sie hören nicht richtig zu und geben nicht, wonach der andere verlangt. Narzißtische Gefühle werden als »fürsorgliche« Empfindungen verkleidet. Sie dienen dem Ich auf defensive Weise und führen zu Verletzungen und einer Spirale von Mißverständnissen.

Zusammengefaßt läßt sich sagen: Es reicht nicht, »die Gefühle herauszulassen«, dies kann leicht destruktiv sein. Es ist nicht förderlich zu sagen: »Das sind meine Gefühle und ich habe ein Recht auf sie.« Gefühle einfach herauszulassen ist auf lange Sicht schädlicher als alles andere, wenn diese Gefühle das Nebenprodukt der geschlechtlichen Abwehrhaltung sind.

14.

Wir können Menschen zum Mond schicken, aber Beziehungen können wir immer noch nicht handhaben: Untersuchung eines irreführenden Klischees

Dr. Ford befürwortet sinnvolle Beziehungen zu einer vordringlichen Sache zu machen, um die Lebensqualität in der Gesellschaft zu verbessern. Sie tut dies, obwohl sie selbst schon zwei bittere Eheerfahrungen hinter sich hat. Ihre ehemaligen Männer erwähnt sie nicht einmal mehr mit Namen. Sie hatte eine Reihe junger Liebhaber, von denen sie sich zurückzog, sobald sie abhängig oder besitzergreifend wurden (»Warum kann ich nicht die Vorrechte der Männer genießen? Guten Sex, völlige Kontrolle und keinen Bindungsdruck«, vertraute sie ihrer besten Freundin an.)

Vor einer Gruppe von siebenhundert Mitgliedern einer Unitarier Kirche im mittleren Westen hielt Dr. Ford folgende emotional aufgeladene Rede:

»Wenn wir ein Zehntel der Energie und zwei Prozent des Geldes für die Weltraumforschung und Waffenentwicklung statt dessen für die Erforschung von Beziehungen einsetzten – für Kommunikation, Nähe und Fürsorge – könnten wir das Paradies heute in unserer Welt neu erschaffen. Ich werde zornig, wenn ich an all das Geld und an all die Zeit denke, die in unserer Gesellschaft für negative Dinge verschwendet werden, für Krieg, Drogen, Krankheiten, Verbrechen, während die Bitte an die Regierung um ein Stipendium von dreißigtausend Dollars für die Erforschung der psychologischen Komponenten der Liebe oder der Vorschlag, ein Budget für ein Ehe- und Elterntraining aller Neuverheirateten bereitzustellen, einfach ausgelacht oder ignoriert wird. Ich könnte an die Decke gehen. Was müssen wir denn noch tun, damit diese paranoiden, zynischen Politiker einsehen, daß man sich auf das Positive konzentrieren muß, wenn man Positives erreichen will. Es hängt von uns ab, was wir aus unserem Leben machen. Und ich bin der Meinung, daß es an der Zeit ist, Wärme und menschliche Bindung zu betonen statt Technologie und Macht. Wenn wir Menschen zum Mond schicken können, können wir sicherlich lernen, mit persönlichen Beziehungen zurechtzukommen und sie zu verbessern.«

Das Klischee, das in vielen verschiedenen Variationen des Themas ausgedrückt wird, daß wir Menschen zum Mond schicken können und daher in der Lage sein sollten, mit Beziehungen zurechtzukommen, verkörpert die allgemeine, pseudopsychologische Vorstellung, daß Beziehungen auf der einfachen Mechanik von Schwerpunkt und Bemühung beruhen. Die zugrundeliegende Idee besagt, daß wir sicherlich durch die Anwendung der gleichen Menge von Energie und Willen auf die persönliche Seite des Lebens die Beziehung zwischen Mann und Frau dramatisch verbessern können, wenn wir so brillant sind und durch die Eroberung des Weltraums die Geheimnisse des Universums erforschen können.

Diese Behauptung kann auch als eine Aussage gegen die »Prioritäten« der Männer betrachtet werden. Von welchem Geschlecht wird traditionell behauptet, daß es mechanisch ist und sich der Konzentration auf Beziehungen widersetzt? Vom männlichen. Es wird also folgendes gesagt: »Wenn die *Männer* es *wirklich* wollten, könnten sie sich der Verbesserung der Beziehungen in Ehe und Familie widmen, und die Welt wäre ein viel besserer Ort.«

Dies ist eine verführerische, irreführende Vorstellung. Sie übersieht unbewußt die zugrundeliegende Dynamik der Männlichkeit, die bei der Konditionierung der Männer zum Tragen kommt und die es ermöglicht, Menschen zum Mond zu schicken. Das heißt, derselbe defensive Prozeß, der es Männern ermöglicht, sich auf das Technische zu konzentrieren und dort geniale Dinge zu vollbringen, distanziert sie unbewußt von der persönlichen Seite des Lebens und von den menschlichen Beziehungen und macht sie in diesem Bereich »inkompetent«.

Ferner ist es ein irreführendes Klischee, weil es suggeriert, daß Beziehungen und ihr Erfolg eine Sache von bewußtem Verlangen und Bemühung sind. Wir hören oft, daß das Wichtigste auf der Welt die Menschen sind, warum geben wir ihnen also nicht den Vorrang? Die klassische, irreführende Schlußfolgerung ist, daß es ein trauriges Zeichen ist, daß »Objekte wichtiger geworden sind als Menschen«.

Aber die Männer treffen nicht die Wahl, mechanischen Objekten den Vorrang zu geben. Auch der Arbeit geben sie nicht den Vorrang, selbst wenn es an der Oberfläche so scheinen mag.

Die tiefere psychologische Realität für Männer und für die Männlichkeit ist, daß persönliche Beziehungen unbewußt bedrohlich, frustrierend und unbefriedigend sind. In der polarisierten Beziehung zwischen Mann und Frau und innerhalb der traditionellen Familiendynamik *kann* ein Mann *nicht* einfach durch einen Willensakt anders sein, selbst wenn er es wollte, und das *ist* der Wunsch der meisten Männer.

In dem Maß, wie er nicht in der Lage ist, »als Mann« Leistung zu zeigen, das heißt, technologischer und zielorientierter Leistungen fähig zu sein, würde er sich selbst gegenüber kein gutes Gefühl haben und auch nicht attraktiv für eine Frau sein. Es ist ja gerade die Grundlage der Anziehung zwischen einem polarisierten Paar, das traditionell männlich/weiblich ist, daß er die maskulinen Fähigkeiten verkörpert und sie die weiblichen. Ein Mann kann eine Beziehung nicht aufrechterhalten, wenn er von Selbsthaß erfüllt ist oder wenn er von sich selbst und von seiner Frau als Versager oder Verlierer erfahren wird. Dies passiert, wenn Männer sich nicht männlich genug geben.

Menschen zum Mond zu schicken ist eigentlich ein Symbol des männlichen Streben nach externalisierten Zielen. Es gibt den Männern untereinander Bestätigung und macht sie in den Augen der Frauen attraktiv. Aber die defensive Konditionierung, die ihn zielkonzentriert und leistungsorientiert macht, ist genau der Prozeß, der auch seine Fähigkeit für persönliche Beziehungen schwächt oder völlig auslöscht. Die maskuline

Konditionierung externalisiert ihn und distanziert ihn, wodurch er auf der persönlichen Seite seines Lebens Angst und Unbehagen erfährt, während er, immer wenn er sich auf »unpersönliche« Objekte, Ziele und Abstraktionen außerhalb seines Ichs konzentriert, Angstreduzierung, Befriedigung und das Gefühl, ein Mann zu sein, erfährt.

Die Elemente seiner Männlichkeit, die ihn am Anfang für eine Frau »auf romantische Weise« attraktiv machen und die ihn als männlich definieren (ehrgeizig, produktiv, aggressiv, entscheidungsfreudig, logisch, selbständig usw.) entwickeln sich *auf Kosten seiner Internalisierung oder seiner Fähigkeit, eine Beziehung von Mensch zu Mensch zu haben*. Mit anderen Worten: Je maskuliner er ist, desto weniger *kann* er sich in persönliche Beziehungen einbringen, unabhängig davon, ob er es *will* oder nicht. Machos, die *versuchen*, sich miteinander auf menschliche Weise auseinanderzusetzen und unausweichlich auf die defensiven Barrieren treffen, sind sich dieser Unmöglichkeit voll bewußt.

Abhängig vom Grad seiner maskulinen Konditionierung erfährt er Menschen unbewußt nicht als Menschen. Die Feministinnen haben uns gesagt, daß Männer Frauen nicht als Menschen erfahren, sondern eher als Objekte zur Bedürfnisbefriedigung. Das stimmt, denn im Verhältnis zu seiner maskulinen Konditionierung bezieht sich ein Mann auf Menschen, auf Männer oder Frauen, im allgemeinen auf externalisierte, mechanische Art und Weise, weil er von seinem inneren Ich, das durch seine Konditionierung unterdrückt wurde, abgeschnitten ist. Mit diesem Teil seines Ichs wieder Verbindung aufzunehmen bedeutet, das Gefühl, »ein Mann zu sein«, zu verlieren, daher vermeidet er es unbewußt.

Frauen sind Objekte oder Besitztümer, die er unbewußt benutzt (er *glaubt*, daß er sich mit ihnen auseinandersetzt und liebevoll *ist*), und die ihn wiederum manipulieren. Andere Männer sind Konkurrenten oder Verbündete bei der Verfolgung seiner Ziele. Kinder sind Objekterweiterungen seines Ichs, wenn es seine eigenen sind. Weil er durch Isolation und Einsamkeit, die aus seiner Externalisation resultieren, große Spannungen aufbaut, braucht er den Kontakt zu Menschen, aber er kann sich selbst mit seiner Familie nicht auf echte persönliche Weise auseinandersetzen. Es ist eine Beziehung von Objekt zu Objekt. Er kann mit ihnen auskommen und Dinge für sie tun, aber er ist nicht in der Lage, mit ihnen zu *sein*, abhängig vom Grad seiner maskulinen Abwehr oder der unbewußten Prozesse, die die Erfahrung, »sich wie ein Mann zu fühlen«, verursachen.

Die feminine Frau erfährt den Mann ebenfalls nicht *als Menschen*. Sie ist auch nicht in der Lage, ihn wirklich zu mögen, weil sie abhängig vom Ausmaß ihrer Weiblichkeit vor der Externalisation Angst hat, sich ihr widersetzt und ihn braucht, damit er ein Gleichgewicht zu ihren Ängsten bildet. Er wird zu einem Objekt *ihrer* Bedürfnisbefriedigung, und in dem Maß, wie er nicht in der Lage ist, ihr dies zu bieten und sich nicht »um sie kümmern will«, verliert sie das Interesse an ihm oder wird zornig auf ihn.

Sie glaubt, daß sie Liebe, Nähe, Kontakt und Kommunikation will, aber sie »benutzt« ihn, genau wie er sie »benutzt«. Außerdem versucht sie, Intimität von einem Mann zu bekommen, der im Verhältnis zu seiner maskulinen Externalisation nicht in der Lage ist, ihr diese zu geben.

Die Beziehung zwischen der femininen Frau und dem maskulinen Mann ist keine Beziehung zwischen zwei Menschen. Aus diesem Grund ist die Verbindung zerbrechlich, flüchtig und leicht zerstörbar. Sie sagt also zu ihm: »Du widmest deine ganze Energie deiner Arbeit und deinen selbstsüchtigen Zielen, und das machst du ausgezeichnet; sicherlich könntest du ein kleines bißchen dieser Energie in unsere Beziehung einbringen und sie verbessern.« Dies ist jedoch irreführend. Es macht ihn »verrückt«, weil er es tatsächlich *nicht kann*. Es läßt sich damit vergleichen, wenn er zu ihr sagt: »Du weißt alles über Beziehungen. Warum lernst du nicht, wie man eine Firma leitet oder neues kompliziertes technisches Gerät entwirft, indem du dich einmal darum kümmerst?« Abhängig vom Grad ihrer »Weiblichkeit« und Internalisierung wird sie sich defensiv widersetzen.

Ähnlich trifft es häufig zu, daß die Frau eines Arztes zu ihrem Mann sagt: »Du kümmerst dich um deine Patienten und widmest dich ihnen. Warum kannst du dich nicht deiner Familie gegenüber so verhalten?« Sie hat die Illusion, daß er, wenn er in der Lage ist, das eine zu tun, auch das andere wählen kann.

Unbewußt sind jedoch seine Patienten keine Menschen für ihn. Sie sind Objekte oder Erweiterungen seines Ichs. Sie sind kontrollierbar wie Objekte, und so bezieht er sich auch auf sie, trotz seiner »Nettigkeit«. Wenn sie »unkontrollierbar« werden, kann er die Arbeit mit ihnen aufgeben, oder sie gehen aus Enttäuschung von alleine weg, wenn sie das Bedürfnis haben, eine Beziehung zu ihm zu haben, der er sich widersetzt. Patienten stellen an ihren Arzt keinen Anspruch auf Nähe. In den Augen der Patienten ist der Arzt ein Objekt und ein Symbol, über das sie möglicherweise Phantasien haben, aber dessen Realität sie selten, wenn überhaupt, zu sehen kriegen. Wenn dies der Fall wäre, wären sie wahrscheinlich desillusioniert und fühlten sich bedroht durch den Spalt zwischen seinem Image und seiner persönlichen Realität.

In seinem Privatleben werden Forderungen an ihn gerichtet, sich so in eine Beziehung einzubringen, wie er es *scheinbar* tun kann, weil er aufgrund seines Verhaltens im Beruf zu solch persönlicher Fürsorge, Betroffenheit und Hingabe fähig scheint. Dies ist jedoch eine Illusion. Berufliche Eigenschaften sind qualitativ verschieden von dem, was in einer echten persönlichen Verbindung nötig ist. Was zum Beispiel einen Arzt motiviert und ihm ermöglicht, ein großer Chirurg zu sein, externalisiert ihn so sehr, daß er in seiner persönlichen Interaktion mechanisch ist. Er kann sich intellektuell mit einem Menschen auseinandersetzen oder durch sein Handeln und in seiner Versorgerrolle, aber nicht auf die Weise, die Frauen meinen, wenn sie von »Intimität«, »Offenheit« und »Nähe« sprechen. Dies frustriert seine ehemals »hingebungsvolle«, »bewundernde« Partnerin, die glaubt, daß er sich absichtlich und selbstsüchtig zurückhält, und sie wird zornig. Sie hat ihn in erster Linie für seine Symbole gewählt, nicht für seine Realität, baut aber durch ihre Internalisierung eine starke Intimitäts- und Vereinigungsfrustration auf, die er *nicht* befriedigen *kann*. Es ist allgemein bekannt, daß die Frauen von Ärzten in ihren Ehen Zorn und Schmerz aufbauen.

Ähnlich könnte eine Unterhaltung zwischen einem Pastor und seiner Frau ablaufen. Möglicherweise sagt sie zu ihm: »Du liebst Menschlichkeit, und du liebst die Menschen. Warum bist du zu Hause gegenüber deiner Familie so kalt und desinteressiert?« Er ist der große Kommunikator auf der Kanzel und vor seiner Gemeinde, aber er scheint ihrer Meinung nach nicht in der Lage zu sein, seiner Frau und seinen Kindern gegenüber wirklich persönlich und geduldig zu sein, während seine Familie meint, daß er es nur *wirklich* wollen müsse.

Die Unfähigkeit dieser Männer, ihren eigenen Familien nah zu sein, sich mit ihnen auseinanderzusetzen, während sie sich »allen anderen« gegenüber so zu verhalten *scheinen*, ist kein böser Wille oder Fehlen von Prioritäten. Psychologisch gesehen sind beide qualitativ verschiedene Dinge und gegensätzlich. Egal, wie persönlich ein Mann in seinem Beruf zu sein *scheint*, sind die Menschen, mit denen er in einer Wechselbeziehung steht, in Wirklichkeit kontrollierbare Objekte, von denen er sich so weit distanzieren kann, wie es für ihn angenehm ist. Er funktioniert sicher in seiner Rolle und nicht in seiner Persönlichkeit, auch wenn dies nicht offensichtlich ist, weil er beteiligt *zu sein scheint*.

Es gibt viele »große Männer« – Dichter, Wissenschaftler, Professoren, humanistische Denker, Missionare und Ärzte – deren Arbeit beeindruckend und sehr humanistisch war, während ihr Privatleben einem Scherbenhaufen glich. Ihre Frauen hatten Nervenzusammenbrüche und unternahmen Selbstmordversuche. Ihre Kinder waren in unterschiedlichem Ausmaß, verstört, sie waren drogenabhängig oder einfach nicht produktiv.

Es ist in der Tat mehr als wahrscheinlich, daß es eine umgekehrte Beziehung zwischen der Fähigkeit und dem Erfolg eines Mannes in seinem Berufsleben und seiner Fähigkeit und seinem Erfolg zu Hause gibt. So sehr er es auch versucht (und es auch *tut*, bis er den unmöglichen Versuch »aufgibt«), hindert ihn eine unsichtbare Wand daran, in der »persönlichen« Arena erfolgreich zu sein. Ähnlich erlaubt es die feminine Konditionierung der Frau, daß sie intensiv und tief mit den persönlichen Aspekten ihres Lebens verbunden ist, dies aber die Fähigkeit zu anhaltender, zielorientierter, unpersönlicher Produktivität, abstrakten Beziehungen und externen Machtspielen zusammenschrumpfen läßt und zerstört.

Weil der Prozeß, eine gute Beziehung zu schaffen, zum größten Teil nicht faßbar ist, scheint es oft einfach eine Sache des guten Willens, von Zeit und Mühe zu sein – etwas, das für jeden, der es »wirklich« will und bereit ist, daran zu arbeiten, einfach erreichbar *sein sollte*. Verglichen mit der Leistung, einen Menschen zum Mond zu schicken, sollte es für einen gesunden Menschen eigentlich eine einfache Sache sein, eine »gute« Beziehung zu schaffen.

Die Phantasievorstellung, »weder auf das eine noch auf das andere verzichten zu müssen«

Was *wirklich* gemeint ist, wenn wir sagen, daß Männer Beziehungen den Vorrang geben müssen, ist, daß wir weder auf das eine noch auf das andere verzichten wollen, indem wir die Qualitäten bewahren, die einen jungen Mann zu einem kreativen und engagierten Techniker machen, während wir darüber eine gleichwertige Fähigkeit für Beziehungen lagern. *Tatsächlich macht der psychologische Sog, der das eine ermöglicht, das andere in demselben Maß unmöglich.*

Die technologische Perfektion, die in der Männlichkeit zum Vorschein kommt, ist verbunden mit der unbewußten Distanziertheit des Mannes von der persönlichen Welt. Typischerweise ist zum Beispiel der hingebungsvolle Wissenschaftler oder kreative Ingenieur ein Mensch, der Tage oder Wochen ohne Schmerz oder Frustration seiner Arbeit im Labor nachgehen oder hinter einem Computer sitzen kann (obwohl er möglicherweise Schuldgefühle hat). Er arbeitet, um seine Forschungsziele zu erreichen, ohne nagenden Hunger nach persönlichem, »intimem« Kontakt, der vielleicht über eine Erleichterung sexueller Spannung hinausgeht, solange er weiß, daß seine Frau und seine Familie noch da sind und auf ihn warten. Er fühlt sich sogar wohler, wenn er »in Ruhe gelassen« wird. *Unbewußt besteht seine Fähigkeit, extern zielorientiert zu sein, in einer unpersönlichen Umgebung in dem Maß, wie die persönliche Wechselbeziehung ihm ein Gefühl von Unbehaglichkeit gibt, und unbewußt versucht er, dies zu vermeiden.*

In einer Fernsehdokumentation über Roboter wurde neulich ein anschauliches Beispiel der unbewußten Distanziertheit der Männlichkeit gegeben. Der Wissenschaftler, der befragt wurde, machte beiläufig diese unglaubliche und aufschlußreiche Bemerkung: »Roboter sind unsere Kinder.« Dies sagte alles über sein Unterbewußtsein aus, denn in der Tat erfährt er auf einer tieferen Ebene seine mechanischen Kreationen *genauso* – als lebendige Wesen und Erweiterung seiner selbst. Es ist eine Variation der vielen Männer, die leidenschaftlich an ihren Autos, Booten und Computern hängen und sich mit ihnen beschäftigen, aber ungeduldig werden und sich unbehaglich fühlen, wenn sie »gezwungen« werden, eine persönliche Unterhaltung zu führen oder mit ihrer Familie eine Wechselbeziehung zu haben. Roboter sind wahrscheinlich für diesen Wissenschaftler richtigen Kindern vorzuziehen, weil sie kontrollierbar sind und und keinen persönlichen Druck ausüben.

Die Phantasie, weder auf das eine noch auf das andere verzichten zu müssen – der Glaube, daß man alle Belohnungen der Externalisation ernten kann (materiellen Reichtum, Macht und Erfolgssymbole usw.), und eine persönliche Welt haben kann, die Humanität, Ökologie usw. betont – ist vielleicht die größte, irreführendste und verhängnisvollste Illusion unserer Zeit. Es ist wahrscheinlich sehr bedrückend für Frauen und Männer, die Perfektionisten sind und glauben, daß diese Vorstellung funktionieren kann, wenn man es nur stark genug versucht. Sie ermüden, werden zerstört und verbittert, wenn sie es versuchen.

Tatsächlich erfahren heute viele »emanzipierte« Frauen den Schmerz dieser Illusion und müssen den Preis zahlen. Sie haben erfolgreiche Karrieren, aber ihr Privatleben ist in schmerzhafter Unordnung. Sie sind in der Illusion gefangen, daß es nur eine Frage der bewußten Wahl ist und daß ihre Prioritäten verzerrt sind. In der Tat hat ihr defensiver Prozeß, der sie externalisierte und es ihnen erlaubte, wie Männer erfolgreich Karriere zu machen, ihre persönlichen Erfahrungen und Beziehungen so spröde, zerbrechlich, schmerzlich und konfliktbeladen gemacht, wie sie es schon immer für den maskulinen Mann waren.

Viele Männer versuchen, die Rolle des neuen Supermannes zu spielen, erfolgreich im Beruf und großartige Ehemänner und Väter zu Hause zu sein. Sie sind ebenfalls das Opfer dieser Phantasie, »weder auf das eine noch auf das andere verzichten zu müssen«, sie ermüden und sind hin- und hergerissen, wenn sie versuchen, dies zu erreichen. *Das Äußerste in der Externalisation und in der Internalisierung gleichzeitig zu erreichen, ist eine psychologische Unmöglichkeit, denn das eine besteht in dem Maß, wie das andere nicht besteht. Man kann nicht beides zusammen haben. Man kann die Dinge nur so manipulieren, daß zeitweilig der Anschein besteht, daß man weder auf das eine noch auf das andere verzichten muß.*

Wenn wir immer stärker externalisiert werden, wird die Fähigkeit, mechanische Erfindungen zu machen, eindrucksvoll, aber zu einem hohen Preis. In der modernen Medizin zum Beispiel werden Distanziertheit und Externalisierung durch Erfindungen der letzten Zeit (zum Beispiel mechanische Herzen und stark verfeinerte technologische, medizinische Behandlungen, die wieder die Phantasie, alles haben zu können, ermutigen) bestätigt. Es ist eine Phantasievorstellung, weil derselbe Prozeß, der es uns gestattet, diese mechanischen Teile zu entwickeln, uns von unserem Körper distanziert und unsere Fähigkeit lähmt, auf unseren Körper natürlich und instinktiv zu reagieren. So kommt es zu Krankheiten, für deren Heilung dann mechanische Lösungen gefunden werden. *Der Prozeß, der für die »Heilmittel« sorgt, ist derselbe Prozeß, der die Krankheit erzeugt.* Daher entzieht sich die »Hoffnung« uns immer.

Die technologische Zauberei unserer Tage hat eine Schattenseite, die aus einer Unzahl körperlicher und emotionaler Probleme besteht, die direkt aus der Distanziertheit, durch die sie ermöglicht werden, zutage treten. Frauen tragen indirekt in dem Maß dazu bei, wie ihre internalisierte Weiblichkeit unbewußt fordert, daß Männer zielorientiert und externalisiert sind. *Frauen und Männer zusammen, nicht die Männer allein, fördern die Zerbrechlichkeit menschlicher Bindungen.*

Aus dem männlichen Unterbewußtsein tritt eine zwanghafte Besessenheit mit der Arbeitswelt zutage, die mit zweckmäßiger Produktivität wenig zu tun hat. Es ist Arbeit im Dienst der Angstreduzierung, der persönlichen Distanzierung, der Untermauerung des männlichen Egos, aber *nicht* im Dienst des *Lebens*. Der leistungsorientierte Mann ist in seiner Produktions-/Leistungsbesessenheit gefangen. Arbeit ist nicht Arbeit an sich. Es ist eine Flucht vor der Internalisierung und eine Bestätigung des Egos.

Ebenso hat die weibliche Fähigkeit für »Liebe« und die Beschäftigung mit Beziehungen auch nichts mit Liebe zu tun. Es ist »Liebe« im Dienst der Internalisierung und Angst und Widerstand gegen das Äußerliche. Die Beziehung steht im Dienst der Angstreduzierung und der defensiven Bedürfnisbefriedigung. *Die Konzentration der Frau auf Beziehungen ist genauso defensiv motiviert wie die Produktionsbesessenheit des Mannes.*

Je externalisierter, je stärker objektorientiert, arbeits- und zielbesessen er ist, desto leichter wird der Erfolg in der externen Welt und desto unmöglicher werden persönliche Beziehungen. Genauso gilt: Je internalisierter sie als Ergebnis ihrer weiblichen Konditionierung wird, desto zwanghafter wird ihre Konzentration auf Beziehungen, sie gerät außer Kontrolle. Sie »liebt zu sehr« auf defensive Weise, und ihre externe Funktion ist beeinträchtigt.

Ist ihre defensive Besessenheit mit »Liebe« besser als seine fehlende Fähigkeit für persönliche Bindung, wenn ihre Besessenheit mit dem Persönlichen dazu führt, daß sie sich in ihre fürsorgliche Rolle zu sehr einbringt und sie zu stark entwickelt, während sie sich mit einem Aufstauen von Zorn gegenüber dem Mann, den sie ihren Bedürfnissen gegenüber als unsensibel und frustrierend empfindet, krank macht?

Zum gegenwärtigen Zeitpunkt wissen wir nicht einmal, was eine gute Beziehung ist. Bewußte Versuche, sie zu schaffen, waren nicht erfolgreich. Sicherlich hat niemand den Beziehungen mehr Vorrang gegeben als Psychologen, Psychoanalytiker und Therapeuten im großen und ganzen. Aber ihre erzielten Leistungen in Ehe und Familie sind sicherlich nicht besser als die der Bevölkerung im allgemeinen. Viele Männer und Frauen vom Fach haben sich der Untersuchung von Beziehungen gewidmet, haben gelernt, wie man ein offenes Fließen zwischen sich und seinen Partnern aufrechterhält, und trotzdem war es nicht genug. *Wir kennen das Bild oder Ideal einer guten Beziehung, aber wir kennen nicht ihre Realität.*

Beziehungen sind keine Sache von bewußten Entscheidungen. Man kann nicht mit einer einfachen intellektuellen Änderung der Meinung und des Verständnisses beschließen, Beziehungen den Vorrang zu geben. Aber man kann vielleicht beschließen, daran zu arbeiten, dem Prozeß, der Frauen und Männer weniger defensiv männlich bzw. weiblich macht, ein neues Gleichgewicht zu geben. *Dies ist gleichzeitig Herausforderung und Hoffnung.*

Einem Mann zu sagen: »Wenn du diese mechanischen Dinge so wunderbar erledigen kannst, könntest du mehr Zeit und Mühe für deine Beziehungen aufwenden«, muß daher als quälende, irreführende Illusion erkannt werden, die ihn »verrückt« macht, wenn er ihr glaubt und es »versucht«. Er wird sich noch mehr hassen, wenn seine größten Bemühungen erfolglos bleiben. *Sein zugrundeliegender Prozeß und das Maß seiner maskulinen Abwehr setzen Grenzen für seine Fähigkeit, sich persönlich einzubringen, und nicht seine Absichten oder seine »Prioritäten«.*

15.

Männliche Selbstzerstörung:
Eine fortwährende Tragödie

Jim Tyrer war einer der weltbesten Footballspieler. Seine Aufgabe im Team bestand darin, die Stürmer anzuführen und seinen Angriffsspieler zu schützen. Jim tat dies mehr als zehn Jahre lang als professioneller Angriffsstürmer für die Kansas City Chiefs. »Wenn man einen Urtyp aus einem Sears Roebuck-Katalog herauspicken sollte, wäre Jim Tyrer genau der richtige Mann«, sagte sein langjähriger Trainer.

Nachdem seine Football-Karriere beendet war, blieb Jim Tyrer ein stark motivierter Arbeiter und ein zuverlässiger Bürger seiner Gemeinde. Einige seiner Geschäftsvorhaben waren jedoch nicht erfolgreich, und er war hochverschuldet.

»Wie geht's, Jim?« fragte die Sekretärin des Trainers der Chiefs, bevor Tyrer, Vater von vier Kindern, seine Frau tötete und dann Selbstmord beging. »Prima«, antwortete er lächelnd, nachdem er mit seinem jüngsten Sohn Jason das Spiel des Kansas-Teams gegen Seattle angesehen hatte.

Irgendwann in dieser Nacht »entschied« der einundvierzigjährige Jim Tyrer, daß er mit seinem Versagen nicht fertig würde und daß sein Leben »nicht mehr lebenswert« wäre. Man fand die Leichen in einem Schlafzimmer im ersten Stockwerk seines Hauses.[1]

James Peres »stellte« den selbstzerstörerischen, selbsthassenden Kern seiner Männlichkeit in reiner Form »dar«. 1980 nahm er an einem Cowboy-Wettbewerb teil, der von einem Kasino gesponsort wurde, und war einer der fünf Finalisten im Duell mit einem mechanischen Pferd. Seine Freundin war unter den Zuschauern, als er den Wettbewerb verlor. Nachdem der Gewinner bekannt gegeben worden war, soll er gesagt haben: »Du liebst mich nicht mehr, weil ich nicht gewonnen habe.« Er beging Selbstmord.[2]

Und da ist noch der Fall von Ronald Miller, einem ehemaligen Marinesoldaten und Bauarbeiter, der für diese Art maskuliner Selbstverneinung im Alter von dreiundzwanzig Jahren den Preis zahlte. Er starb an Kopfverletzungen, die er sich während des ersten Wettbewerbs ›Harter Kerle‹ in Pennsylvania zugezogen hatte, weil er gegen einen Mitstreiter, der 250 Pfund wog, angetreten war, obwohl er selbst nur 167 Pfund wog.[3]

Auch Vic Ayvazian wurde ein Opfer selbstzerstörerischer männlicher Härte. In La Verne, Kalifornien, kämpfte er mit einem kräftigeren Gast im Last Chance Saloon, in dem der »härteste Cowboy« gesucht wurde. Siebenundvierzig Tage nachdem er zusammengeschlagen worden war, starb er im County-USC Medical Center, ohne das Bewußtsein wiedererlangt zu haben.[4]

An den äußersten Enden des geschlechtsdefensiven Kontinuums existiert ein selbstzerstörerisches, »psychotisches« und explosives Potential im männlichen Unterbewußtsein. Es sind Momente einer intensiven, irrationalen, destruktiven Eigenschaft. Der gefürchtete Sog der Männlichkeit droht durch ein auslösendes Ereignis offengelegt zu werden, das eine »Schwäche« erzeugt und einem Ausbruch führt, der »außer Kontrolle« gerät. Die richtigen und ausreichenden Stressoren vorausgesetzt, besteht dieses psychotische Potential in allen traditionellen maskulinen Männern. Es ist jedoch besonders stark bei Männern vorhanden, die normalerweise überhaupt keine Verbindung zu ihrem tieferen unbewußten Prozeß haben und sich dieses Prozesses nicht bewußt sind.

Weil die defensiven Prozesse, die der Geschlechterkonditionierung zugrunde liegen, »unsichtbar« und so sehr Teil des Mannes sind, daß sie als selbstverständlich betrachtet werden, da sie das Gefühl von »Männlichkeit« erzeugen, wird das »Irrsinnige« des Verhaltens selten erleuchtet oder untersucht. Männer wie Jim Tyrer und James Peres tun uns leid, und wir nehmen an, daß dies nur extreme Fälle sind. Aber diese Erfahrungen, in denen der tiefere Prozeß, der in traditionellen Männern vorhanden ist, direkt vorgeführt wird, lehren uns viel über den »Sog«, der ein ständiger, grundlegender Teil aller Männer ist, die maskulin konditioniert wurden.

Diese Episoden »zeitweisen Verrücktseins« halten das Verbotene im Innern aus dem Bewußtsein fern und erlauben es dem Mann zu vermeiden, mit seinen Gefühlen und Impulsen wie Angst, Versagen, unannehmbaren sexuellen Wünschen, Schwäche, weiblichen »Gefühlen«, Impulsen, sich zu unterwerfen, oder starker Bedürftigkeit fertigzuwerden. Ein Ereignis löst ein oder mehrere dieser vergrabenen Gefühle oder Wünsche aus und »startet das Ganze«, was zu dem destruktiven Ereignis oder zu der Gegenreaktion führt.

Alle Berichte in diesem Kapitel stammen aus den Massenmedien. Jedes Ereignis beleuchtet einen Aspekt des maskulinen selbstzerstörerischen Potentials.

Männliche Allmacht und die Angst, die Angst zuzugeben

Im Luftraum

Bei Männern besteht eine *unbewußte* Gleichung zwischen »Rückzug«, dem Eingeständnis von »Unwissenheit« oder Unsicherheit und Unmännlichkeit. Die Crew des PSA-Fluges 182, dessen Absturz bei einem der schwersten Unglücke der Luftfahrt bisher in diesem Land 144 Menschen das Leben kostete, hatte dem Titelbericht der *Los Angeles Times* zufolge der Flugkontrolle nicht mitgeteilt, daß sie die Cessna, vor der sie gewarnt worden war und die genau vor ihnen herflog, aus den Augen verloren hatte. Dem Bericht zufolge sagten sie der Mannschaft im Tower, daß *sie glaubten zu wissen*, wo die Cessna sei, während alle fünf Männer im Cockpit tatsächlich intensiv nach ihr suchten, Augenblicke, bevor die beiden Flugzeuge zusammenstießen.

Der PSA-Pilot berichtete der Flugaufsicht, daß er »Verkehr in Sicht« hatte und im Sichtflug auf sicherer Entfernung bleiben würde. An dieser Stelle ging die Hauptverantwortung, sichere Entfernung zur Cessna zu bewahren, von der Flugaufsicht auf den PSA-Piloten über. Die Mannschaft im Lindbergh-Tower erhielt eine unpräzise und unsichere Antwort von dem Piloten, als sich der Abstand zwischen den beiden Flugzeugen verringerte, weniger als eine Minute bevor die Flugzeuge zusammenstießen; der Pilot schien unsicher zu sein, wo die Cessna war. Die Flugaufsicht wurde jedoch nicht aufgefordert, das Flugzeug herunterzuziehen. »Der Pilot schien nicht beunruhigt«, sagte die Flugaufsicht.[5]

Die aufgezeichnete Unterhaltung zwischen dem Kapitän und dem ersten Offizier bei dem verhängnisvollen Flugzeugabsturz der Air Florida in den Potomac in der Nähe des Flughafens von Washington war in ihrer Demonstration unbewußter Abwehrmechanismen auf ähnliche Weise offenbarend und bedrückend. Eine halbe Stunde bevor Flug 90 zu einer tragischen Statistik wurde, äußerte der erste Offizier eine Warnung. »Soll ich der Flugaufsicht sagen, daß wir ›vorübergehend indisponiert‹ sind?« fragte er. Das Flugzeug war enteist worden, war aber wieder ›sehr schwer‹ geworden. Auf dem Tonband ist es fünfundzwanzig Sekunden lang still, und dann ließ der erste Offizier, möglicherweise verlegen, weil er zu nervös schien, seine Sorge fallen. »Es sind fünfundzwanzig Grad. Es ist eigentlich nicht zu kalt.« Zeigten beide vorgetäuschte Lässigkeit?

Der Flugschreiber lief weiter, und man hörte, wie der erste Offizier eine Bemerkung über ein anderes Flugzeug machte, das gerade auf dem Landeanflug war. »Siehst du, wie das Eis hinten herunterhängt? Siehst du das?«

Der Kapitän sah mögliche Probleme voraus. Zwanzig Minuten vor dem Start erwähnte er, daß er zum Hangar rollen wolle, um die Maschine »enteisen« zu lassen. Der erste Offizier stimmte zu, aber dann betrat eine Stewardess das Cockpit. Offenbar lenkte sie die beiden ab, denn das Thema wurde gewechselt, und man unterhielt sich über belanglose Dinge. Sie sagte: »Mir gefällt es hier draußen... Es sieht schön aus, wie die Reifenspuren im Schnee verlaufen.« Der erste Offizier antwortete: »Es macht Spaß.« Aber das konnte nicht wirklich seine Meinung sein, weil er erst zwei Minuten vorher über den verdammten Schnee geflucht hatte.

Fünfzehn Minuten später bemerkte der Pilot wieder die dicker werdende Eisschicht. Er bemerkte: »Verdammt, das hier ist ein aussichtsloser Kampf. Ich versuche, diese Dinger zu enteisen ... Ich will nicht mit diesem ganzen verdammten Vergasereis überall losfliegen.«

Der Kontrollturm befahl ihm, in Position zu gehen und zu warten. Es war immer noch nicht zu spät, als der erste Offizier zum Kapitän sagte: »Matschige Rollbahn. Soll ich irgendwas Besonderes machen oder sollen wir einfach normal los?« Der Kapitän fragte, was er meine, und der Pilot sagte, wie er das Vorderrad früh hochziehen und »sie fliegen lassen« wolle. »Ich werde sie auf 1,5, vielleicht auch 1,6 zurückziehen – hängt ganz davon ab, wieviel Angst wir haben.« Und sie lachten.

Es war das letzte Mal, daß sie lachten. Um 15.50 Uhr hob das Flugzeug ab. Das Wagnis, das sie nie hätten eingehen sollen, endete um 16.01 Uhr.[6]

Im Straßenverkehr

Bei den neunhundert Unfällen in und um Los Angeles, die an der Universität von Südkalifornien von einem Professor für Sicherheitsfragen untersucht wurden, trugen 78 Prozent der getöteten Motorradfahrer keinen Helm. Untersuchungen zu Beginn der achtziger Jahre zeigten, daß Todesfälle nach Motorradunfällen um 46 Prozent zunahmen, nachdem einzelne Staaten die Helmpflicht wieder aufgehoben hatten.

Trotz der Tatsache, daß sich bei Motorradfahrern die Chance, getötet zu werden, verdreifacht, wenn sie keinen Helm tragen, und zwei bis viermal soviel Kopfverletzungen davontragen, sind die Schnellstraßen immer noch voll von jungen Männern, die auf diesen Straßen in einem Allmachtsgefühl ohne Helm entlangrasen. Sie sind nur einen Augenblick vom Tod, der das Resultat eines Zusammenstoßes mit einem Auto, eines Ölflecks, eines Moments der Unachtsamkeit oder des sadistischen Impulses eines Autofahrers wäre, entfernt. Diese Realitäten scheinen jedoch auf die vielen »Machos« keinen Eindruck zu machen, die auch weiterhin ohne Schutz fahren.[7]

Hoffnungslose Machos

Wem fehlte in dem Mordfall von Dorothy Stratten, dem Playmate des Jahres 1980 im *Playboy*, das Selbstbewußtsein, so daß das Urteilsvermögen, das vonnöten war, beeinträchtigt wurde? Ihr manipulierender, verzweifelter Ehemann leitete die Tragödie ein und trug sie direkt aus, indem er sie »benutzte«, während er scheinbar die völlige Kontrolle über sie hatte. Er begann als »Meister« und endete hoffnungslos abhängig von ihr, ohne Kontrolle über sich selbst zu haben, bis er an dem Punkt angelangt war, an dem der Tod besser schien, als ohne sein »Objekt«, seinen »Besitz« und mit seinem zerschlagenen männlichen Ich zu leben.

Dann war da noch Dorothys intellektueller und talentierter Regisseur Peter Bogdanovich. Sein brillantes Können reichte jedoch nicht aus, ihm die tödlichen Gefahren mitzuteilen, denen sich ein Mann aussetzt, der sich mit der jungen und schönen Frau eines besitzgierigen, abhängigen, kontrollierenden und verzweifelten Macho-Ehemanns, dessen Ego völlig mit seiner Kindfrau-Ehefrau verbunden ist, abgibt, und ihn davor zu warnen. Ein Gefühl von männlicher Allmacht muß seinem Urteilsvermögen in die Quere gekommen sein, als Bogdanovich Dorothy Stratten während der Drehzeit des Filmes *They All Laughed* einlud, mit in seine Hotelsuite in New York zu ziehen, obwohl sie noch verheiratet war, während ihr bedrohter und eifersüchtiger Ehemann vom Drehort verbannt wurde.

Hugh Hefners Zeitschrift ist ein Sprachrohr für männliche Phantasien, obwohl Hefner selbst ein romantischer Idealist ist und scheinbar naiv, was die Bedeutung und Wirkung seines Produktes anbelangt, das die Sehnsüchte und Phantasien der maskulinen Psyche nach dem fernen, perfekten »Sexualobjekt«, das den Himmel auf Erden zu versprechen scheint, fördert und unterstützt. Er hält sich für einen Philosophen und kulturellen Befreier. Die defensive Verzerrung, von der die Zeitschrift *Playboy* lebt, hindert Männer daran, auf eine nichtdefensive Sexualerfahrung zuzugehen, die vielleicht weniger »aufregend« ist, aber eine realistische Perspektive und eine Eliminierung gefährlicher Schwachpunkte bei der Verfolgung frustrierender und selbstzerstörerischer Illusionen erleichtern würde.

In diesem tragischen Szenario hatte Hefner scheinbar die Rolle des Ehrenmannes. Er hatte sich Stratten gegenüber tadellos verhalten und schien sie in den Armen der *Playboy*-Familie väterlich zu behandeln. Trotzdem wurden die irrationalen Sehnsüchte und selbstzerstörerischen Neigungen der Männer, die den Sog des Szenarios ausmachten, bis zum schrecklichen Ende nicht erkannt.[8]

Ein ähnliches Szenario, in das Howard »Buddy« Jacobson, Melanie Caine und John Tupper verstrickt waren, spielte sich in der »glamourösen« Modewelt von New York ab. Melanie Caine hatte die Highschool erst vor fünf Jahren verlassen, als sie als aufstrebendes Fotomodell ihre Romanze mit Jacobson begann, einem bekannten Mann von der Rennbahn. Er machte sie zur Leiterin ihrer eigenen Modellagentur. Bald erschienen ihre Fotos in *Vogue*, *McCall's* und *Redbook*.

Dann verließ sie Jacobson, um zu ihrem neuen Freund, John Tupper, vierunddreißig Jahre alt, zu ziehen, der auf demselben Flur lebte. Kurz darauf wurde die erschlagene und verbrannte Leiche Tuppers in einer Kiste in einem Cadillac mit Jacobson am Steuer gefunden. Wieder einmal wurde der Kontrollierende zum Kontrollierten, und ein scheinbar mächtiger, unabhängiger und unverletzlicher Mann wurde durch ein verzweifeltes Verlangen zu irrationaler Gewalt getrieben.

Wessen Psyche war gestörter? War es der Liebhaber, der in einem Gefühl von Allmacht mit Melanie Caine zusammenzog, in demselben Gebäude wie Jacobson, und die Affäre fortsetzte, obwohl er wußte, daß Jacobson von ihr besessen war und sie ständig von seiner Terrasse aus beobachtete? Oder war es Jacobson selbst, dessen Macht, Berühmtheit und Vermögen nicht ausreichten, um als Puffer gegenüber dem Schmerz des Verlustes und der Eifersucht zu wirken, die sein Urteilsvermögen verschlang und zerstörte und zu seinem defensiven Zornesausbruch führte?[9]

Eine andere Form zerstörerischer Explosivität ereignete sich im November 1980, als Ronald Crumpley, Sohn eines Predigers, ehemaliger Polizist und Vater von drei Kindern, nach einem Maschinenpistolenangriff auf zwei Homosexuellenbars in Greenwich Village ins Gefängnis ging. Zwei Männer wurden getötet und sechs mußten ins Krankenhaus. Crumpleys unbewußte Dämonen triumphierten über seine Rationalität. Sein Vater, der Geistliche G. Grant Crumpley aus New Rochelle, teilte der Presse mit: »Er sagte mir, daß er Homosexuelle hasse. Er war besessen davon.«[10]

Selbstzerstörung statt Selbstoffenbarung und Verletzlichkeit

Polizisten sind Symbole für Mut und Stärke. Sie verkörpern die Phantasievorstellungen von höchster Männlichkeit. Ein hoher Prozentsatz der Fernsehserien sind Polizeiserien.

Im Dezember 1983 erschoß sich der Polizeichef Willie Jordan, einundvierzig, beim Russischen Roulette. Aus »Respekt« für den toten Chef hatte der Untersuchungsrichter gesagt, daß die Pistole zufällig losgegangen sei. Aber einem anderen Polizisten zufolge, in dessen Campingwagen das tödliche Spiel stattgefunden hatte, war Jordan »wegen irgend etwas erregt« und bestand darauf zu spielen. Der Untersuchungsrichter teilte nicht mit, was der Grund für seine Erregung gewesen war.[11]

Unerträglicher und nicht ausgedrückter Schmerz und Selbsthaß brachten auch den Highway-Polizisten Paul Garrett dazu, sich im Mai 1983 das Leben zu nehmen. Der Tod schien ihm eine bessere Alternative zur Selbstoffenbarung, Erniedrigung und Verletzbarkeit zu sein, der er seiner Meinung nach aufgrund einer Anklage wegen Kindesmißbrauchs gegenüberstand. Er fühlte tiefe Scham, weil er dem Image seiner Truppe Schaden zugefügt hatte, und Angst, daß er den Respekt seines Vaters verloren hätte. Garrett hatte sein Leben lang versucht, ihm alles recht zu machen.

Seine Schwester Nancy sagte: »Ich weiß nicht, was mein Bruder getan hat, aber ich weiß, daß er Kinder liebte. Seit er dreizehn Jahre alt war, war er immer von Kindern umgeben... Paul selbst hatte keine Kindheit gehabt. Er mußte sich immer wie ein Mann benehmen. Er konnte nicht weinen. Er durfte nicht schwach sein...« Eine Sache, die er tat, gefiel seinem Vater: Er wurde Polizist. Seine Schwester fuhr fort: »Er konnte mit dem Verlust von Respekt nicht leben.« Der Pressesprecher der Polizei, Merle Poppen, fügte hinzu: »Er war mit ganzem Herzen Highway-Polizist, voll und ganz, so daß er es [die Festnahme] in seinem Geist nicht ertragen konnte, obwohl er wußte, daß alle im Büro hinter ihm standen.«[12]

Johnnie Howe, zweiundfünfzig, war kein Polizist sondern Stahlbauarbeiter und Feuerwerkexperte aus einer kleinen Stadt nördlich von San Francisco. Er war außer sich, als seine Ehe in die Brüche ging. Er reagierte auf mitleiderregende Macho-Art auf seinen großen Schmerz. An einem Oktobermorgen im Jahr 1980 jagte er sich vor den Augen seiner Frau in einer Geschäftsstraße zusammen mit seiner vierzehnjährigen Tochter in die Luft.[13]

Auch Edward Leonard, neununddreißig Jahre alt, war niedergeschlagen, weil seine Ehe zerrüttet war. Er reagierte, indem er im Badezimmer seines Hauses eine Gaskammer wie im San Quentin-Gefängnis konstruierte. An einem Sommertag im Jahr 1984 legte er sich auf eine Liege und inhalierte eine tödliche Mischung aus Zyankali und Säure. Es war kein impulsiver Akt. Nach einem genau ausgearbeiteten Plan hatte er eine Zeituhr mit dem Badezimmerlicht verbunden und ließ ein Elektrokabel von der Zeituhr in einen kleinen Plastikbehälter laufen, in dem sich die Zyankali-Pillen befanden.

Er stellte die Zeituhr an, legte sich auf seine Liege, und zur vorherbestimmten Zeit schmolz der Plastikgriff des Pillenbehälters, der in einen kleinen Eimer mit Säure fiel und das tödliche Gas produzierte, ähnlich dem Gas, das bei der Hinrichtung von Verbrechern benutzt wird.[14]

Weitere Variationen des tragischen Themas

Ein vierundfünfzigjähriger Mann aus Brooklyn wurde in einer Bedford-Stuyvesant-Imbißstube erschossen, weil er sich weigerte, sich hinzuknien. Er war Opfer der tiefen männlichen Neigung, sich automatisch zu widersetzen, wenn man sich durch den Befehl, sich zu unterwerfen, »gedemütigt« fühlt. Er war einer von sechs Kunden bei Jimmy's, als drei junge Männer den Laden betraten, um ihn auszurauben. Eine der jugendlichen Räuber befahl den Kunden, sich hinzuknien. »Ich knie mich vor niemandem hin«, sagte er. Es waren seine letzten Worte. Einer der Räuber reagierte auf seinen Widerstand und gab einen Schuß ab, der ihn tötete.[15]

Ein zweiunddreißigjähriger Börsenmakler und Millionär wurde im Oktober 1984 in New York für schuldig befunden, einen Motorradfahrer erschossen zu haben. Die unbewußte Zwangsvorstellung, männliche Symbole des Egos verteidigen zu müssen, motivierte ihn dazu. Das auslösende Element für Grannis Mord war, daß der Motorradfahrer seinen gemieteten Ferrari verbeult hatte. Es kam zu einem Streit über den Unfall, bei dem der Wagen im Wert von siebzigtausend Dollars beschädigt wurde. Die Geschworenen befanden den Millionär in einem Punkt des Totschlags für schuldig und bezichtigten ihn »entarteter Gleichgültigkeit gegenüber menschlichem Leben«.[16]

Ein zweiundsiebzigjähriger ehemaliger Feuerwehrhauptmann aus New York bekannte sich schuldig, seine Frau ermordet zu haben. Wieder war die Unersättlichkeit und Zerbrechlichkeit des männlichen Egos am Werk. Als er sich schuldig bekannte, sagte er dem Richter, daß er seine Frau zwei Tage nachdem sie einige verächtliche Bemerkungen über seine sexuelle Fähigkeiten gemacht hatte, erwürgt habe. Sie hatte ihn negativ mit einem ihrer zwei früheren Ehemänner verglichen.[17]

Die Verzerrung der engen Bindung

Angst und Widerstand gegenüber Gefühlen von Liebe und Zuneigung sind unter jungen Männern sehr intensiv. Die männlichen Abwehrmechanismen bringen Männer dazu, ihr Verlangen nach Nähe und Zuneigung zu fürchten und zu verzerren. In dem Prozeß, in dem ihre Bedürfnisse nach Liebe durch akzeptables männliches Verhalten erfüllt werden, zeigen sie mitleiderregendes und zerstörerisches Verhalten.

Um eine Frau »lieben« zu können, muß sie zuerst unwirklich sein, sie erheben sie auf ein Podest und geraten über ihre Phantasievorstellung ins Schwärmen. Wenn sie versuchen, anderen Männern nah zu sein, verzerren sie ihr Bedürfnis oft in die andere Richtung, indem sie sie statt dessen herabwürdigen und beschimpfen.

Als Dr. Donald King, Dekan für Studentenangelegenheiten an der Alfred University, Mrs. Eileen Stevens anrief, mußte er ihr den Tod ihres Sohnes Chuck mitteilen, der im Kofferraum eines Autos gestorben war. Er war nicht absichtlich ermordet worden. Er war das Opfer eines entstellten Prozesses von Freundschaft und Nähe.

Als Teil des Rituals, sich der Zuneigung und Annahme durch die Mitglieder einer Studentenverbindung würdig zu erweisen, gab man Chuck einen halben Liter Bourbon, eine Flasche Wein und eine Sechserpackung Bier. Mit zwei weiteren Anwärtern wurde er in den Kofferraum eines Autos gepfercht. Man sagte den dreien, daß sie erst wieder herausgelassen würden, wenn sie alles ausgetrunken hätten.

Als der Kofferraum fast eine Stunde später geöffnet wurde, war Chuck bewußtlos, während die anderen beiden Schwierigkeiten mit der Atmung hatten. Bevor Chuck in ein Krankenhaus gebracht werden konnte, starb er.[18]

Chuck Stevens zählt zu einer beträchtlichen Gruppe junger Männer, die ihr Verlangen nach einer Bindung und fürsorglicher Beziehung zu anderen jungen Männern mit dem Leben bezahlen mußten. Thomas Fitzgerald zum Beispiel war neunzehn Jahre alt, als er durch einen zufälligen Messerstich getötet wurde, der während einer Mutprobe die Hauptarterie seines Herzens durchschnitt. William Flowers erstickte in dem Grab, das er während eines Bruderschaftsrituals im Monmouth College für sich selbst am Strand hatte graben müssen. Bruce Wiseman wurde von einem Auto angefahren, als er bei Bruderschaftsritualen mit verbundenen Augen einen Highway überqueren mußte, und Fred Bonner wurde in den Bergen von den Brüdern des Pierce College zurückgelassen und fiel zweihundert Meter tief in den Tod.[19]

Mark Seeburger, ein attraktiver, athletischer Achtzehnjähriger, trat der Phi Kappa Psi-Bruderschaft bei, nachdem er sich in der Universität von Texas eingeschrieben hatte. Um ihre Freundschaft zu gewinnen, zwangen die anderen Bruderschaftsmitglieder ihn, mehr als eine halbe Flasche Rum zu trinken. Er starb nachts in seinem Studentenzimmer an Alkoholvergiftung.

Kurz zuvor waren an der Universität von Texas einundzwanzig Anwärter für die Alpha Tau Omega-Bruderschaft in ein Zimmer eingesperrt worden und drei Tage lang mit rohen Eiern — fast zehntausend Stück — beworfen worden.

An der Texas A & M gaben drei Studenten zu, daß sie den Neuling Bruce Goordich gezwungen hatten, stundenlang während einer Kadetten-Übung an der Gymnastik teilzunehmen, was zu seinem Tod durch Überhitzung führte.[20]

Steve Ryckman, Student im letzten Studienjahr, war klüger. Er wollte der Delta Sigma Phi-Bruderschaft nicht mehr beitreten, nachdem er sich eine Verbrennung auf der Nase zugezogen hatte, weil er gezwungen worden war, mit der Nase über den Teppich zu reiben. »Sie wollten sehen, wie sehr sie einen erniedrigen können. Es war entwürdigend«, sagte er.[21]

Anmerkungen

1. D. Anderson, »Die Tragödie des Jim Tyrer«, *The New York Times* vom 18. September 1980, S. 17

2. »Selbstmord eines Cowboys«, *Seattle Post-Intelligence* vom 14. August 1980, S. A-8

3. L. Langway u.a., »Die Bars der harten Männer«, *Newsweek*, 6. April 1981, S. 66

4. »Mann stirbt nach Saloon-Boxkampf«, *Los Angeles Times*, 27. April 1981, Teil 1, S. 4

5. »PSA-Flugzeugabsturz: Analyse des Flugschreibers; das drohende Unheil«, *Los Angeles Times*, 25. Oktober 1978, Teil 1, S. 26 – 28

6. P. Battelle, »Eine Studie des Machismo: Die letzten Augenblicke des Unglückflugs Nr. 90«, *Los Angeles Herald Examiner*, 17. Februar 1981, S. A-19

7. P. Girard, »Zunahme von Todesfällen bei Motorradfahrern durch Aufhebung des Helmzwangs«, *Los Angeles Times*, 11. April 1980, Teil 1, S. 18 – 19

8. T. Carpenter, »Tod eines Playmates«, *The Village Voice*, 5. – 11. November 1980, S. 1, 12 – 17

9. »Die Abenteuer der Melanie Cain«, *Time*, 21. August 1978, S. 19; A. Haden-Guest, »Liebe und Tod in der Upper East Side«, *New York*, 11. September 1978, S. 42 – 49

10. »Zwei Tote bei Maschinenpistolen-Angriff auf Homosexuellenbars«, *Los Angeles Times*, 21. November 1980, Teil 1, S. 4

11. »Polizeichef stirbt bei Russischem Roulette«, *Los Angeles Times*, 12. Dezember 1980, Teil 1, S. 2

12. T. Barnard, »Tod des ›netten Polizisten‹ gibt tragisches Rätsel auf«, *Los Angeles Times-View*, 18. Mai 1983, Teil 5, S. 1, 6 – 7

13. »Bombenexperte tötet Tochter und sich selbst«, *Los Angeles Times*, 6. Oktober 1980, S. 1

14. J.A. Cohen, »Selbstmord in einer selbstgebauten Gaskammer«, *Los Angeles Herald Examiner*, 7. Juni 1984, S. A-2

15. »Killer erschießt Mann, der zu stolz war, sich hinzuknien«, *New York Post*, 25. September 1979, S. 1

16. »Totschlag: Millionär schuldig am Tod eines Motorradfahrers, der seinen Ferrari beschädigt hatte«, *Los Angeles Times*, 5. Oktober 1984, Teil 1, S. 30

17. »Bewährung für Zweiundsiebzigjährigen, der seine Frau tötete«, *New York Post*, 20. August 1980

18. P. Burstein, »Der sinnlose Tod ihres Sohnes stachelt eine Mutter zum Krieg gegen Bruderschaftsrituale an«, *People*, 12. Februar 1979, S. 31 – 35

19. »Tod eines Bruderschaftsanwärters«, *Time*, 22. November 1976, S. 61

20. C. O'Connor und F. Gibney Jr., »Tod unter den Griechen«, *Newsweek*, 10. November 1986, S. 32

21. »Tod eines Bruderschaftsanwärters«, S. 61

Teil fünf:
Die Zukunft

16.

Die Illusion von Gebrauchsanleitungen

Jonathan, ein wohlhabender Mann um die Vierzig, war davon besessen »herauszufinden«, warum er Depressionen hatte, warum er keine passende, »aufregende« Frau fand, der er genug vertrauen konnte, um eine Bindung einzugehen, und warum er seinen Kindern und seinen Schwestern fremd war. Wie viele sehr erfolgreiche, wohlhabende Männer war er unbewußt kontrollierend und forderte, daß alles nach seinem Wunsch gemacht würde. Er war mißtrauisch und negativ (obwohl er dies entschieden verneinte, weil er davon überzeugt war, daß er großzügig und gut zu den Menschen war und daß sie ihn wirklich mochten). Außerdem war er zwanghaft zielorientiert und allen Menschen gegenüber kritisch eingestellt, auch gegenüber seinen Kindern, die sich nicht so verhielten, wie sie es seiner Meinung nach tun sollten, obwohl er sich selbst für warmherzig und entgegenkommend hielt. Sein Verhalten war kalt, da er immer anderweitig beschäftigt war, obwohl er auch dies verneinte. Er glaubte, daß er fürsorglich und betroffen sei, und niemand widersprach.

Er wollte wissen, warum er die Frauen, mit denen er sich verabredete und die ihn mochten, langweilig fand, warum seine Beziehung zu seinen Kindern und seiner Ex-Ehefrau zusammengebrochen war, warum sie undankbar und gleichgültig schienen und warum er Depressionen hatte und sich abgestumpft fühlte. Er wollte eine Gebrauchsanleitung, die alles ändern würde. Er wurde ungeduldig, als er aufgefordert wurde, einmal über diese Beziehungen gründlicher nachzudenken. Er fühlte sich falsch behandelt und nicht verantwortlich für die Dinge, die mit ihm passierten. Er kam zur Beratung, um Techniken zu erlernen, die das verändern würden, was ihm Sorgen bereitete.

Wie viele andere sehr erfolgreiche Männer hatte er sich so entwickelt, weil er neben seiner Klugheit und seiner Konzen-

tration aufs Geldverdienen auch extreme männliche Abwehrmechanismen hatte und daher mit großem materiellen Reichtum belohnt wurde. Aufgrund dieser Belohnungen verhielt er
sich starr. Er war daher nicht gewillt und nicht in der Lage,
sich selbst zu erforschen, geschweige denn, eine Veränderung
in Angriff zu nehmen, weil er gerade dafür belohnt worden
war, wie er war.

Als er nicht gleich klare, praktikable Antworten erhielt,
wurde er ungeduldig und wütend. Sein maskuliner Prozeß hin-
derte ihn daran, die Probleme zu lösen, die er geschaffen hatte.
Er konnte es nicht ertragen, nicht die Kontrolle zu haben, und
das Fehlen von klaren Antworten, die seine Probleme lösen
würden, gaben ihm dieses Gefühl. Daher lehnte er die Lang-
samkeit und »Unbestimmtheit« der Methode ab. Er gab die
Therapie auf.

Jonathan war ein typisches Beispiel für die Beziehungen des
traditionellen Mannes. Wenn etwas nicht klappt, versucht dieser Typ Mann das Problem zu lösen, indem er »etwas tut«. Er
kauft zum Beispiel ein Geschenk, verbringt mehr Zeit mit der
Partnerin, wenn sie sich beklagt, oder fährt mit ihr in den Urlaub. Er konzentriert sich auf logische Inhaltslösungen, die die
Probleme für kurze Zeit lösen; so lange, bis der tiefere Prozeß,
der sie ursprünglich verursacht hat, den neuen Inhalt verwandelt und das Problem von neuem erzeugt. Wenn er einige Stunden mit seiner Frau verbringt oder ihr ein Geschenk kauft, befriedigt dies sein dringendes Bedürfnis, »etwas zu tun«, es gibt
»Hoffnung« und eine Ablenkung von den tieferen Problemen,
so daß es zeitweise zu einer Erleichterung der Spannung
kommt. Dies bestätigt seinen Glauben, daß es in der Tat »Antworten« und »noch mehr Antworten« gibt.

Das Paradoxe hier ist, daß das Bedürfnis nach Gebrauchsanleitungen am stärksten in Menschen vorhanden ist, deren maskuliner Prozeß am heftigsten ist und die eigentlich am meisten
ändern und damit aufhören müßten, in diesen Begriffen zu
denken. Mit anderen Worten: Diejenigen, die sich am stärksten
mit ihrem Prozeß auseinandersetzen müßten, sind am starrsten
und daher am wenigsten in der Lage, es zu tun. Der defensive

Prozeß, der sie in Schwierigkeiten gebracht hat, macht es ihnen unmöglich, »das Problem zu lösen«. Der Zwang zu kontrollieren, Ablenkung und kurze Aufmerksamkeitsspanne für andere, die von einer starken Zielorientierung stammt, Intellektualisierung, Externalisierung und Distanzierung, die seine defensiven Merkmale sind, erzeugen den Versuch, sich zu ändern. Aber dieser ist intellektualisiert und ungeduldig, wetteifernd und kontrollierend. Er glaubt schließlich, daß ein Mehr dieses Prozesses die Dinge verändern wird, weil diese Methode in der äußeren Welt funktioniert. Er will mechanische Lösungen, die seine Angst verringern und seine Stimmung heben, die allerdings die Elemente seiner Persönlichkeit, die zu dem Problem führten, seine Männlichkeit definierten und die selbstbestätigenden Gefühle, »ein Mann zu sein«, erzeugten, überhaupt nicht berühren. Das Dilemma ist, einfach ausgedrückt: Je »kränker« und starrer seine Abwehrmechanismen werden, desto weniger wahrscheinlich ist es, daß er die Quelle seines Problems erkennt oder willens ist, sich mit dem Prozeß, der ihn zu »beschützen« scheint, auseinanderzusetzen und ihn zu ändern.

Seine Probleme scheinen äußerlich zu sein, und daher wünscht er eine äußerliche Antwort oder »Heilung« – aber diese Forderung ist unglücklicherweise Teil seines Problems oder seiner »Krankheit«: nämlich das, was ihn zuerst in die Klemme gebracht hat. Es ist typisch für ihn, ständig zu fragen: »Was kann ich tun?« oder »Was hälst du davon?« Unbewußt ist seine Fähigkeit blockiert, sich auf die Erfahrungen, den Zustand von Beziehungen und die Probleme seines Privatlebens zu konzentrieren und zu erkennen, wie er diese erzeugt. Es ist die Tatsache, »wie« seine Beziehungen zu anderen aussehen und wie er sein Leben erfährt, und eigentlich nicht seine *Handlungen*, die ihn ruinieren. In seinen Augen jedoch muß er *Probleme lösen* und wünscht logische Antworten. In meiner Arbeit als Psychotherapeut habe ich wiederholt eine direkte Beziehung zwischen dem Grad und der Intensität der maskulinen Abwehr und der Forderung nach »Antworten« gesehen. Umgekehrt besteht eine Intoleranz gegenüber dem Prozeß, das heißt, die Fähigkeit, sein »Wesen« und nicht sein »Tun« als Ursache »des Problems« zu sehen, die Anerkennung, daß es hier nicht nur um »Unwissen« oder »fehlende Informationen« geht, und der Wille, sich auf die Aspekte des »Bewußtseins« durch langsames Entfalten tieferer Gefühle und innerer Erfahrung zu konzentrieren.

Der Grad dieser Abwehrhaltung scheint zur Geschwindigkeit und Intensität des sich entwickelnden Widerstandes gegenüber einer Methode in Beziehung zu stehen, die ihn seiner Meinung nach »nicht weiterbringt« – das heißt, keine konkreten Ratschläge, keine praktischen Antworten und keine Lösungen für das Problem. Diese Methode, die sich auf den Prozeß konzentriert, erzeugt Ungeduld, Wachsamkeit und Zorn in ihm. Seiner Meinung nach verschwendet er seine Zeit.

So oder so: Objektiv betrachtet ist Therapie-»Arbeit« weniger eine Streitfrage als die Tatsache, daß man sich bei der Teilnahme an einer Therapie nur dann wohlfühlen kann, wenn sie die Fähigkeit von Internalisation und Lockerung starrer maskuliner Abwehrmechanismen widerspiegelt. Dazu gehört die Fähigkeit, die Kontrolle abzulegen, eine zielorientierte, intellektualisierte Methode aufzugeben und sein Inneres zu erforschen: mit einem Wort, seinen Prozeß zu ändern. Statt dessen verneinen Männer eventuell bestehende Probleme, bis es zu einer Krise kommt (»Alles läuft großartig!«) und verlangen nach einer schlimmen Krise eine schnelle Lösung von außen.

Wenn ich mit solchen Männern arbeite, habe ich immer das Gefühl, daß sie mit einem Fuß aus der Tür sind und daß unsere Beziehung zerbrechlich ist. Ich kann den Druck des Unbehagens, den Zorn und das Mißtrauen spüren.

Der maskuline Mann, der tatsächlich der Illusion von »Gebrauchsanleitungen« nachjagt, will eine mechanische Lösung für ein nichtmechanisches Problem. Beziehungen und andere persönliche Probleme kann man nicht wie Autos reparieren.

Wenn wir sagen, daß etwas »unwissenschaftlich« oder nichtobjektiv ist, wird es in unserer Gesellschaft mit »unmännlich« gleichgesetzt. Es ist »weiblich«. Die Psychologie wird in dem Maß, wie sie sich auf das Persönliche und Innere konzentriert, als feminin und daher unwissenschaftlich und nutzlos erfahren.

Eine Methode, die nicht wissenschaftlich ist, ist jedoch nicht unbedingt unwissenschaftlich, und diese Differenzierung muß man verstehen, um das Dilemma der Männlichkeit zu begreifen. »Unwissenschaftlich« umfaßt etwas Irrationales, Unlogisches und Ungültiges. Es gibt jedoch Probleme im Leben, bei denen Logik und rationales Verständnis nutzlos sind, daher halten sie wissenschaftlichen Untersuchungsmethoden nicht stand. Beziehungsprobleme, sexuelle Funktionsstörung, Familienkrisen und andere persönliche Probleme sind alles Beispiele dafür. Wenn dem Drang nach mechanischen Lösungen nachgegeben wird, wird die Externalisierung noch *mehr* gefördert.

Zwischen dem konstruktiven Gebrauch der Intelligenz und dem defensiven Prozeß der Intellektualisierung besteht ein bedeutsamer Unterschied. Es gibt einen großen Unterschied zwischen der rationalen Suche nach Antworten und der distanzierten, mechanischen, externalisierten und »abgeschnittenen« Orientierung des maskulinen Prozesses, in dem der Intellekt als Schutz gegen die Internalisierung benutzt wird. Intelligenz kann man einsetzen, um ein Inhaltsproblem zu lösen, aber die logische Methode ist beim Prozeß unwirksam. Es ist eher eine Form der Verdrängung. »Die Antwort zu kennen« ist völlig nutzlos. Abstraktionen dienen dem defensiven Zweck, eine Distanz zu Gefühlen und persönlicher Bindung zu schaffen.

Der Mann hat, abhängig vom Grad seiner maskulinen Abwehrhaltung, keine »Verbindung« zum Prozeß. Er ist »überrascht«, wenn es bei persönlichen Ereignissen zu plötzlichen und unerwarteten Wendungen kommt, weil seine Externalisation eine persönliche Oberflächlichkeit und eine Unfähigkeit erzeugt, seine Erfahrung zu »fühlen« oder zu erkennen, wenn er in einer persönlichen Beziehung manipuliert wird. Er kommt mit Ideen und Abstraktionen zurecht, nicht mit Emotionen. Seine Beziehungen verlaufen »stakkato«, nicht »fließend«. Er ist das Gegenstück der feminin defensiven Frau, die lange über ihre Gefühle sprechen und unaufhörlich ihre Erfahrung erforschen kann, sich aber bei Diskussionen über mechanische Probleme oder abstrakte Themen langweilt.

Seine persönlichen Probleme sind das Resultat seiner Externalisation. Die Methode, nach Anleitungen zu suchen, ist daher eine Manifestation der Abwehrmechanismen, die ihn zuerst in die Falle gelockt haben.

Warum kommt es zu Widerstand?

Die Alternativen zur Lösung seiner Probleme werden von ihm in Schwarzweißbegriffen erfahren: Entweder »kontrolliere ich oder ich werde kontrolliert«. Situationen werden in Form von Gegensätzen aufgefaßt: »Wenn ich nicht männlich bin, werde ich weiblich. Wenn ich nicht logisch bin, werde ich irrational.«

Die medizinische, mechanische Methode für seine Probleme zum Beispiel ist attraktiv für ihn, weil sie auf der Stelle äußerliche und klare Antworten bietet. Sie ist anleitungs- und antwortorientiert, wobei die Lösungen immer rational und logisch scheinen. Er würde lieber sterben, als zu riskieren, auf andere Art zu leben. Er kann der Medizin jeden groben Fehler und Verstoß »vergeben«, aber er kann einer Methode, die »unwissenschaftlich« ist, selbst den kleinsten Fehler nicht verzeihen. Tausende können durch Operationen oder aufgrund ihrer medizinischen Behandlung sterben, aber dies wird irgendwie als akzeptabel rationalisiert. Aber wenn jemandem durch eine alternative Heilmethode »ein Schaden zugefügt« wird, werden sofort Beschuldigungen von Quacksalberei und Scharlatanerie laut, die bestraft werden müssen.

Sich des Prozesses bewußt zu werden, bedeutet jedoch nicht, »sich mit seinen Gefühlen auseinanderzusetzen«, wozu den Männern so oft geraten wird und was sich bei genauerer Untersuchung oft als absurde Vorstellung erweist. Es sind nur defensive Gefühle vorhanden, wenn seine maskuline Externalisierung sehr stark ist. Es ist daher kein Wunder, daß er mit Mißtrauen und Widerstand auf eine Methode reagiert, die »ihn unter Druck setzt«, sich zu öffnen und seine Gefühle zu erforschen. Den defensiv rationalen Mann daher aufzufordern, seine Gefühle auszudrücken, ist damit vergleichbar, einer femininen Frau, die hysterisch weint, zu sagen, daß sie rational sein solle, damit ihre Probleme gelöst würden. Den Weg zu nicht-defensiven Gefühlen und zur inneren Erfahrung zurückzugehen, ist eine langwierige und zerbrechliche Reise, die auf dasselbe Maß von Widerstand stößt, das in allen defensiven, emotionalen Problemen vorhanden ist.

Die Lösung des Problems

»Wie lautete jetzt also die Antwort? Oder wollen Sie mich mit der typischen Antwort der Therapeuten abspeisen, daß *ich* die Antwort selbst finden muß oder daß es keine gibt?« sagt er ungeduldig und irritiert. Ihm zu sagen, daß *er* das Problem ist – sein Wesen und nicht seine Unkenntnis oder ein Fehlen von Antworten – klingt für ihn wie psychologisches Geschwätz. Nach einer Anleitung zu fragen ist jedoch für ihn eine unbewußte Form der Verdrängung und seine Art zu sagen: »Ich will das Problem eigentlich gar nicht lösen. Ich will eine Lösung, die nicht mein Wesen berührt oder mich ändert.«

Die Vorstellung von einer äußerlichen Anleitung, die persönliche Probleme löst, ist einer der großen Verführer heute – ich bezeichne sie als Phantasievorstellung vom »magischen Schlüssel«. Diese Illusion hat eine Unmenge sich widersprechender Anleitungsbücher und Methoden geschaffen, die dazu dienen sollen, das Bedürfnis, Probleme von außen zu lösen, zu unterstützen. Bei der Kindererziehung zum Beispiel gehen die »Lösungen« von Sprüchen wie »wer die Rute spart, verzieht das Kind« bis zur Freizügigkeit, zu einer magischen Kombination beider Prinzipien und dann, voller Frustration, wieder zurück zur strikten Disziplin. Jede neue Anleitung scheint für eine gewisse Zeit die Antwort zu geben, aber dann »funktioniert« sie aus irgendeinem »unbekannten« Grund nicht mehr, und es ist an der Zeit, etwas Neues auszuprobieren. In der Zwischenzeit lassen sich die persönlichen Probleme immer schwerer handhaben und werden »hoffnungsloser«. Anleitungen leisten dem Vorschub. Sie ändern nicht den Prozeß, und der Prozeß ist das »unsichtbare« Element bei der Erzeugung des »Problems« oder der Wirkung.

Frauen verstehen die Täuschung von Gebrauchsanleitungen am klarsten. Wenn eine Beziehung kaputtgeht und ein Mann sagt: »Was soll ich deiner Meinung nach tun?«, weiß sie, daß er eigentlich nichts *tun* kann, weil er – und wie er sich einbringt – das Problem *ist* – und nicht das, »was er tut«. Es ist vergleichbar damit, wenn den Eltern eines verhaltensgestörten Kindes gesagt wird, wie sie das Kind behandeln sollen, wenn die Probleme des Kindes eigentlich durch das *Wesen* der Eltern verursacht werden und durch die Wirkung, die sie auf das Kind haben, nicht durch das, was sie *tun*. Wenn das »Wie« die Antwort für persönliche Probleme wäre, gäbe es aufgrund dieses *Wissens* nur emotional gesunde Kinder, und Psychiater, Analytiker und Psychologen, die die meisten Antworten »kennen«, hätten die besten Kinder.

Anleitende Lösungen können gültig sein, wenn sie mit der inneren Erfahrung übereinstimmen und das Problem aus mangelnder Information resultiert. Ansonsten kann eine solche Antwort den Schaden nur vergrößern, indem gesunder Widerstand niedergerissen wird. Eine sexuelle Funktionsstörung zum Beispiel durch eine Gebrauchsanleitung zu »heilen«, verneint die Gültigkeit des »Symptoms« als Aussage oder Reflektion einer tieferen Dynamik, die interpretiert und verstanden werden will, statt zu versuchen, sie einfach loszuwerden.

Daher wird eine Anleitung, die »funktioniert«, schließlich das Problem nur verschlimmern, indem sie einen Weg zeigt, wie man vor gesundem Widerstand davonlaufen kann. Dadurch wird ein Kurzschluß im Potential des persönlichen Wachstums herbeigeführt.

Es ist die Interaktion und der Sog, nicht die Unkenntnis, die die Wirkung oder das »Problem« erzeugen. Der Drang nach Anleitungen besteht in dem Maß, wie eigene Abwehrmechanismen und das Bedürfnis, seinen Widerstand und seine innere Erfahrung zu verneinen und seine Angst, sie zuzugeben und zu erforschen, vorhanden sind.

Wenn ein Problem droht, tiefere Realitäten des eigenen Ichs aufzudecken, besteht die defensive Neigung, nach einer Antwort von außen zu suchen. Ein übergewichtiger Mensch oder ein »Versager« will wissen, was er tun kann, statt sich zu fragen, »wer bin ich, und wie kommt es zu meinem Problem?« Daher werden Probleme, die das tiefere Ich reflektieren, oft in dem Maß als mechanische Probleme behandelt, wie Widerstand gegenüber der Selbsterforschung besteht. Die Anleitung wird zur sicheren, nicht bedrohenden, »legitimen« Verdrängung und versichert dem Betroffenen, daß er oder sie »sich wirklich Mühe gibt«.

Der Alkoholiker, der sein Problem verneint, fragt zum Beispiel: »Wie kann ich meinen Alkoholkonsum kontrollieren? Soll ich langsamer trinken? Soll ich vielleicht auf ein anderes Getränk umsteigen? Soll ich tagsüber erst später anfangen zu trinken?«

Anleitungen zur Lösung von Problemen sind fast immer ein Weg weg von der Konfrontation mit dem defensiven Ich und bringen den Betroffenen daher einen Schritt weiter in die Pseudosicherheit »mechanischer« Lösungen, die das Problem unbewußt verstärken. Sie bieten falsche Hoffnung, die zeitweise beruhigt und dann zur Niederlage führt. *Jede Anleitung, die schließlich fehlschlagen muß, bringt einen Mann näher an die Depression und die Verzweiflung heran, aus dem wachsenden Glauben heraus, daß »es einfach keine Antworten gibt«, wodurch es zu einem neue Gefühl von Hilflosigkeit und Niederlage kommt.*

Weil die Konfrontation mit der Macht und Starrheit der geschlechtsspezifischen Abwehrmechanismen und ihre Änderung — denn dies ist der Prozeß, der uns motiviert — so bedrohlich ist, suchen wir ständig nach neuen mechanischen Lösungen, die dann wieder neue Probleme schaffen. Wir leben daher trotz unserer »Informationsexplosion« in einer Ära, in der die Drogen härter, Religionen und Kulte extremer sind, persönliche Beziehungen zerbrechlicher sind, der Zusammenbruch der Bindungsfähigkeit zwischen den Geschlechtern stärker, die persönliche Aufmerksamkeitsspanne füreinander kürzer ist, die Flucht durch ablenkende Unterhaltung immer wichtiger wird und Anleitungen zur Lösung der Probleme wie Modeerscheinungen schneller als je zuvor kommen und gehen.

Der Mann, der sich auf den Weg macht und nach Veränderung sucht, muß sich der Widerstände, die er wahrscheinlich in sich selbst erfahren wird, bewußt sein und Geduld haben mit dem starken Verlangen nach Flucht, sich zu distanzieren, auf der Stelle Anleitungen als Antwort zu finden und allem zu mißtrauen, das keine klaren Lösungen bietet. Er muß in sich selbst langsam akzeptieren, daß er unbewußt seine persönliche Erfahrung erzeugt. Veränderung bedeutet Bedrohung seines Images und des Gefühls von sich selbst »als Mann«. Beides haben zu wollen – Veränderung ohne Bedrohung des Selbstbildes –, ist jedoch die Grundlage für weitere Lösungen nach Gebrauchsanleitungen, die den Mann am Ende isolieren und noch unbeweglicher machen.

17.

Die Entdeckung der
mittleren Zone

Wie sähen wohl Lebenserfahrung und Beziehungen aus, wenn unbewußte Geschlechterprozesse uns nicht verzerren und kontrollieren würden, und wenn wir nicht durch defensive Motivationen angetrieben würden, die an den beiden extremen Polen dieses polarisierten Kontinuums vorhanden sind?

Wie sähe die Lebenserfahrung aus ohne die »Erregung«, die durch Verfolgung und Erreichen geschlechtsbestätigender Ziele erzeugt wird, die uns Motivation, »Hoffnung« und Energie geben und das Gefühl, Stuktur, Bedeutung und Fortschritt zu besitzen, selbst wenn diese Dinge uns schließlich irreführen, weil sie einen unerreichbaren Erfüllungs- und Frustrationsendpunkt erzeugen?

Wie sähen Lebenserfahrung und Beziehungen aus ohne »Hochgefühle« und »Triumphe«, die uns aufrechterhalten und auf unserem Weg bestärken und die die Illusionen und langfristigen Phantasievorstellungen fördern, die wir auf die jüngere Generation übertragen, die dafür dann den Preis zahlen muß, da sie die Belastung und Schwierigkeit in reinerer Form bei noch stärker distanzierter und unerfüllbarer Suche erfährt?

Wie sähen die Lebenserfahrung und Beziehungen aus ohne Verfolgung einer abstrakten Wahrheit in der äußeren Welt oder großer Liebe in persönlichen Beziehungen; Ziele, die sich zunehmend als schwer faßbar und oft irreführend erweisen. Die »Wahrheiten« und Leistungen der Wissenschaft führen zu persönlicher Distanziertheit und Zerstörung von Umwelt und Welt, selbst wenn sie uns Hoffnung und Anregung geben und unsere Phantasie dabei anregen. Die romantischen Phantasien der Liebe, die durch defensive Polarisationen erzeugt wurden und die den Verlauf unseres Lebens in Beziehungen formen, bringen uns einem völligen Zusammenbruch der Kommunikation und der Fähigkeit, die Verbindung zwischen den Geschlechtern aufrechtzuerhalten, näher.

Offenbar ist der Preis zu hoch geworden, um in den »entfernten Zonen« zu bleiben, in den Bereichen, die uns stärker den Wirkungen und der Macht von Distanziertheit und starker persönlicher Frustration und dem Schmerz ausliefern, die aus unserem Verlangen nach Vereinigung stammen. Das Streben nach diesen Dingen hat, da sie Produkte defensiver, unbewußter Motivationen sind, in denen der tiefere Prozeß sie schließlich umwandelt und den Inhalt zu einer ähnlichen Erfahrung reduziert, Ziele erzeugt, die auf verzerrten Erfahrungen des Ichs und der äußeren Realität basieren. Je näher wir auf dem Geschlechterkontinuum einem der beiden Pole sind, desto mehr wird der Verlauf unseres Lebens von der unkontrollierbaren »Zielorientiertheit« dieser fernen Zonen kontrolliert – was zu starken »Hoch-« und »Tiefgefühlen« beim Inhalt führt; zu Erwartung, der Enttäuschung folgt, zu dem zunehmenden Gefühl, daß die Dinge nicht so sind, wie sie zu sein scheinen oder eigentlich sein sollten. Es ist paradox, aber je mehr wir uns in diesen weit voneinander entfernten Zonen befinden, desto größer ist der Widerstand, die Angst und scheinbare Unmöglichkeit, den Weg in die »mittlere Zone« zu finden: in die Realität, die nicht durch geschlechtsdefensive Wahrnehmungen, Bedürfnisse und Motivationen verzerrt ist.

Heute sind wir Zeuge der Ergebnisse extremer Polarisation, aber dieselbe Abwehr, die sie erzeugt hat, hindert uns daran, den Prozeß, der dazu führte, in uns selbst zu erkennen.

Veränderungen des Inhalts, die nicht mit Veränderungen des Prozesses einhergehen, werden sich als desillusionierend und irreführend erweisen, als zeitweise Ablenkung von der Weiterentwicklung hin zu mehr Distanziertheit und zu ihrem Gegenstück: zu stärkerem Verlangen nach Vereinigung und zu dem Zusammenbruch von Beziehungen.

Wenn der Prozeß nicht verändert wird und Versuche, die Probleme zu »lösen«, auf einem veränderten Inhalt beruhen, befinden wir uns auf derselben hoffnungslosen Suche und in der verzwickten Lage, in der sich auch ein übergewichtiger, zwanghafter Esser befindet, der »die Antwort« in immer neuen Diäten sucht. Wir sind dann wie das feindselige, entfremdete Paar, das seine Probleme zu lösen versucht, indem es Äußerlichkeiten verändert, statt sein *Wesen* und sein *Verhältnis* zueinander. Wir sind wie die Gesellschaft, die das Drogenoder Alkoholproblem zu lösen versucht, indem sie das »Böse« anprangert, ohne den Sog anzusprechen, der dieses *klar* schädigende Verlangen hervorbringt, wie die Medizin, die versucht, Krankheiten zu »heilen«, ohne den persönlichen Prozeß zu ändern, der die Krankheit erzeugt, wie die Regierung, die versucht, die Zerstörung der Umwelt umzukehren, ohne den Sog zu ändern, der das sozial anerkannte, unersättliche Bedürfnis nach dem Zyklus »Produktion/Verbrauch« der künstlichen Produkte erzeugt, und last but not least wie politische Führer, die am Weltfrieden und am Waffenabbau arbeiten, ohne sich mit den unbewußten Wurzeln von Krieg auseinanderzusetzen und diese zu ändern, zu denen unter anderem externalisiertes Mißtrauen, Angst vor Verbindung und Aufbau von Trennungsspannung zählen, die ein Verlangen nach Vergessen erzeugt (»Erregung«). Die »unaufhaltsame« Kriegsmentalität ist ein Phänomen, das nur eine Variation des stürmischen, selbstzerstörerischen Zwanges des Dogenabhängigen ist, der es eigentlich »besser weiß«. Für eine defensiv externalisierte Gesellschaft ist ein Leben, das keine Flucht durch Trennung, Zielverfolgung und andere Wege zuläßt, sich zu distanzieren und vor dem »Schrecken« und der »Leere« der Internalisierung zu fliehen, unerträglich. Die Selbstzerstörung wird zu einer Alternative, die man vorzieht, obwohl die Konsequenzen dieses Weges unausweichlich defensiv unterdrückt und bis zum bitteren Ende rationalisiert werden, wodurch sie dem Verlauf und Fortschreiten aller verneinten Abhängigkeiten ähneln.

Hindernisse auf dem Weg zur mittleren Zone

Den unbewußten Sog der Geschlechter umzuwandeln, ist aufgrund der verstärkenden und selbstschützenden Gefühle, die die geschlechtsmotivierten Ziele bieten, eine schwerfaßbare und bedrohliche Suche. Außerdem sind seine Nebenprodukte sozial anerkannt, wobei ihre pathologische Natur im allgemeinen nicht erkannt wird.

Im einzelnen:

1. Um den Prozeß zu ändern, ist ein »Aufarbeiten« der Abwehrmechanismen erforderlich, dem im Verhältnis zur Intensität dieser Abwehr Widerstand geleistet wird. Es besteht eine unbewußte »Angst vor Veränderung«, die den Status quo – selbst wenn er sehr bedrückend ist – annehmbarer macht als seine Alternative, ähnlich wie bei jeder Art von Abhängigkeit.

2. Die soziale Verstärkung ist am stärksten bei denen vorhanden, die sich mit Erfolg am meisten polarisiert haben: der zielstrebige, distanzierte, aber erfolgreiche Mann oder das schöne, manipulierende, »mächtige« weibliche »Sexualobjekt«. Beide werden für die Resultate ihrer Abwehr belohnt.

3. Rationalisierungen und Rechtfertigungen zur Verneinung oder Interpretation der wachsenden Wirkung der Abwehrhaltung werden in der Form von wissenschaftlichen Theorien und religiösen oder philosophischen Glaubenssystemen festgeschrieben, die besänftigen und beschwichtigen und dabei falsche Hoffnung, Trost und Optimismus erwecken. Sie lenken ständig von der Qual der Erfahrung bis zum schmerzlichen Ende ab.

4. Die Investierung des Ichs in die Selbstbilder, die von männlicher und weiblicher Abwehrhaltung erzeugt werden, ist im Verhältnis zur Intensität dieser Abwehrmechanismen wirkungsvoll. Das männliche Ich in »reiner Form« ist so defensiv aufgeblasen, daß es nichts anderes als selbstverstärkenden Input aufnehmen kann. Externalisiertes, mechanistisches Denken engt die Grenzen der Auffassungsgabe des Mannes ein. Sein Gegenstück, das feminine Ich, widersetzt sich dem Input, der ihre eigene Macht, Aggression, Identität und Sexualität aufbauen würde, da sie Angst hat, ihr defensives Ich zu verlieren, das ihr ein reaktives Gefühl von Kontrolle über ihr Leben gibt, indem sie »feminin« ist.

Außerdem sind ihre Überzeugungen fortwährend auf das »Nicht-Rationale« festgelegt – zum Beispiel auf das Mystische, Spirituelle, Religiöse, das man unmöglich durchdringen kann, oder auf eine Bindung an defensive Überzeugungen von »Liebe«, »Nettigkeit« und das »Positive«, die entgegengesetzte Realitäten blockieren.

5. Angst und Mißtrauen liegen dem männlichen Ich, das Vernichtung nach der Lösung der selbstschützenden Strategien und Überzeugungen erwartet, stark zugrunde.

6. Im Verhältnis zur unbewußten Polarisation besteht ein Grauen vor der »Langeweile« und »Leere« eines Lebens ohne die defensiv erzeugte Erregung, Struktur und Ichgültigkeit polarisierter Ziele und Motivationen und ein Vermeiden dieser Gefühle.

7. Im Verhältnis zur männlichen Externalisierung bestehen Furcht und Schrecken vor der Unmännlichkeit, so daß der Verlust der Männlichkeit zur gefürchtetsten Alternative wird. Genauso ist ein Verlust ihrer Weiblichkeit und der Erfüllung ihres Strebens nach Beziehung und »Intimität« die meist gefürchtete Alternative für die traditionell konditionierte Frau.

8. »Energie«, »Zweck« und »Bedeutung« entstammen defensiverzeugten Motiven. Sie ziehen stark an und wirken angstreduzierend.

9. Die Verwechslung von Inhalt und Prozeß verführt uns dazu, ständig zu glauben, daß wir unsere Erfahrung ändern können, indem wir den »Inhalt« ersetzen oder anpassen. Aufgrund des unsichtbaren Naturprozesses, der unser Ichgefühl definiert, sind wir nur in kurzzeitigen, periodischen »Durchbruchsmomenten« in der Lage zu sehen, wie unser Prozeß unsere Erfahrung der Realität erzeugt. Diese Augenblicke zerstreuen sich aber meistens wieder, bevor eine permanente Veränderung des Prozesses eintreten kann.

10. Die Geschlechterpolarisierung erzeugt im Verhältnis zu ihrem Vorhandensein ein Aufbauen von Spannung, die diese schädigenden Verhaltensformen zwingt, Erleichterung zu bieten, genau wie der Aufbau von Spannung in

einem Drogenabhängigen für sein unkontrollierbares Verlangen verantwortlich ist.

Diese mittlere Zone ist kein Gebilde oder eine neue Arena, sondern eine nicht verzerrte Realität, die man erfährt, wenn der defensive Prozeß aufgelöst wird. Diese Realität wird nicht von den geschlechtlichen Abwehrmechanismen kontrolliert, die unersättliche Motive und starr vorhersagbare Reaktionen hervorbringen.

Die allmähliche Druckverminderung oder die Verringerung der polarisierten Abwehrhaltung bezeichne ich als »Bewegung auf die mittlere Zone zu«, in der eine Realitätserfahrung mit Motiven, die bewußt und kontrollierbar sind und das produzieren, was wir wünschen, möglich wird. Die mittlere Zone ermöglicht Beziehungsbindungen, die auf Klarheit und Realität beruhen, einen biologischen Prozeß, der nicht von den defensiven Motivationen verzerrt ist, die selbstzerstörerische Angewohnheiten erzeugen, die zeitweise an die Oberfläche kommen, um den Spannungsaufbau von defensiven Bedürfnissen und Frustrationen zu eliminieren, ein Körperbewußtsein, das sowohl in der Natur als auch in der Sozialisation verwurzelt ist, und eine nichtdefensive Synthese des Ichs und der nichtverzerrten Realität, die das Leben im besten Sinne des Wortes »kontrollierbar« macht.

Weil der Sog der Geschlechter sich aus unbewußten, polarisierten Abwehrmechanismen zusammensetzt, ähnelt der Prozeß, sich auf die mittlere Zone zuzubewegen, in gewisser Weise dem Kampf eines Neurotikers oder sogar eines Psychotikers, der seine selbstzerstörerischen Reaktionen aufgeben soll, die er als selbstbeschützend und lebensbewahrend erfährt, um die »Kontrolle« in einer nicht-verzerrten Realität wiederzugewinnen.

Die Bewegung auf die mittlere Zone zu kann nicht durch intellektualisierte Absichten erreicht werden, weil diese einfach nur eine Form der Inhaltsveränderung sind. Auch ist es keine Sache, die schnell oder willentlich ausgeführt werden kann. Es hängt eher von der Anerkennung des Prozesses und der Fähigkeit, ihn zu beobachten, ab, von diesem unsichtbaren Sog, den man bereitwillig in anderen sieht, aber selten in sich selbst.

Die mittlere Zone würde eine Lebenserfahrung hervorbringen, die radikal verändert ist, da kein Verlangen nach Abhängigkeit bestände, das durch die Geschlechter erzeugt ist, keine Zwänge, extreme Reaktionen oder unersättliche Motivationen. Auch die defensiven »Hoch-« und »Tiefgefühle«, die aus einer illusorischen Verfolgung des Inhalts und einer Verführung durch ihn aufgrund einer unwiderstehlichen Attraktion dessen, was »gut aussieht«, resultieren, wären nicht vorhanden.

Die »Angst« vor dieser mittleren Zone besteht darin, daß wir trotz der wiederholten und einschränkenden »Sackgassen«, die sie hervorbringt durch Phantasien, Romanzen und »Triumphe«, die periodisch auftreten, um uns zu bestärken, bestätigt werden. Der vom Erfolg angetriebene Mann will mehr Geld und Macht, selbst wenn er immer starrer und unglücklicher wird, genau wie die Frau, die nach Romanzen hungert, wiederholt auf dieselben verhängnisvollen Endpunkte stößt, aber versucht, die Erfüllung, nach der sie sich sehnt, zu ereichen, indem sie die Äußerlichkeiten ändert (ein »neuer Mann«).

Die mittlere Zone scheint den polarisierten Menschen bestenfalls nicht aufregend und schlechtestenfalls als ein Leben, das es nicht wert ist zu leben. Es verhält sich ähnlich wie bei dem Kind, das frischen Orangensaft verabscheut, weil er »langweilig« ist, und das »aufregende« Sprudelgetränk vorzieht, oder lieber ein Stück Kuchen anstelle einer süßen Pflaume ißt.

Das Rennen spielt sich ab zwischen der Abhängigkeit, die von den polarisierten Extremen erzeugt wurde, und der Realität, die durch verringerte Abwehrmechanismen geschaffen wurde. So entstehen am Anfang Gefühle von »Unwirklichkeit« oder das Gefühl, daß »etwas nicht in Ordnung« ist, ähnlich wie ein Alkoholiker die Realität erfährt, wenn er nüchtern ist.

Betrachten Sie einmal den Macho und die feminine Erdmutter und sehen Sie sie so, wie sie wirklich sind: angetrieben von ihren Zwängen und in ihren Reaktionen, Vorlieben und Verhaltensmustern starr kalkulierbar und stereotyp. Stellen Sie sich jetzt vor, daß sie frei von dem schädigenden Sog sind, der sie antreibt, und in der Lage, ihr Potential als Menschen zu erfüllen, statt ihr Leben als defensiv angetriebene Karikaturen zu leben. Der Mann wäre nicht länger von einem unersättlichen Bedürfnis angetrieben, sich zu beweisen, indem er produziert, leistet und erreicht. Die Frau wäre nicht länger von ihrer defensiven Unsicherheit in bezug auf ihre körperliche Erscheinung, von Sehnsüchten nach der Erfüllung unerfüllbarer Bedürfnisse, nach »Nähe« und Romanze angetrieben; sie wäre frei von ihren Ängsten vor der äußeren Welt und von den unzähligen körperlichen Symptomen und Leiden, die im Verhältnis zur Unterdrückung, die durch ihre weibliche Abwehrhaltung verursacht wird, auftreten.

Beobachten Sie die polarisierte Beziehung zwischen Mann und Frau – sie sind aufgrund der Unfähigkeit des Paares, die Realität des jeweils anderen Partners zu begreifen, zornig, angespannt und konfliktbeladen. Stellen Sie sich dann vor, daß sie fähig sind, sich richtig zu sehen und zu hören und aufeinander unbefangen und nichtdefensiv einzugehen. Jetzt haben Sie die »mittlere Zone« vor Augen.

Stellen Sie sich eine Welt vor:

Ohne den unersättlichen, sich ausdehnenden Kreislauf von Produktion und Verbrauch, der durch einen Zyklus ersetzt wird, der statt dessen reale und nichtdefensive Bedürfnisse befriedigt.

In der eine Bindung zwischen Mann und Frau auf Freundschaft basiert und nicht auf romantischer Phantasievorstellung beruht.

In der Vergnügen aus Wechselbeziehung und nicht aus Flucht vor der Realität und Ablenkung herrührt.

In der biologische Funktion eine biologische Notwendigkeit ist und nicht als Vehikel zur Verminderung defensiv hergeleiteter Spannung und Frustration benutzt wird, und nicht dem »Spaß« dient, um die maskuline, unbewußte Attraktion des Vergessens und das weibliche Verlangen nach Vereinigung zu sublimieren.

In der Männer und Frauen die Realität auf dieselbe Weise erfahren und in der Lage sind, echt miteinander zu kommunizieren, ohne defensiv negative (maskuline) oder defensiv positive (feminine) Interpretationen der Realität.

In der nichts produziert wird, das dem menschlichen Organismus schadet; nicht aus einer selbstgerechten Moral heraus, sondern aufgrund der neuen Fähigkeit, einen schlichten »Instinkt« zum Überleben zu erfahren, und aufgrund der dem menschlichen Organismus innewohnenden Fähigkeit, Dinge zurückzuweisen und von ihnen abgestoßen zu werden, die ihm schaden können.

In der Väter und Mütter gleichermaßen die Elternrolle übernehmen und Kinder nicht »benutzt« werden, um das Ego der Eltern zu steigern oder ihre Frustrationen zu kompensieren.

In der die Arbeit den Menschen nicht dazu dient, ihre Identität zu definieren oder ihre Lebenserfahrung zu strukturieren, und in der sie in der Lage sind, von Mensch zu Mensch zu handeln und nicht von Rolle zu Rolle oder Objekt zu Objekt.

In der Arbeit und Liebe wirklichen Bedürfnisse entstammen und nicht defensiv zwanghaften, sinnlosen, unersättlichen polarisierten Motiven.

In der Wissenschaft und das Geistliche Werkzeuge sind, um die Lebenserfahrung zu steigern, statt Filter der Realität, die defensiv benutzt werden, um Ängste abzuwehren.

In der die Natur nicht als Herausforderung oder Bedrohung wahrgenommen wird, sondern als optimales Stützsystem für den Menschen als biologisches Wesen.

In der die Bindung zwischen Mann und Frau frei von den Kreisläufen romantischer Euphorie ist, der Enttäuschung, Entfremdung und Zorn folgen.

Anders ausgedrückt, würde die mittlere Zone bedeuten:

Arbeit um der Arbeit willen und nicht für das Ich oder als defensive Flucht.

Biologischer Ausdruck für biologische Ziele und nicht zur Befreiung von Spannungen.

Liebe als un-selbst-bewußte Verbindung und Fürsorge und nicht als defensive Selbstgültigkeit oder Rückzug und Flucht vor den tieferen Teilen unseres Ichs.

Wissenschaft als Werkzeug für das Verständnis der mechanischen Welt und nicht als Pfad zur »Wahrheit« über persönliche Erfahrung.

Religiöse Aktivität als Ausdruck des Geheimnisses und der ehrfürchtigen Natur des Lebens und nicht als »Erlösung«, Trost, Angst oder Angstreduzierung oder Rückzug aus der Realität.

Elternschaft, die nicht aus überentwickelter Bemutterung oder distanzierter, unterentwickelter väterlicher Fürsorge besteht.

Heilung als Selbstbewußtsein und nicht als Kunst oder Folge der technischen Kenntnisse von Ärzten.

Die natürliche Welt als unterstützende Umwelt und nicht als Phänomen, das als Feind, Herausforderung oder Geheimnis wahrgenommen wird, das es zu fürchten, erobern, verstehen oder zu vermeiden gilt.

Rationalität und Intellektualität zum Verständnis und nicht zur Distanzierung durch Abstraktionen oder durch das Streben nach »Wahrheit«, um das Ego zur Geltung zu bringen oder den Zwang der Distanzierung zu rationalisieren.

Der Weg dorthin

Das weibliche Unbewußte würde sich wegbewegen von

1. *Unterdrückter Aggression,* die ein Opferbewußtsein erzeugt, das sich durch defensive »Nettigkeit«, Vermeidung von Konflikten und Verneinung von Zorn und Aggression und eine verzerrt positive Weltsicht manifestiert.

Es würde sich hinbewegen zu einer nichtdefensiven Erfahrung von Aggression, die die Frauen von dem Gefühl, auf ihrer unbewußten Suche nach der polarisisierten Phantasievorstellung einer »all-liebenden« Erfahrung »brutal behandelt« zu werden, befreit.

2. *Unterdrückter Selbstbehauptung,* die das Ichgefühl und die Selbstachtung zerstört und Frauen in den Bereichen lähmt, in denen es darum geht, ihre Grenzen, Beschränkungen und Vorlieben zu definieren, und ihre Fähigkeit, den Anfang zu machen und getrennt und sorgenfrei das zu verfolgen, was sie selbst wollen. Auf diese Weise würden sie die innere Erfahrung vermeiden, sich kontrolliert zu fühlen, und das defensive Bedürfnis, daß man auf sie »gefühlvoll« eingeht, und die Neigung, Verbindungen mit Männern einzugehen, auf die sie reaktiv statt aktiv reagieren, und daher aufgrund ihrer Kontrolle einen Verlust des Ichs und ein Zorngefühl erfahren.

Es würde sich hinbewegen auf die Entwicklung eines klaren Ichgefühls, das weder defensiv starr ist, noch überheblich in seiner Selbstverteidigung, noch ständig in Gefahr, sich aufzulösen. Es gäbe das Gefühl, selbst zu wählen und zu schaffen und nicht Opfer zu sein; ein Mensch, der frei ist von den Gefühlen, nicht berücksichtigt, negiert, kontrolliert oder gequält zu werden.

3. *Unterdrückter Autonomie,* die ein übertriebenes defensives Bedürfnis nach Nähe oder »Intimität« in Beziehungen erzeugt, frustrierte Sehnsüchte nach Vereinigung, die defensiv durch ein zu starkes Bemuttern sublimiert werden, Besessenheit mit Religion, dem »Geistlichen« oder Mystischem, Frustration, die sich durch Fixierung aufs Essen ausdrückt, Verlangen nach Erfüllung einer romantischen Phantasievor-

stellung und Zorn darüber, daß man das Gefühl hat, als selbstverständlich hingenommen und wie ein Kind behandelt zu werden.

Es würde sich hinbewegen zu einer nichtdefensiven Selbständigkeit, die Frauen von dem Bedürfnis, ihre Erfahrung in einem romantischen Licht zu sehen, befreit. Dies erleichtert das Erreichen eines begründeten, positiven Gefühls eines getrennten Ichs und Meisterung des Lebens.

4. *Unterdrückter Externalisierung* und *der Neigung,* ihre Erfahrung bei Streß *zu stark zu emotionalisieren* und von starken und schmerzlichen Gefühlen verschlungen zu werden. *Es würde sich hinbewegen zu* einer ausgewogenen Ausdrucksfähigkeit.

5. *Unterdrückter Sexualität,* die das Bedürfnis erzeugt, Sex mit Intimität und Liebe gleichzusetzen.

Es würde sich hinbewegen zu einer Erfahrung der Sexualität, die sich gut ausdrücken läßt und »unter Kontrolle« ist und die weder gefürchtet, verneint, auf einen Sockel gestellt, noch für nicht-sexuelle Motive benutzt wird.

Das männliche Unbewußte würde sich wegbewegen von

1. *Defensiver Aggression,* die ihn als jungen Mann anfällig für selbstzerstörerische Handlungen macht, in dem Bedürfnis, Angst oder »Unmännlichkeit« zu verneinen, und einen starr wetteifernden, hyperaggressiven Zustand hervorbringt, der zum Selbsthaß führt, wenn er verliert, der ihn von anderen Männern entfremdet, die er als Konkurrenten und Bedrohung betrachtet, und ihn zwanghaft wachsam und selbstschützend gegenüber einer Welt macht, die er als Dschungel empfindet. Er wird auch anfällig für selbstzerstörerischen Zorn, wenn er frustriert und nicht in der Lage ist, Herausforderungen zu widerstehen, ohne dabei Selbsthaß zu empfinden. Außerdem ist er anfällig für physiologische Störungen, die aus chronischer, selbstbeschützender Wachsamkeit entstehen; eine Aggression, die von einer destruktiven Intellektualisierung sublimiert wird, eine »Angriffs«-Orientierung auf die Natur und die Umwelt und eine zwanghafte, angetriebene Produktivität, die defensiv um ihrer selbst willen besteht.

Es würde sich hinbewegen zu einer nichtdefensiven Erfahrung der Welt und anderer und zu einer Druckverminderung der defensiven Aggression, die es ihm ermöglichen würde, sich von chronischer Wachsamkeit und Selbstschutz zu befreien. Die Aggression würde aufgewogen werden durch eine gleichwertige Fähigkeit zu unbefangener Wechselbeziehung und Verspieltheit, durch ein sorgenfreies Verständnis der Angst, sofern dies zweckdienlich erscheint, durch die Fähigkeit, Herausforderungen und Bedrohungen zu tolerieren, ohne sich gezwungen zu fühlen zu reagieren, und ohne konkurrierende oder chronisch selbstschützende Gefühle zu interagieren.

2. *Defensiver Selbstbehauptung,* die ein unersättliches Bedürfnis nach Kontrolle erzeugt und alles vermeidet, wo Kontrolle nicht möglich ist, die ein grenzenloses Ich und das zwanghafte Bedürfnis, sich überall aufzudrängen, erzeugt, zusammen mit der Unfähigkeit, anderen Menschen »zuzuhören« und ihre Realität »aufzunehmen« oder seinen psychologischen Raum mit ihnen zu teilen, neben dem starren Widerstand, sich zu unterwerfen, und der Intoleranz gegenüber Ambiguität, Verletzbarkeit und Unentschlossenheit.

Es würde sich hinbewegen zu einer Lebenserfahrung, in der der Schutz des Egos und seine Selbstbehauptung keine Motive sind; wo das Bedürfnis, zu kontrollieren und sein Ich anderen aufzuzwingen oder sich zurückzuziehen, nicht besteht, und wo das Ich nicht durch das Bedürfnis nach defensiver Geltendmachung kontrolliert wird.

3. *Defensiver Selbständigkeit,* die ein Verlangen nach Selbstbegrenzung, »Distanz« und »Raum« produziert, eine Intoleranz und ein Verneinen der inneren Bedürfnisse und Schwäche, ein Zwang, völlig unbedürftig zu werden, die Unfähigkeit, um Hilfe zu bitten, und eine Tendenz zu fortschreitender Isolation und weg von persönlicher Verbindung und der Fähigkeit, sich eng an jemanden zu binden, es sei denn, diese Bindung basiert auf »Benutzen« oder der Erfüllung einer Verpflichtung, und eine defensiv erwachsene, befangene Wechselbeziehung und ein Fehlen von spielerischem Umgang miteinander.

Es würde sich hinbewegen zu der Fähigkeit, sich frei zu binden, zu interagieren, sich zu offenbaren, Bedürfnisse zu haben und spielerisch miteinander umzugehen.

4. *Defensiver Rationalität,* die in dem Gebrauch von Logik als Waffe resultiert, in distanzierter Kälte, in einer Verachtung von allem »Nichtobjektiven« und Mißtrauen, in einer Neigung, sich auf das Leben mechanisch zu beziehen und es so zu erfahren, in einer Unfähigkeit, das Leben und sich selbst auf nichtmechanische Weise zu »fühlen« und zu erfahren, in einer Bindung an Objekte, die man Menschen vorzieht, in einer Besessenheit mit abstrakten Wahrheiten und Informationen als Weg zum Verständnis, während er sich vom Persönlichen und Emotionalen löst, da es nicht vom Intellekt kontrolliert werden kann.

Es würde sich hinbewegen zu einem Gebrauch des rationalen Verstandes, um die objektive Welt nichtdefensiv als nützliches Werkzeug und nicht als Waffe für Selbstschutz und Distanziertheit zu handhaben, während er gleichzeitig fähig ist, zu erfahren, intuitiv wahrzunehmen und zu fühlen.

5. *Defensiver Sexualität,* die zwanghaftes Verhalten hervorbringt und eine zwanghafte Beschäftigung mit Sex, der dann dazu dient, Bindungen zu vermeiden und als Hauptweg, sich »lebendig« zu fühlen und auf »persönliche« Weise Entspannung zu erreichen, was zu der defensiven Gleichsetzung von gutem Sex mit einer guten Beziehung zu einer Frau führt.

Es würde sich hinbewegen zu der Fähigkeit, Sex als nicht zielorientiert und nicht durch das Bedürfnis nach Entspannung verzehrt zu erfahren, als Selbstbestätigung oder Sublimierung des Verlangens nach persönlicher Bindung.

6. Schließlich würde sich das männliche Unbewußte wegbewegen von *einem zwanghaften und unersättlichen Bedürfnis nach Selbstbestätigung der Männlichkeit,* die dazu dient, die starke, unbewußte, weibliche Prägung in seinem Innern zu leugnen.

Es würde sich hinbewegen zu der Fähigkeit, nicht endgültig und selbstfürsorglich zu reagieren, und darauf basieren, wie die Dinge wirklich sind und nicht darauf, wie sie die Sorge um das maskuline Image erfüllen. Dies alles würde ihn von den engen, potentiell explosiven und selbstzerstörerisch starren Reaktionen des defensiven Mannes befreien.

In dem Prozeß des Strebens nach der »mittleren Zone« würde er sich wegbewegen von:

der Sehnsucht nach Aufregung, die ihm das falsche Gefühl gibt, lebendig zu sein, und die die Unfähigkeit zu fühlen kompensiert,

der Unfähigkeit, ohne Funktion oder Rolle zu »sein«,

unpersönlichen Beziehungen,

unbewußter Selbstidentifizierung als mechanisches Objekt,

defensiv abstrahierter Wahrnehmung des Lebens,

der unersättlichen Suche nach äußerlichen Lösungen als Antworten auf alle Probleme und dem Glauben daran, hin zu einem nichtdefensiv verbundenen, nichtzwanghaften, selbstfürsorglichen und voll bewußten Zustand.

18.

Die Kartographierung des Territoriums: Die psychologische Evolution des Mannes

Die Reise

Ich erwähnte einem Freund gegenüber, daß ich ein neues Buch über »die neuen Risiken, ein Mann zu sein« schrieb. Er ist ein Mensch, den ich für seine Offenheit und die Fähigkeit, in der »wirklichen Welt« verwurzelt zu bleiben und erfolgreich zu sein, bewundere, während er gleichzeitig Verbindung hat zu seinem tieferen Empfindungsvermögen und zu seinen Gefühlen. Es tröstet mich, wie er über die scheinbar endlosen Widersprüche und Paradoxa des *Mannseins* lacht, die mich oft quälen, und wie er mit leichter Selbstannahme seine Sensibilität, aber auch seine kraß-männliche und ichkonzentrierte Seite ausdrückt. »Ein Jahrzehnt ist seit meinem ersten Buch vergangen«, sagte ich, »und die Probleme, die damals so unkompliziert schienen, stellen sich jetzt viel tiefer verwurzelt und schwerfaßbar dar.«

Seine Antwort spiegelt meiner Meinung nach ausdrucksvoll die Erfahrung vieler Männer wider, die die Erforschung und die Veränderung ihres Verhaltens als Männer zu einem zentralen Thema in ihrem Leben gemacht haben.

Wenn ich mein eigenes Leben während dieser letzten zehn Jahre betrachte und meinen Kampf, mich von dem starren und abstumpfenden Muster zu lösen, das ich bei älteren Männern und vielen Gleichaltrigen beobachtete, und außerdem die endlosen und zwingenden Illusionen und Bilder zu vermeiden, die für die meisten von uns ein Köder sind, lernte ich den Begriff »auf des Messers Schneide« zu schätzen — denn ich hatte das Gefühl, daß ich genau dort die meiste Zeit gelebt hatte.

Als ich daran arbeitete, mein persönliches und mein inneres Leben so lebendig und wichtig wie mein äußerliches zu machen, fragte ich mich oft, ob ich mir etwas vormachte; ob ich nur versuchte, anders, überlegen oder einen Schritt voraus zu sein – was eine klassische Machomotivierung ist – oder ob ich unbewußt versuchte, mich zu distanzieren und zu lösen und mich von anderen abzusondern.

Wenn ich das Gefühl hatte, daß ich ein Risiko einging und an die traditionellen Grenzen und Zwänge stieß, gab es Augenblicke, in denen ich mich fragte, ob ich die Grenze übertreten und Opfer meiner eigenen Art von Macho-Selbstzerstörung im Stil des New Age werden würde. Jedesmal machte ich mir Sorgen, daß meine Intuition mich im Stich lassen würde, obwohl dies *nie* der Fall war. Die Dinge ordneten sich immer auf heilsamere Art und Weise, obwohl ich dies erst richtig erkennen konnte, nachdem Monate vergangen waren.

Manchmal fühlte ich mich belebt und bestätigt, weil ich diesem tieferen Teil meines Ichs vertraute, der mich antrieb trotz des Negativismus, den ich von manchen – auch von mir selbst – erfuhr. Es gab auch regelmäßig Zeiten, wenn ich mich besiegt, desillusioniert und sehr müde fühlte – dann mußte ich eine Weile ganz allein sein und die Außenwelt ganz ausschließen, um wieder Energie aufzuladen.

Dann gab es Zeiten, in denen ich wie ein ehemaliger Alkoholiker, der alles daran setzt, sich zu besaufen, ganz der alten Konditionierung nachgeben wollte – dem ganzen Machozeug. Es schien einfacher zu sein, zu kontrollieren und zu beherrschen, Frauen wie Sexualobjekte zu behandeln, zu verstecken, was man dachte und fühlte, zu seinen Kindern hart zu sein, um sie »auf das Leben vorzubereiten«, ohne sich Sorgen darüber zu machen, daß man Mitleid oder Verständnis zeigt, und im allgemeinen das Spiel des Lebens für Symbole und Gewinne zu spielen, und sich nicht um die Mittel und um das Wie zu kümmern.

Das waren die Zeiten, wenn ich der Meinung war, daß es einfacher sei, mit dem Strom zu schwimmen und sich nicht um die tieferen Kräfte der Gesellschaft zu kümmern, die sich unablässig weiterbewegen, egal was der einzelne darüber denkt oder wie er handelt.

Außerdem habe ich die Erfahrung gemacht, daß ich nicht so stark bin. Ich kann mich wirklich nicht zu weit von den ganzen Traditionen entfernen, ohne schreckliche Spannung und Angst zu erfahren. In meinem Innern bin ich wie jeder andere Mann und versuche, immer daran zu denken, daß ich die Spiele, die Männer spielen, genauso brauche wie die anderen auch. Ich weiß, daß ich mich wirklich langweilen würde, wenn die meisten Männer plötzlich New Age drauf hätten und nur noch sensibel wären. Irgendwie wird mir übel, wenn ich daran denke.

Obwohl ich weiß, daß es eine Sackgasse ist, die oft zerstörerisch ist, liebt ein Teil meines Ichs trotzdem diese Machohaltungen – du weißt schon, Sachen wie »spielen, um zu gewinnen«, »ich habe recht und du hast unrecht«, »die Wahrheit liegt irgendwo dort draußen, komm, wir wollen sie suchen«, »Geld und Macht sind Realität – und sie machen glücklich«, »schau dir mal mein neues, teures Spielzeug an«, »laß uns mal was aufreißen«, »wir sind die Guten, und sie sind die Bösen« usw. Diese Spiele gibt es schon lange und deshalb sind sie wohl nötig – wer weiß – oder vielleicht sind sie eine Art Training, das uns auf die nächste Stufe vorbereitet, wie auch immer *die* aussehen mag.

Dies sind meine dunklen Stunden – aber in anderen Momenten fühlt sich durch das Sichöffnen und Loslassen der festen Umklammerung alles so lebendig und reich an. Dann erhasche ich einen flüchtigen Blick davon, wie es in meinem Leben aussehen könnte.

Am schwersten ist es immer noch für mich zu vermeiden, von dem Glauben gefangengenommen zu werden, daß ich mich auf einer Mission oder auf der Suche nach der Wahrheit oder Aufrichtigkeit befinde und daß es irgendwo dort draußen eine Antwort gibt, die es zu entdecken gilt und durch die sich alles wie von selbst löst, oder daß es einen *richtigen Weg* gibt, wie Männer sein und leben sollten. Ich weiß, daß ich weit vom Ziel entfernt bin, wenn es sich wie eine Predigt anhört.

Als Psychotherapeut, der seit fünfundzwanzig Jahren praktiziert, und als Mann, der auf der Suche nach Wachstum und nach der Entdeckung der tieferen psychologischen Realitäten und des Soges ist, der uns entlangzieht, bin ich mir der Widerstände, der Angst und des Selbstbetrugs bewußt, die Teil des Prozesses von persönlichem Wachstum und Veränderung sind. Das Paradoxe an meinem Beruf als Psychotherapeut sehe ich besonders dann, wenn diejenigen, die am defensivsten sind und die Hilfe und Befreiung am stärksten brauchen, am heftigsten Widerstand leisten und am aggressivsten sind und diese Tatsache leugnen. Die Gesündesten oder am wenigsten defensiven Menschen sind diejenigen, die sich bereitwillig und ernst beim Prozeß der Therapie und Selbsterforschung offenbaren.

Dieses Paradoxon funktioniert genauso stark und heftig bei den Geschlechterfragen, die ich in diesem Buch behandle. Die Männer und Frauen, die am tiefsten in der polarisierten Abwehrhaltung eingebettet sind, scheinen dies starr zu verneinen und widersetzen sich fast allem Input, das Selbstbewußtsein produzieren könnte. Der extreme Macho zieht den Tod oft unbewußt der Selbsterforschung und Veränderung vor. Die extrem feminine Frau »scheint« dringend nach Hilfe zu verlangen, aber auf ihre Weise widersetzt auch sie sich stark und untergräbt jegliche Veränderung, die die Sicherheit und Macht verringern könnte, die ihre internalisierte weibliche Verteidigung ihr gibt, selbst wenn sie weiß, wie sie durch ihre Muster wiederholt in ihrem sinnlosen Verhalten eingeschlossen wird.

Wahre Veränderung in Gruppen einzelner setzt daher zuerst bei denen ein, die schon sehr offen sind und es vielleicht am wenigsten »brauchen«, und dringt dann langsam zu den defensiven Menschen durch. Wir leben in einer komplexen Zeit, in der sich die Kräfte des Wachstums und der Veränderung und die, die dem entgegenwirken, ein Kopf-an-Kopf-Rennen liefern. Wir sind nicht mehr so unschuldig und offen, wie wir es einmal waren, aber wir sind in unseren Erwartungen auch realistischer und müssen die tiefe Komplexität und die Tücke der Probleme, denen wir uns gegenübersehen, anerkennen.

Die Erfassung der Struktur und Form der Veränderung

Das psychologische Wachstum und die Evolution des Mannes wird sich schließlich nicht auf äußerliche Veränderungen oder die Entdeckung weiterer Antworten stützen, sondern eher eine Verringerung der starren externalisierten Abwehrhaltung sein, die seine innere Erfahrung filtert und verzerrt und ihn zur Distanzierung treibt. Veränderung bedeutet größere Flexibilität in der Reaktion und Offenheit gegenüber Erfahrung – innere und äußere und soziale Veränderung wird daraus hervorgehen. Wenn Männer mehr aus sich herausgehen, verringern sich die starren, selbstzerstörerischen Zwänge, die ein Ausdruck und Nebenprodukt der Distanziertheit sind. Männer werden wieder zu sich selbst und anderen Verbindung aufnehmen, und *dieser Prozeß* der verringerten Abwehrhaltung wird die äußere Realität verändern.

Wenn ein neues Gleichgewicht gefunden wird und Internalisierung eintritt, wird eine Abnahme in dem Bedürfnis und in dem Gebrauch der Biologie zur Spannungsreduzierung (zum Beispiel Trinken, zwanghafte Sportausübung, distanzierte Sexualität und schädigende Eßgewohnheiten) eintreten, die einen Zwang auf ihn ausübt, indem sie ihm momentane »Aufregung« oder Entspannung gibt. Auch das Bedürfnis nach Schlaf und der Ausdruck von Passivität müssen nicht mehr unterdrückt werden und im Dienst der defensiven, maskulinen Überaktivität ungefühlt bleiben. Die Leidenschaft und Aufregung von Elternbindung wird an die Oberfläche gelangen, Männer werden zu Vätern, die sich stark einbringen, nicht weil sie es sollen, sondern aufgrund der starken Erfüllung, die sie so erfahren.

Die Internalisierung wird auch die zwanghafte Arbeit (Arbeit, um der Spannung zu entfliehen) und den Gebrauch von Sport im Fernsehen und ähnlichem, das der Lösung persönlicher Spannung dient, verringern. Wenn Arbeit- und Leistungszwang geringer werden, wird die Fähigkeit entwickelt, Vergnügen und Befriedigung in einem einfacheren, persönlicheren Lebensstil zu finden; dieser Lebensstil wird weniger von mechanischen Spielzeugen oder starken äußerlichen Reizen für Vergnügen und Flucht vor der Langeweile abhängen.

Wenn Männer und Frauen ein neues Gleichgewicht finden und in der Lage sind, aufeinander als Menschen und Freunde einzugehen und nicht als polarisierte Geschlechter, verschwindet das Bedürfnis, voreinander durch ritualisierte, »ernsthafte« Wechselbeziehung mit Konzentration auf spannungsbezogene Ablenkung zu fliehen (wie ritualisiertes Essen, Trinken, Einkaufen, Fernsehen und »Ausgehen«). Statt dessen besteht eine größere Kapazität für Vergnügen durch Verspieltheit und Wechselbeziehung untereinander.

Insgesamt wird die *Erfahrung* einer nichtverzerrten Realität den nichtpolarisierten Mann von neuem motivieren. Wie sich die Dinge anfühlen, nicht wie sie aussehen oder wie sie eine Flucht vor innerer Spannung zulassen, wird zur Grundlage, wenn eine Wahl getroffen wird.

Im besonderen – eine Zusammenfassung

1. Die psychologische Evolution des Mannes ist nicht eine Rückkehr zu traditioneller Rollenverteilung in dem nostalgischen Glauben, daß es damals besser war; noch ist es eine New Age-Phantasievorstellung der totalen männlichen Sensibilität, Liebe und Zärtlichkeit und eine idealistische Ideologie, utopische Vision oder Verfolgung abstrakter Wahrheiten.

Statt dessen ist sie ein Schritt weg von der defensiven, starren, unersättlichen Konditionierung, die vielleicht früher einmal für Männer funktioniert hat, aber jetzt nur dazu dient, sie unnachgiebig in enge, starre Verhaltensmuster zu pressen, die im Dienst der Verfolgung einer externalisierten Erfüllung und Befriedigung, die *nie* eintreten kann, ihren psychologischen oder inneren Tod verursachen.

2. *Was* ein Mann tut, definiert ihn nicht als »Macho«; es ist der Grad der unbewußten Abwehrhaltung, die seine Distanziertheit verursacht und ihn definiert. Ein Dichter oder Humanist kann genauso »macho« sein, wie ein Fußballspieler

oder Polizist – nur mit anderen Anzeichen an der Oberfläche oder der äußeren Verkleidung.

Es ist diese zugrundeliegende, polarisierte Abwehrhaltung, die schließlich die persönliche Erfahrung aller externalisierten Männer gleichmacht – egal, ob sie zwanghafte Arbeiter sind, Alkoholiker, abstraktionsfixierte Intellektuelle, zu Felde ziehende »Hausmänner«, brilliante Wissenschaftler, Ärzte oder erfolgreiche Geschäftsleute.

3. Die verringerte Abwehrhaltung des Mannes verbindet ihn mit der *Erfahrung* des Lebens und macht ihn weniger verletzlich bei der Ausübung defensiver, zerstörerischer Arbeiten, die oberflächlich dazu dienen, ihm als Mann Geltung zu verschaffen, aber tiefer nur den Zweck haben, den ständigen Aufbau von Spannung zu reduzieren, der eintritt, wenn sich die Distanz zum Persönlichen und Inneren steigert.

Die verringerte Abwehrhaltung reduziert die Macht der Bilder und Symbole der Männlichkeit als Motiv für sein Verhalten.

4. Wenn die Beziehungen zwischen Mann und Frau sich von Mensch zu Mensch abspielen, statt von polarisiertem Objekt zu polarisiertem Objekt, wird man erkennen können, wie die Geschlechter das Verhalten, das sie verabscheuen und als dessen Opfer sie sich fühlen, gegenseitig gleichwertig erzeugen und verstärken.

Wenn sich die defensive Polarisierung zwischen den Geschlechtern verringert, wird auch die romantische Anziehung als Grundlage für eine Beziehung ihre Macht verlieren – und sogar zum Greuel werden. Einfach ausgedrückt heißt das, daß eine Romanze kein gutes Gefühl geben wird, weil ein Zusammensein mit seinem polaren Gegenstück unattraktiv, wenn nicht sogar abstoßend ist, wenn dessen Realität erst einmal unverzerrt erfahren wird. Die Achterbahn von Beziehungen, die auf romantischen Gefühlen beruhen, angefangen bei romantischer Euphorie bis zur Langeweile und dann Zorn, wird verblassen.

5. Der Köder der »Aufregung«, der in Männern, den Lemmingen ähnlich, eine Anziehung für Selbstzerstörung und Vergessenheit auslöst (die Vergessenheit des Alkoholrausches, di-

stanzierte Sexualität, körperliche Gewalt, Attraktion von symbolischen Erfahrungen, der »Nervenkitzel« der Gefahr usw.), wird aufgrund des drängenden und unbewußten Bedürfnisses, die Spannung der Verinnerlichung zu reduzieren, verringert. Selbstbewußtsein und Selbstfürsorge im positiven Sinn von Schaffung bewußter Kontrolle wird wachsen, weil die Männer sich selbst ohne Verzerrung erfahren können.

In der Vergangenheit, als Distanziertheit alles war, steigerte sich der Hunger nach Aufregung (Ablenkung und Entspannung) in Beziehungen und Lebenszielen, genau wie die Neigung, sich zu langweilen und sich taub zu fühlen, wenn das Verlangen nach Erleichterung und Stimulierung zeitweise blockiert war. Dies stieß Männer unbewußt in ihre unaufhaltsamen selbstzerstörerischen Muster.

6. Die psychologische Evolution des Mannes wird die traditionelle Art und Weise, in der Männer miteinander umgehen – vorsichtig, selbstbeschützend und mißtrauisch –, ändern. Wenn die maskuline Abwehrhaltung sich verringert, verringern sich die Verzerrungen und Projektionen, die durch defensiv externalisierte Aggression und Selbständigkeit produziert wurden und die dazu führen, daß er mißtrauisch und ständig »auf der Hut« ist. Es wird möglich, echte Gefahr von projizierter Gefahr, die die meisten Männer motiviert hat und die eine selbsterzeugte, sich selbst erfüllende Prophezeiung ist, zu trennen.

7. Schließlich wird es möglich sein, das »Spinnennetz des Paradoxen« zu vermeiden, das das Leben der traditionell konditionierten Männer charakterisiert: Je mehr sie maskuline Erwartungen erfüllen, desto weiter entfernt scheint die angebliche Belohnung zu sein. Gefühle von Versagen, Desillusionierung und das Gefühl, von den »Lügen der Gesellschaft« besiegt worden zu sein, die die innere Erfahrung selbst der erfolgreichsten Männer ausmachen, die keine Verbindung zu ihrem defensiven Prozeß haben, werden sich verringern. Erfüllung und Befriedigung werden zu kontrollierbaren Nebenprodukten, nicht zur erwünschten, schwerfaßbaren Suche.

Ich hoffe, daß die »Karte«, die ich in diesem Buch gezeichnet habe, es Männern und Frauen gleichermaßen ermöglicht, den

Weg, durch den sie gemeinsam bedrückende Lebenserfahrungen erzeugen, klarer zu sehen. Auch wenn die Karte nicht das ganze Gebiet umfaßt, ist sie vielleicht doch nützlich, um die Schritte einzuleiten, mit denen man das Territorium erfolgreich betreten und aushandeln kann.

Aus der Beziehungskiste

(3994)

(4034)

(4095)

(7790)

(7791)

(7858)

Starke Seiten für Frauen

JON COHEN
Max Lakeman und die schöne Fremde
Roman

(3151)

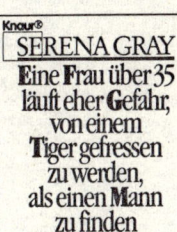

SERENA GRAY
Eine Frau über 35 läuft eher Gefahr, von einem Tiger gefressen zu werden, als einen Mann zu finden

(3277)

Jill Tweedie
Briefe einer unbeherzten Feministin

(3291)

Maryse Condé
Unter den Mangroven
Roman

(3123)

Benoîte und Flora Groult
TAGEBUCH VIERHÄNDIG
ROMAN

(2997)

Wer hat Angst vorm »Wilden Mann«?

Was verstehen wir heutzutage eigentlich unter einem »richtigen« Mann? Die alten Definitionen greifen nicht mehr, die traditionellen Vorstellungen von Männlichkeit sind schon lange unter Beschuß geraten. Männer bekommen vorwiegend Vorwürfe zu hören, sie fühlen sich angeklagt, herabgesetzt und angegriffen. Keiner weiß, wie Männer eigentlich sein sollen, was aus ihnen werden soll.
Sam Keen untersucht die politischen, wirtschaftlichen und mythischen Ursachen der männlichen Unrast, gibt einen historischen Rückblick auf die Geschichte des Mannes und hilft dabei, sinnvolle Antworten und neue Vorbilder zu finden. Sein Buch ist die Geschichte einer Erfahrung: Was es heißt, heute ein Mann zu sein.

Sam Keen
Feuer im Bauch
Über das Mann-Sein
368 Seiten, Broschur, DM 29,80

ERNST KABEL VERLAG